선생님이 강력 추 천하는

과학

개념 +PLUS

단원평가

3-1

# 개념+단원평가 와
## 내 교과서 비교하기

**단원 찾는 방법**

• 내 교과서 출판사명을 확인하고 공부할 범위의 페이지를 확인하세요.
• 다음 표에서 내 교과서의 공부할 페이지와 개념+단원평가 과학 페이지를 비교하면 됩니다.
  예를 들어 천재 교과서 26~47쪽이면 개념+단원평가 14~41쪽을 공부하시면 됩니다.

Search
## 단원찾기

| 단원 | 개념+단원평가 | 천재교과서 | 아이스크림미디어 | 지학사 | 비상교과서 | 금성출판사 | 동아출판 | 김영사 | 미래엔 |
|---|---|---|---|---|---|---|---|---|---|
| 과학 탐구 | 8~13 | 12~25 | 10~17 | 8~17 | 10~17 | 8~15 | 8~19 | 8~21 | 7~14 |
| 물질의 성질 | 14~41 ← | 26~47 | 18~43 | 18~39 | 18~39 | 16~37 | 20~39 | 22~43 | 15~38 |
| 동물의 한살이 | 42~73 | 48~75 | 44~71 | 40~67 | 40~69 | 64~91 | 40~65 | 44~67 | 39~66 |
| 자석의 이용 | 74~107 | 76~101 | 72~97 | 68~91 | 70~93 | 38~63 | 66~89 | 68~93 | 67~90 |
| 지구의 모습 | 108~137 | 102~125 | 98~121 | 92~113 | 94~121 | 92~113 | 90~113 | 94~115 | 91~112 |

여러분의 꿈을 응원합니다!!!

민들레에게는
하얀 씨앗을 더 멀리 퍼뜨리고 싶은 꿈이 있고,

연어에게는
고향으로 돌아가 알알이 붉은 알을 낳고 싶은 꿈이 있습니다.

여러분도 가지각색의 아름다운 꿈을 가지고 있지요?
꿈을 향한 마음으로
좋은 결과를 얻기 위해 달려 보아요.

여러분의 그 아름답고 소중한 꿈을 응원합니다.

# 구성과 특징

특별 부록

## 교과서 종합평가

과학 8종 검정 교과서를 완벽 분석한 종합평가를 단원별로 구성하였습니다.

### 1. 교과서 핵심 요점

교과서 내용을 이해하기
쉽도록 사진 자료와 함께
꾸몄습니다.

### 2. 개념을 확인해요

교과서 개념과 관련된 주
요 내용을 간단한 문제를
통하여 확인할 수 있습니
다.

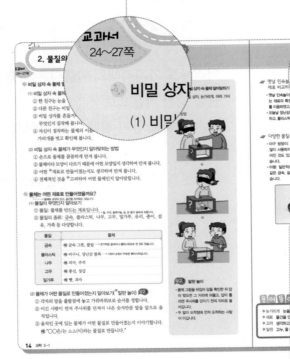

### 3. 개념을 다져요

꼭 알아야 할 기본 개념이나 원리
를 간단한 개념 정리와 함께 문제
로 꾸몄습니다.

## 4. 단원 평가  연습 도전 기출 실전

여러 가지 유형의 문제를 단원별로 구성하고, 연습, 도전, 기출, 실전으로 난이도를 구분하여 학습 목표를 이룰 수 있도록 하였습니다.

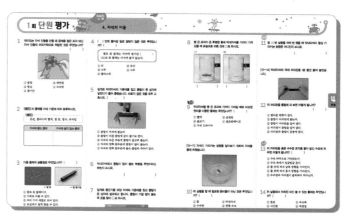

## 5. 탐구 서술형 평가

서술형 평가에 대비할 수 있도록 다양한 문제로 구성하였습니다.

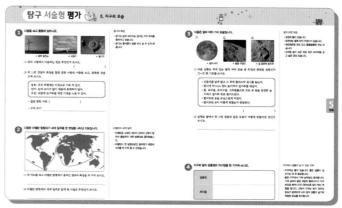

## 6. 100점 예상문제

핵심만 콕콕 짚어 단원별과 전체 범위로 구분하여 구성하였습니다.

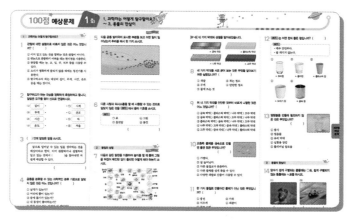

## 정답과 풀이

별책 부록

스스로 학습할 수 있도록 문제마다 자세한 풀이를 넣었으며 '더 알아볼까요' 코너를 두어 문제를 정확하고 쉽게 이해할 수 있도록 하였습니다.

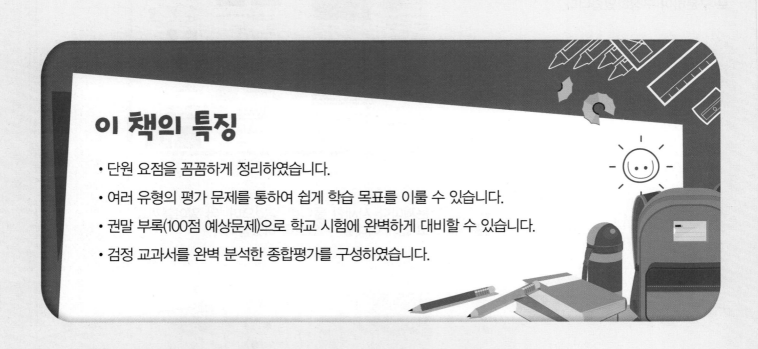

# 이 책의 특징

- 단원 요점을 꼼꼼하게 정리하였습니다.
- 여러 유형의 평가 문제를 통하여 쉽게 학습 목표를 이룰 수 있습니다.
- 권말 부록(100점 예상문제)으로 학교 시험에 완벽하게 대비할 수 있습니다.
- 검정 교과서를 완벽 분석한 종합평가를 구성하였습니다.

# 차례

3·1

3~4학년군

# 요점 정리
# + 단원 평가

# 과학 3-1

3~4
학년군

# 1. 과학자는 어떻게 탐구할까요?

•탐구 대상의 특징을 자세히 살펴보는 것입니다.

## 🌑 과학자는 어떻게 관찰할까요?

(1) 땅콩과 관련된 경험 이야기하기

① 텔레비전에서 땅콩이 들어 있는 간식을 판매하는 것을 보았습니다.

② 정월 대보름날 호두와 함께 땅콩으로 부럼 깨기를 했습니다.

③ 땅콩이 들어 있는 과자를 먹었습니다.

④ 땅콩이 들어 있는 멸치 볶음을 먹었습니다.

자, 저울, 온도계 등의 도구를 사용하여 관찰한 내용을 숫자로•
나타내면 관찰한 내용을 더 정확하게 전달할 수 있습니다.

(2) 플라스틱 접시에 땅콩을 놓고 자유롭게 관

찰하기 [실험 1]

① 손으로 만져 봅니다.

② 코로 냄새를 맡아 봅니다.

③ 돋보기를 사용해 눈으로 살펴봅니다.

④ 입으로 맛을 봅니다.

⑤ 흔들어 소리를 들어 봅니다.

▲ 살펴보기

(3) 여러 가지 감각 기관과 관찰 도구를 사용하여 땅콩을 관찰한 결과

(예) [탐구 1]

> **눈**: 땅콩 알갱이를 두 쪽으로 쪼개어 돋보기로 관찰하면 작은 싹이 있다.

> **귀**: 흔들면 '후두둑' 소리가 난다. 땅콩 깍지를 쪼개니 '와지직' 소리가 난다.

> **피부**: 손으로 만지면 표면이 까끌까끌하다.

> **코**: 속껍질에 싸인 땅콩에서 구수한 냄새가 난다.

> **입**: 깍지를 까서 먹으면 달고 쓴 맛이 난다.

① 손으로 표면을 만지면 표면이 까칠까칠합니다.

② 흔들면 소리가 나고, 맛있는 냄새가 납니다.

③ 깍지를 까지 않은 땅콩의 모양이 눈사람 모양입니다.

(3) 과학적 관찰 방법

① 여러 가지 감각 기관을 사용합니다.

② 감각 기관으로만 관찰하기 어려울 때에는 돋보기, 현미경, 청진기 등의 관찰 도구를 사용합니다.

③ 나의 생각이나 이미 알고 있는 것을 말하는 것은 관찰하여 알아낸 것이 아닙니다.

---

**실험 1 땅콩 관찰하기**

준비물: 깍지를 까지 않은 땅콩, 플라스틱 접시, 돋보기

실험 방법: 깍지를 까지 않은 땅콩을 접시 위에 놓고 자유롭게 관찰합니다.

**탐구 1 감각 기관을 사용하여 관찰하는 방법**

• 만져 보기: 독성이 있는 물질로 인해 독이 옮고, 온도를 모르는 물체는 화상을 입을 수 있기 때문에 함부로 만지지 않습니다.

• 냄새 맡기: 액체의 냄새는 한 팔을 뻗은 거리에서 물질 위에서 손으로 바람을 일으켜 냄새를 맡습니다.

• 소리 듣기: 너무 큰 소리를 가까이에서 듣다가 청각에 손상이 올 수 있습니다.

• 맛보기: 액체를 유리 막대에 묻혀서 거름종이에 묻히고, 거름종이에 묻은 액체를 혀끝에 가져가 맛을 봅니다. 맛을 본 후에는 입속을 물로 헹궈야 합니다.

## 과학자는 어떻게 측정할까요?

(1) 땅콩 길이 재기

탐구하고자 하는 대상의 길이, 무게, 시간, 온도 등을 재는 것을 측정이라고 합니다.

① 땅콩에서 긴 부분의 길이를 어림해 봅니다.

| 땅콩의 종류 | 가 | 나 | 다 | 라 |
|---|---|---|---|---|
| 어림한 길이 | 약 7 cm | 약 5 cm | 약 4 cm | 약 6 cm |

② 땅콩에서 긴 부분의 길이를 정확하게 재는 방법을 생각해 봅니다.
- 땅콩의 모양이 눈사람 모양이므로 줄자를 사용합니다.
- 실을 사용하여 땅콩의 길이를 잰 다음 실의 길이를 자로 잽니다.
- 모눈종이 위에 땅콩을 올려놓고 땅콩의 길이를 표시한 다음 표시한 모눈의 눈금 수를 셉니다.
  길이를 재기 전 투명테이프로 땅콩의 밑 부분을 고정시키면 좀 더 쉽게 길이를 잴 수 있습니다.

③ 자신이 선택한 방법으로 땅콩의 길이를 재 봅니다. **실험 2**
- 실과 자를 사용하여 땅콩의 길이를 잽니다.
- 종이 위에 땅콩의 길이를 표시하고 자로 길이를 잽니다.

④ 어림한 값과 직접 잰 값을 비교해 봅니다. **예**

| 내가 선택한 방법 | 줄자를 이용하여 잰다. |
|---|---|

| 땅콩의 종류 | 가 | 나 | 다 | 라 |
|---|---|---|---|---|
| 땅콩의 길이 | 약 4 cm | 약 3 cm | 약 3 cm | 약 4 cm |

(2) 같은 땅콩의 길이를 측정했는데 모둠 친구들과 측정한 값이 서로 다른 까닭
① 사용한 측정 도구, 측정 방법이 다르기 때문입니다.
② 정확한 방법으로 측정하지 않았기 때문입니다.

(3) 과학적 측정 방법
① 대상을 측정하기에 알맞은 측정 도구를 선택합니다. → 길이를 잴 때는 자, 무게를 잴 때는 저울, 액체의 부피를 잴 때는 눈금실린더, 시간을 잴 때는 시계, 온도를 잴 때는 온도계를 사용합니다.
② 올바른 방법으로 측정 도구를 사용합니다. 도구의 사용 방법을 정확하게 알아야 합니다.
- 자를 사용할 때는 땅콩의 한쪽 끝을 자의 '0' 눈금에 맞춰야 합니다.
- 실을 사용할 때는 실의 양 끝을 팽팽하게 당겨서 땅콩의 양 끝에 맞춰야 합니다.
③ 여러 번 측정해야 정확한 결과를 얻을 수 있습니다.

**실험 2** 자신이 선택한 방법으로 땅콩의 길이 재기

- 실과 자를 사용하여 땅콩의 길이 재기

▲ 실을 사용하여 땅콩의 길이를 잽니다.

▲ 실의 길이를 자로 잽니다.

- 종이 위에 땅콩의 길이를 표시하고 자로 길이 재기

▲ 종이 위에 땅콩의 길이를 표시합니다.

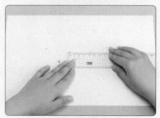

▲ 종이에 표시된 부분을 자로 잽니다.

# 1. 과학자는 어떻게 탐구할까요?

## 과학자는 어떻게 예상할까요?

(1) 크기가 다른 알갱이를 플라스틱 통에 넣고 흔들었을 때의 변화

① 실험 방법

- 쌀, 땅콩, 아몬드, 검은콩을 관찰합니다.
- 쌀 다섯 숟가락과 땅콩 두 숟가락을 플라스틱 통에 넣고 고루 섞이도록 합니다. 실험1
- 쌀 다섯 숟가락과 아몬드 두 숟가락을 플라스틱 통에 넣고 고루 섞은 다음 좌우로 흔들면서 통 안의 변화를 관찰합니다.
  → 크기가 큰 아몬드가 위로 올라올 것입니다.
- 쌀 다섯 숟가락과 검은콩 두 숟가락을 플라스틱 통에 넣고 고루 섞은 뒤 좌우로 흔들면 플라스틱 통 안에 어떤 변화가 나타날지 이야기해 봅니다.

② 관찰 결과 및 예상

| 구분 | 관찰 결과 및 예상 |
|------|------------------|
| 쌀+땅콩 | 알갱이 크기가 큰 땅콩이 위로 올라왔다. |
| 쌀+아몬드 | 알갱이 크기가 큰 아몬드가 위로 올라왔다. |
| 쌀+검은콩 | 알갱이 크기가 큰 검은콩이 위로 올라올 것이다. |

▲ 쌀과 땅콩을 넣고 흔들었을 때

▲ 쌀과 아몬드를 넣고 흔들었을 때

▲ 쌀과 검은콩을 넣고 흔들었을 때

③ 예상 확인: 알갱이 크기가 쌀보다 큰 검은콩이 위로 올라왔다.

(2) 과학적 예상 방법

① 예상: 앞으로 일어날 수 있는 일을 생각하는 것입니다.

② 앞으로 일어날 수 있는 일을 정확하게 예상할 수 있는 방법: 이미 관찰하거나 경험하여 알고 있는 것에서 규칙을 찾아내면 더 쉽게 예상할 수 있습니다.

③ 크기가 다른 알갱이를 플라스틱 통에 넣고 흔들었을 때 나타나는 규칙: 알갱이의 크기가 큰 것이 위로 올라옵니다. 탐구1

---

실험1 크기가 다른 알갱이를 플라스틱 통에 넣고 흔들기

---

탐구1 브라질 땅콩 효과

- '브라질 땅콩 효과'는 땅콩, 아몬드, 호두와 같이 크기가 다른 견과가 섞여 있는 견과류 믹스 캔 제품에서 처음으로 발견되었습니다.
- 이 제품이 처음에 만들어질 때는 크기가 다른 견과들이 잘 섞이도록 캔에 담기지만 우리가 제품을 사서 캔 뚜껑을 열어 보면 알갱이 크기가 가장 큰 브라질 땅콩이 가장 위에 놓여 있는 것을 볼 수 있습니다.
- 그래서 알갱이 크기가 서로 다른 혼합물에서 크기가 큰 알갱이가 위로 올라오는 현상을 '브라질 땅콩 효과'라고 부릅니다.

## 과학자는 어떻게 분류할까요?

(1) 공룡 시대에 살았던 동물 무리 짓기

① 공룡 시대에 살았던 동물의 생김새를 관찰해 봅니다.

② 동물을 두 무리로 나눌 수 있는 특징을 찾아봅니다. 예

• 날개가 있는 것과 없는 것

• 뿔이 있는 것과 없는 것

• 걸을 때 사용하는 다리의 수

③ 한 가지 특징을 기준으로 동물을 두 무리로 나눠 봅니다.

④ 어떤 기준으로 무리 지었는지 친구들과 이야기해 봅니다.

(2) 과학적 분류 방법에 대하여 알아보기 **탐구2**

① 분류: 탐구 대상의 공통점과 차이점을 바탕으로 무리 짓는 것입니다.

② 대상을 분류하기 위한 분류 기준을 정하는 방법

• 관찰을 하여 대상들의 특징을 먼저 찾습니다.

• 분류 대상들의 특징 중에서 한 가지를 선택합니다.

③ 과학적 분류 기준이 갖추어야 할 조건: 누가 분류하더라도 같은 분류 결과가 나와야 합니다.

(3) 정한 기준에 따라 두 무리로 나누기  ─── 분류하였을 때 모든 물체가 어느 한쪽에는 들어가야 합니다.

▲ 날개가 있는 것
└─ • 공통적인 성질이 있는 사물을 하나로 묶고, 공통적인 성질이 없는 사물들을 다른 하나로 묶습니다.

▲ 날개가 없는 것

**탐구2** **분류할 때의 유의점**

① 분류의 기준은 객관적이어야 합니다.

• 분류의 기준이 객관적이지 않으면 자신이 분류한 것을 다음에 다시 분류할 때 전혀 다른 분류 결과가 나타나게 됩니다.

• "예쁜가?", "내가 좋아하는 것인가?" 등은 사람마다 다르기 때문에 객관적인 분류 기준이 되지 못합니다.

② 분류의 기준이 명확해야 합니다.

• "크기가 큰가?"와 같은 기준은 명확하지 않습니다.

• 명확한 분류 기준이 되기 위해서는 측정 단위를 사용하여 "한 변의 길이가 3 cm 이상인가?"와 같이 나타내는 것이 좋습니다.

③ 분류된 것은 서로 중복되어서는 안 됩니다. 분류된 것은 서로 겹치지 않도록 해야 합니다.

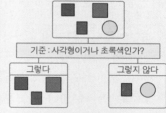

▲ 빨간색 사각형이 양쪽에 다 들어간 경우

④ 분류할 때에는 대상을 빠뜨려서는 안 됩니다. 각각 분류된 것을 모두 합치면 분류하기 전과 같아야 합니다.

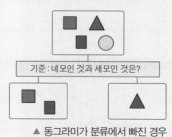

▲ 동그라미가 분류에서 빠진 경우

# 1. 과학자는 어떻게 탐구할까요?

## 과학자는 어떻게 추리할까요?

**(1) 이곳에서 일어난 일 생각하기**

① 그림에서 공룡 발자국을 관찰해 봅니다.

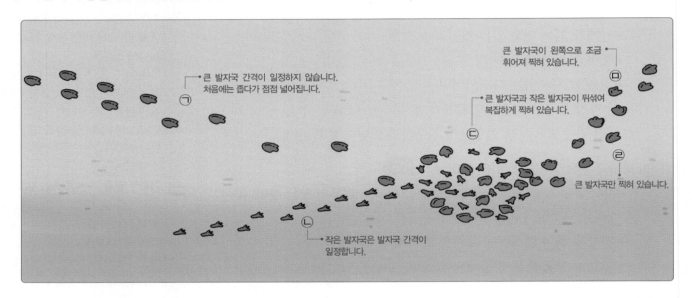

큰 발자국 간격이 일정하지 않습니다.
처음에는 좁다가 점점 넓어집니다. ㉠

큰 발자국이 왼쪽으로 조금 휘어져 찍혀 있습니다. ㉤

큰 발자국과 작은 발자국이 뒤섞여 복잡하게 찍혀 있습니다. ㉢

큰 발자국만 찍혀 있습니다. ㉣

작은 발자국은 발자국 간격이 일정합니다. ㉡

② 관찰한 내용을 통해 알 수 있는 것을 이야기해 봅니다. **탐구1**

| 관찰한 내용 | 알 수 있는 것 |
|:---:|:---|
| ㉠ | 발이 큰 공룡이 처음에는 걸어가다가 갑자기 뛰었을 것이다. |
| ㉡ | 발이 작은 공룡은 일정한 빠르기로 걸었을 것이다. |
| ㉢ | 발이 큰 공룡과 발이 작은 공룡이 몸싸움을 벌였을 것이다. |
| ㉣ | 발이 큰 공룡이 발이 작은 공룡을 입에 물고 갔을 것이다. |
| ㉤ | 발이 큰 공룡이 걸어가다가 바위가 있어서 옆으로 비켜 갔을 것이다. |

**(2) 과학적 추리 방법 알아보기 탐구2**

① 추리: 관찰 결과, 과거 경험, 이미 알고 있는 것 등을 바탕으로 하여 무슨 일이 일어났는지 생각하는 것입니다.

② 과학적인 추리를 하기 위해서 해야 하는 방법
  • 탐구 대상을 다양하고 정확하게 관찰해야 합니다.
  • 관찰한 것을 내가 알고 있는 것과 과거 경험과 관련지어 생각해야 합니다.
  • 추리한 것이 관찰 결과를 모두 설명할 수 있어야 합니다.

**탐구1 추리의 중요성**

• 어떤 현상에 대하여 추리함으로써 그 현상을 더 잘 이해할 수 있고, 그 추리를 바탕으로 행동합니다.
• 자신의 추리 능력도 중요하지만 다른 사람이 제시한 추리의 타당성을 판단하는 능력도 필요합니다.

**탐구2 국립과학수사연구원**

• 국립과학수사연구원은 과학적인 관찰과 실험을 통하여 사건의 진실을 밝히는 기관입니다.
• 이곳은 사건 해결을 위하여 여러 가지 증거를 찾아내어 과학적으로 추리가 이루어지도록 도와줍니다.
• 수사의 과학화에 큰 역할을 하고 있습니다.

## 🌐 과학자는 어떻게 의사소통할까요? 탐구3

(1) 글자로만 표현된 일기 예보 상상하기

① 뉴스 또는 신문에서 글자로만 일기 예보를 한다면 어떠할지 상상해 봅니다. 예

> 내일 서울의 기온은 오늘 기온보다 조금 낮거나 비슷하겠습니다. 또 경기와 강원 지방은 하루 종일 구름이 끼고 흐린 날씨가 계속되겠습니다. 남부 지방은 황사 현상이 나타나겠습니다.

- 읽고 싶은 마음이 들지 않습니다.
- 날씨 정보가 한눈에 들어오지 않아 이해하기 어렵습니다.

② 날씨 정보를 효과적으로 표현하는 방법: 간단한 그림으로 날씨 정보를 나타낸다면 효과적으로 전달할 수 있을 것입니다.

(2) 추리한 내용 설명하기

① 내가 추리한 내용을 이야기로 만들어 보고 발표해 봅니다. 예

> 작은 발자국은 새끼 공룡의 발자국이다. 어미로부터 떨어져 길을 잃은 새끼 공룡은 어미 공룡을 찾아다니고 있었다. 그 때 바위 뒤에 있던 육식 공룡이 지나가던 새끼 공룡을 보았다. 발이 큰 육식 공룡은 새끼 공룡이 눈치 채지 못하게 살금살금 다가가 새끼 공룡을 뒤에서 덮쳤다. 깜짝 놀란 새끼 공룡은 큰 육식 공룡으로부터 달아나기 위해 몸부림을 쳤다. 하지만 몸집이 크고 힘이 센 육식 공룡을 이겨내기는 어려웠다. 오랫동안 굶주려 배가 고팠던 육식 공룡은 새끼 공룡을 그 자리에서 먹었다. 배가 불러진 육식 공룡은 그 자리를 유유히 떠났다.

② 내가 추리한 이야기에서 친구들이 궁금해 하는 점을 대답해 봅니다.
③ 친구들의 이야기를 듣고 궁금한 점을 질문해 봅니다.

(3) 과학적 의사소통 방법 알아보기 탐구4

① 의사소통: 자신이 탐구한 내용에 대하여 다른 사람과 생각이나 정보를 주고받는 것입니다.
② 나의 생각을 친구들에게 정확하게 표현하는 방법
- 정확한 용어를 사용하여 간단하게 설명해야 합니다.
- 표, 그림, 몸짓 등과 같은 다양한 방법을 사용합니다.
③ 나의 생각이나 탐구 결과를 잘 발표하는 방법: 발자국 보폭과 방향의 변화를 숫자, 화살표 등을 사용하여 눈에 띄게 표현한다면 탐구 결과를 다른 사람들에게 더 잘 전달할 수 있습니다.

---

**탐구3 의사소통의 중요성**

- 어떤 일 또는 내용을 배우거나 어떤 문제를 해결할 때 다른 사람과의 의사소통이 필요하며 자신의 생각과 느낌을 다른 사람에게 정확하게 전달하기 위해서도 의사소통은 필요합니다.
- 과학 활동을 할 때 나누는 대화, 자료의 기록과 변환 및 해석, 결과를 함께 나누거나 비교하는 것 등은 의사소통 능력을 향상시키는 데 효과적입니다.

**탐구4 최첨단 의사소통 도구**

▲ 스마트폰

▲ 화상 회의

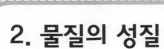

# 2. 물질의 성질

## 비밀 상자 속 물체 알아맞히기

(1) 비밀 상자 속 물체 알아맞히기 놀이 방법 실험 1

① 한 친구는 눈을 ★눈가리개로 가립니다.

② 다른 친구는 비밀 상자 안에 준비한 물체를 넣습니다.

③ 비밀 상자를 흔들거나 비밀 상자에 손을 넣어 물체를 만져 보면서 무엇인지 짐작해 봅니다.

④ 자신이 짐작하는 물체의 이름과 그렇게 짐작한 까닭을 말한 뒤 눈 가리개를 벗고 확인해 봅니다.

(2) 비밀 상자 속 물체가 무엇인지 알아맞히는 방법

① 손으로 물체를 꼼꼼하게 만져 봅니다.

② 물체마다 모양이 다르기 때문에 어떤 모양일지 생각하며 만져 봅니다.

③ 어떤 ★재료로 만들어졌는지도 생각하며 만져 봅니다.

④ 전체적인 것을 ★고려하여 어떤 물체인지 알아맞힙니다.

## 물체는 어떤 재료로 만들어졌을까요?

└─▶ 물체는 모양이 있고, 공간을 차지하는 것입니다.

(1) 물질이 무엇인지 알아보기

① 물질: 물체를 만드는 재료입니다. ─▶ 철, 구리, 알루미늄, 금, 은 등이 금속에 속합니다.

② 물질의 종류: 금속, 플라스틱, 나무, 고무, 밀가루, 유리, 종이, 섬유, 가죽 등 다양합니다.

| 물질 | 물체 |
|------|------|
| 금속 | 예 금속 그릇, 클립 ─▶ 젓가락은 금속이나 플라스틱으로 된 것도 있습니다. |
| 플라스틱 | 예 바구니, 장난감 블록 ─▶ 가위의 손잡이 부분은 플라스틱입니다. |
| 나무 | 예 의자, 주걱 |
| 고무 | 예 풍선, 장갑 |
| 밀가루 | 예 빵, 과자 |

(2) 물체가 어떤 물질로 만들어졌는지 알아보기(★말판 놀이) 탐구 1

① 각자의 말을 출발점에 놓고 가위바위보로 순서를 정합니다.

② 이긴 사람이 먼저 주사위를 던져서 나온 숫자만큼 말을 앞으로 움직입니다.

③ 움직인 곳에 있는 물체가 어떤 물질로 만들어졌는지 이야기합니다.
예 "○○은/는 △△(이)라는 물질로 만듭니다."

---

실험 1 **비밀 상자 속 물체 알아맞히기**

준비물: 비밀 상자, 눈가리개, 여러 가지 물체

실험 방법

탐구 1 **말판 놀이**

• 물체 그림을 뒤집어 답을 확인한 뒤 답이 맞으면 그 자리에 머물고, 답이 틀리면 주사위를 던지기 전의 자리로 돌아갑니다.

• 두 말이 도착점에 먼저 도착하는 사람이 이깁니다.

💫 옛날 민속놀이 장난감과 오늘날 장난감의 재료 비교하기

- 옛날 민속놀이를 할 때 사용하였던 장난감을 만드는 재료의 특징: 나무와 같은 자연에서 얻은 재료를 이용하였고, 재료가 다양하지 않습니다.
- 오늘날 장난감을 만드는 재료의 특징: 종류가 다양하고, 플라스틱으로 만들어진 장난감이 많습니다.

💫 다양한 물질로 만들어진 물체

- 야구 방망이: 일반적으로 나무로 만들어진 것을 많이 사용하지만 알루미늄과 같은 금속으로 만들어진 것도 있고, 플라스틱으로 만들어진 것도 있습니다.
- 아령: 일반적으로 금속으로 만들지만 속은 철과 같은 금속, 겉은 플라스틱으로 만들어진 것도 있습니다.

▲ 아령

## 개념을 확인해요

**2 단원**

**1** 비밀 상자 속 물체를 알아맞힐 때는 가장 먼저 ☐ 을 눈가리개로 가립니다.

**2** 비밀 상자 속 물체를 알아맞히기 위해서는 상자에 ☐ 을 넣어 물체를 만져 보면서 무엇인지 짐작합니다.

**3** 물체를 만드는 재료를 ☐☐ 이라고 합니다.

**4** 일정한 모양이 있고, 공간을 차지하는 것은 ☐☐ 입니다.

**5** 금속, 플라스틱, 나무, 고무, 밀가루 등은 ☐☐ 입니다.

**6** 클립은 ☐☐ 이고, 클립을 만든 재료인 금속은 ☐☐ 입니다.

**7** 고무줄, 장갑 등은 ☐☐ 로 만들어졌습니다.

**8** 빵, 과자 등은 ☐☐☐ 로 만들어졌습니다.

# 2. 물질의 성질

교과서
28~31쪽

### 여러 가지 물질에는 어떤 ★성질이 있을까요?

(1) 물질의 성질 알아보기 **실험 1**

> 물체를 이루고 있는 물질은 저마다 독특한 성질을 가지고 있습니다.

① 금속 막대, 플라스틱 막대, 나무 막대, 고무 막대의 성질 알아보기

- 네 가지 막대를 서로 긁어 보면서 가장 단단한 막대는 어떤 물질로 이루어져 있는지 알아봅니다.
  > 긁히는 막대는 긁히지 않는 막대에 비해 덜 단단합니다.
- 네 가지 막대를 구부려 보면서 가장 잘 휘는 막대는 어떤 물질로 이루어져 있는지 알아봅니다.
- 물이 담긴 ★수조에 네 가지 막대를 넣어 보면서 물에 뜨는 막대와 물에 가라앉는 막대는 어떤 물질로 이루어져 있는지 알아봅니다.

② 네 가지 막대의 성질 비교

- 단단한 정도 비교: 금속 막대 > 플라스틱 막대 > 나무 막대 > 고무 막대 순서로 단단합니다.
- 휘는 정도 비교: 고무 막대는 잘 휘어지고, 나머지 막대는 휘어지지 않습니다.
- 물에 뜨는 막대와 물에 가라앉는 막대: 플라스틱 막대와 나무 막대는 물에 뜨고, 금속 막대와 고무 막대는 물에 가라앉습니다.

(2) 여러 가지 물질의 성질 **탐구 1**

① 금속 → 나무보다 단단합니다.

- 다른 물질보다 단단합니다.
- ★광택이 있습니다.
- 딱딱하고, 들어 보면 무겁습니다.

② 플라스틱

- 금속보다 가볍습니다.
- 딱딱하고 부드럽습니다.
- 광택이 있습니다.
- 색깔과 모양이 다양한 물체를 쉽게 만들 수 있습니다.

③ 나무

- 금속보다 가볍습니다.
- ★고유한 향과 무늬가 있습니다.

④ 고무 → 유연하면 구부리기 쉬워 모양이 쉽게 변할 수 있는 물체를 만들 수 있습니다.

- 쉽게 구부러집니다.
- 잡아당기면 늘어났다가 놓으면 다시 돌아옵니다.
- 잘 미끄러지지 않고, 물에 젖지 않습니다.

▲ 단단하고 광택이 있는 금속

▲ 향과 무늬가 있는 나무

---

**실험 1** 물질의 성질

▲ 단단한 정도 - 서로 긁어 봅니다.

▲ 휘는 정도 - 구부려 봅니다.

▲ 물에 뜨는 정도 - 물이 담긴 수조에 넣어 봅니다.

**탐구 1** 금속, 플라스틱, 나무, 고무 외에 다른 물질의 성질

- 유리: 투명하고, 다른 물체와 부딪치면 잘 깨집니다.

▲ 유리로 만들어져 있는 유리병, 유리컵, 안경

- 종이: 잘 찢어지고, 접을 수 있으며 물에 잘 젖습니다.
- 섬유: 손으로 만지면 부드럽고 접을 수 있지만 잘 찢어지지 않고 질깁니다.
- 가죽: 잘 찢어지지 않고 질깁니다.

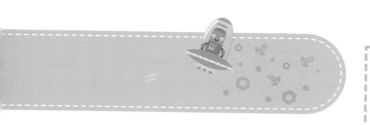

### 물질의 단단하기를 이용한 도구

- 끌은 나무에 구멍을 파거나 깎고 다듬는 데 사용하는 도구입니다.
- 끌의 손잡이 부분은 나무, 손잡이 아랫부분은 금속으로 만들어져 있습니다.
- 금속 부분은 단단하여 조각하려고 하는 나무를 잘 조각할 수 있습니다.

▲ 끌

### 플라스틱의 성질

- 플라스틱은 일정한 온도를 가하면 물렁물렁해지므로 이것을 틀로 누르면 어떠한 모양이든지 쉽게 만들 수 있습니다.
- 플라스틱은 다양한 색깔로 나타낼 수 있고, 다양한 형태로도 만들 수 있습니다.
- 쇠처럼 녹슬지도 않고 썩지도 않습니다.

### 용어풀이

- ✹ 성질  사물이나 현상이 가지고 있는 고유의 특성
- ✹ 수조  물을 담아 두는 큰 통
- ✹ 광택  빛의 반사로 물체의 표면에서 반짝거리는 빛
- ✹ 고유  본래부터 가지고 있는 특유한 것

---

## 개념을 확인해요

**1** 금속 막대와 나무 막대를 서로 긁어 보면 □ □이 □□보다 단단하다는 것을 알 수 있습니다.

**2** 금속 막대, 플라스틱 막대, 나무 막대, 고무 막대 중 가장 단단한 것은 □□ 막대입니다.

**3** 금속 막대, 플라스틱 막대, 나무 막대, 고무 막대를 구부려 보았을 때 가장 잘 휘는 것은 □□ 막대입니다.

**4** 물이 담긴 수조에 금속 막대, 플라스틱 막대, 나무 막대, 고무 막대를 넣어 보면 물에 뜨는 것은 플라스틱 막대, □□ 막대입니다.

**5** 금속, 플라스틱, 나무, 고무 중 □□은 다른 물질보다 단단하고, 광택이 있습니다.

**6** 금속, 플라스틱, 나무, 고무 중 □□□□은 다양한 모양의 물체로 다른 물질보다 쉽게 만들 수 있습니다.

**7** 금속, 플라스틱, 나무, 고무 중 □□는 쉽게 구부러지고, 늘어나는 성질이 있습니다.

**8** 유리, 종이, 섬유, 가죽 중 □□는 투명하고, 다른 물체와 부딪치면 잘 깨집니다.

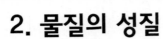

# 2. 물질의 성질

교과서 32~33쪽

🌑 **물질의 성질은 우리 생활에서 어떻게 이용될까요?**

(1) 한 가지 물질로 만들어진 물체의 특징

① 금속 고리
┌─ 금속은 나무나 플라스틱보다 단단합니다.
- 금속으로 이루어져 있습니다.
- 다른 물질보다 튼튼합니다.

② 고무줄
- 고무로 이루어져 있습니다.
- 잘 늘어나고, 다른 물체를 쉽게 묶을 수 있습니다.

③ 플라스틱 바구니 **탐구1**
- 플라스틱으로 이루어져 있습니다.
- 가벼우면서도 튼튼합니다. ┌─ 플라스틱은 가볍고 다양한 색깔과 모양으로 만들기 쉬워 장난감이나 생활용품을 만드는 데 사용됩니다.
- 다양한 색깔과 모양으로 만들어 사용할 수 있습니다.

▲ 금속 고리

▲ 고무줄

▲ 플라스틱 바구니

(2) 자전거의 각 부분을 이루고 있는 물질 **탐구2**

**손잡이**
고무나 플라스틱으로 만들어져 부드럽고 미끄러지지 않습니다.

**몸체**
금속으로 만들어져 잘 부러지지 않고, 튼튼합니다.

**안장**
가죽이나 플라스틱으로 만들어져 질기고 부드럽습니다.

**타이어**
고무로 만들어져 충격을 잘 흡수하고 탄력이 있습니다.

**체인**
금속으로 만들어져 튼튼하고 큰 힘에도 잘 견딥니다.

---

**탐구1** ★**환경친화적 플라스틱**

- 플라스틱은 다양한 색깔과 모양으로 만들어 사용할 수 있기 때문에 많이 사용되지만 ★폐기 후에는 거의 ★분해되지 않아 자연환경을 심각하게 훼손하는 단점을 가지고 있습니다.
- 이러한 점을 보완하여 옥수수나 사탕수수 등으로 생분해성 플라스틱을 만들어 활용하고 있습니다.
- 일반 플라스틱이 분해되는 데 수백 년 이상이 걸리는 반면, 생분해 플라스틱은 1~2년 정도면 거의 분해됩니다.

**탐구2** **책상, 쓰레받기의 각 부분을 이루고 있는 물질**

① 책상

상판
몸체
받침

- 상판: 나무로 만들어져 가벼우면서도 단단합니다.
- 몸체: 금속으로 만들어져 잘 부러지지 않고 튼튼합니다.
- 받침: 플라스틱으로 만들어져 바닥이 긁히는 것을 줄여 줍니다.

② 쓰레받기

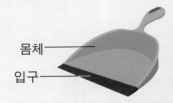

몸체
입구

- 몸체: 플라스틱으로 만들어져 가볍고 단단합니다.
- 입구: 고무로 만들어져 바닥에 잘 달라붙어 작은 먼지도 쓸어 담기 좋습니다.

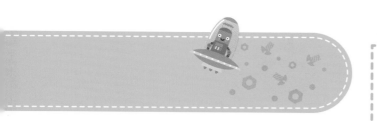

💿 자전거의 각 부분을 이루고 있는 물질

안장 — 몸체 — 포크 — 허브 — 스포크 — 림 — 체인 — 크랭크

• 자전거의 몸체는 주로 금속인 철, 알루미늄, 타이타늄 등을 사용합니다. 카본 재질로 된 것도 있지만 가격이 비싸서 일반적이진 않습니다.
• 안장은 안쪽에 스펀지 형태의 물질이 들어 있어 푹신합니다.
• 안장의 표면은 가죽이나 플라스틱으로 만들어 질기고 부드러운 성질이 있습니다.
• 타이어는 약간 단단한 고무로 되어 있고 타이어 안에는 공기가 들어 있는 튜브가 있습니다.

## 개념을 확인해요

**1** 물체의 기능에 알맞은 ☐☐을 선택하여 물체를 만들면 사용하기에 더욱 편리합니다.

**2** 가위는 ☐☐과 ☐☐☐☐으로 이루어져 있습니다.

**3** 고무줄은 ☐☐로 이루어져 있어 잘 늘어나고, 다른 물체를 쉽게 묶을 수 있습니다.

**4** 책상의 상판 부분은 ☐☐로 만들어져 가벼우면서도 단단합니다.

**5** 쓰레받기의 몸체 부분은 ☐☐☐☐으로 만들어져 가볍고 단단합니다.

**6** 쓰레받기의 입구 부분은 ☐☐로 만들어져 바닥에 잘 달라붙어 작은 먼지도 쓸어 담기 좋습니다.

**7** 자전거의 몸체 부분은 ☐☐으로 만들어져 잘 부러지지 않고, 튼튼합니다.

**8** 자전거의 ☐☐☐ 부분은 고무로 만들어져 충격을 잘 흡수하고 탄력이 있습니다.

2
단원

# 2. 물질의 성질

🔍 종류가 같은 물체를 서로 다른 물질로 만드는 까닭은 무엇일까요?

(1) 여러 가지 컵 탐구1

① 여러 가지 컵을 이루고 있는 물질의 성질

▲ 금속 컵 　　▲ 플라스틱 컵 　　▲ 유리컵 　　▲ 도자기 컵 　　▲ 종이컵

| 물질 | 물질의 성질 |
|------|-----------|
| 금속 | 단단하다. |
| 플라스틱 | 색깔이 다양하다. |
| 유리 | ★투명하다. |
| 흙 | 흙으로 구워 만들어 단단하다. |
| 종이 | 잘 찢어진다. |

② 여러 가지 컵의 좋은 점

| 구분 | 좋은 점 |
|------|--------|
| 금속 컵 | 매우 단단하여 잘 깨지지 않는다.──단단하므로 떨어뜨리면 깨지지 않고 찌그러집니다. |
| 플라스틱 컵 | 가볍고 단단하며, 모양과 색깔이 다양하다. |
| 유리컵 | 투명하여 무엇이 들어 있는지 쉽게 알 수 있다. |
| 흙─도자기 컵 | 음식을 오랫동안 따뜻하게 ★보관할 수 있다. |
| 종이컵 | 싸고 가벼워 손쉽게 사용할 수 있다. |

(2) 종류가 같은 물체를 서로 다른 물질로 만드는 경우 예 탐구2 탐구3

▲ 비닐(플라스틱)장갑

▲ 고무장갑

▲ ★면(섬유)장갑

▲ 가죽 장갑
바람이 들어오지 않습니다.──┘

---

탐구1 여러 가지 모자

▲ 따뜻합니다.(털)

▲ 질기고 부드럽습니다.(섬유)

▲ 가볍고 바람이 잘 통합니다.(밀짚)

탐구2 종류가 같은 물체를 서로 다른 물질로 만드는 경우

• 비닐(플라스틱)장갑: 투명하고 얇으며, 물이 들어오지 않습니다.
• 고무장갑: 질기고 미끄러지지 않으며, 물이 들어오지 않습니다.
• 면(섬유)장갑: 부드럽고 따뜻합니다.
• 가죽 장갑: 질기고 부드러우며 따뜻합니다.

탐구3 종류가 같은 물체를 서로 다른 물질로 만드는 까닭

• 종류가 같은 물체라도 그 물체를 이루고 있는 물질에 따라 좋은 점이 서로 다릅니다.
• 물질의 성질에 따라 물체의 기능이 다르고, 서로 다른 좋은 점이 있습니다.
• 생활 속에서는 물체의 기능을 고려하여 상황에 알맞은 것을 골라 사용합니다.

● 서로 다른 물질로 만든 신발

▲ 가죽으로 만든 신발

▲ 고무로 만든 신발

▲ 짚으로 만든 신발

● 금속이나 유리로만 된 신발을 신었을 때 생길 수 있는 일

| 금속 신발 | 신발이 구부러지지 않아 불편할 것이다. |
|---|---|
| 유리 신발 | 다른 물체에 부딪쳤을 때 쉽게 깨져 다칠 수 있다. |

용어풀이

✹ 투명 물 따위가 환히 비치도록 맑은 것
✹ 보관 물건을 맡아서 간직하고 관리함.
✹ 면 무명이나 목화솜 따위를 원료로 한 실. 또는 그 실로 짠 천
✹ 짚 벼, 보리, 밀, 조 따위의 이삭을 떨어낸 줄기와 잎

## 개념을 확인해요

**1** 종류가 같은 물체라도 그 물체를 이루고 있는 ☐☐ 에 따라 좋은 점이 서로 다릅니다.

[2~4] 보기 에서 골라 쓰시오.

보기
금속 플라스틱 유리 도자기 종이

**2** ☐☐ 컵은 투명하여 무엇이 들어 있는지 쉽게 알 수 있습니다.

**3** ☐☐ 컵은 음식을 오랫동안 따뜻하게 보관할 수 있습니다.

**4** 단단하며 모양과 색깔이 다양한 컵을 만들 때는 ☐☐☐☐ 으로 만듭니다.

[5~7] 보기 에서 골라 쓰시오.

보기
비닐 고무 면 가죽

**5** ☐ 장갑은 부드럽고 따뜻합니다.

**6** ☐☐ 장갑은 물에 담갔을 때 물이 안으로 들어오지 않습니다.

**7** ☐☐ 장갑은 부드럽고 따뜻하며, 질깁니다.

**8** 금속이나 유리로만 된 신발 중 신었을 때 다른 물체에 부딪쳤을 때 쉽게 깨져 다칠 수 있는 것은 ☐☐ 로만 된 신발입니다.

# 2. 물질의 성질

## 서로 다른 물질을 섞으면 물질의 성질은 어떻게 될까요?

(1) 서로 다른 물질을 섞었을 때의 변화 관찰하기

① 물, ✦붕사, ✦폴리비닐 알코올의 특징

| 물질 | 관찰한 내용 |
|---|---|
| 물 | 투명하고, 만지면 흘러내린다. |
| 붕사 | • 하얀색이고, 광택이 없다.<br>• 알갱이의 크기가 매우 작다. |
| 폴리비닐 알코올 | • 하얀색이고, 광택이 있다.<br>• 붕사보다 알갱이의 크기가 크다. |

손으로 만지면 깔깔합니다.

손으로 만지면 깔깔합니다.

② 탱탱볼 만들어 보기 [실험 1]

• 물과 붕사를 섞었을 때: 물이 뿌옇게 흐려집니다.

• 물, 붕사, 폴리비닐 알코올을 섞었을 때: 서로 엉기고 알갱이가 점점 커집니다.

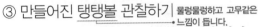
▲ 물과 붕사를 섞었을 때

③ 만들어진 탱탱볼 관찰하기 물렁물렁하고 고무같은 느낌이 듭니다.

• 알갱이가 투명하고, 광택이 있습니다.

• 말랑말랑하고, 고무 같은 느낌이 듭니다.

• 바닥에 떨어뜨리면 잘 튀어 오릅니다.

▲ 물, 붕사, 폴리비닐 알코올을 섞었을 때

(2) 서로 다른 물질을 섞었을 때 물질의 성질 변화

① 섞기 전에 각 물질이 가지고 있던 색깔이 변하기도 합니다.

② 손으로 만졌을 때의 느낌이 변하기도 합니다.

## 물질의 성질을 이용해 연필꽂이 ✦설계하기 예

(1) 창의적인 연필꽂이를 설계할 때 고려해야 할 것

① 사용할 물질: 고무, 종이, 플라스틱 등

② 이용할 물질의 성질: 늘어나는 성질, 부드럽고 잘 미끄러지지 않는 성질, 가볍고 투명한 성질 등
충격을 줄여 주는 성질도 이용할 수 있습니다.

③ 크기: 높이가 연필 길이보다 짧아야 합니다.

(2) 연필꽂이 설계하기

① 만들고 싶은 연필꽂이를 글과 그림으로 나타냅니다.

② 연필꽂이를 만들 때 필요한 준비물을 생각해 봅니다.

③ 설계한 연필꽂이의 각 부분에 사용한 재료는 물질의 어떤 성질을 이용한 것인지 생각해 봅니다.

실험 1 탱탱볼 만들기 실험 과정

▲ 투명한 플라스틱 컵에 따뜻한 물을 반 정도 붓고, 붕사를 두 숟가락 넣습니다.

▲ 유리 막대로 저으면서 나타나는 현상을 관찰합니다.

▲ 폴리비닐 알코올을 다섯 숟가락 넣고 저어 준 뒤에 3분 정도 기다립니다.

▲ 엉긴 물질을 꺼내 손으로 주무르면서 공 모양을 만듭니다.

### 물리적 변화와 화학적 변화

- 물리적 변화: 변화하기 전과 후의 물질의 성질이 변하지 않는 변화를 말합니다. 물리적 변화의 종류에는 부피 변화, 상태 변화 등이 있습니다. 예를 들어 온도가 올라가 풍선의 부피가 커져도 그 기체의 성질은 변하지 않습니다. 또 온도에 따라 물이 고체, 액체, 기체로 상태가 변해도 그 물질 고유의 성질은 변하지 않습니다.

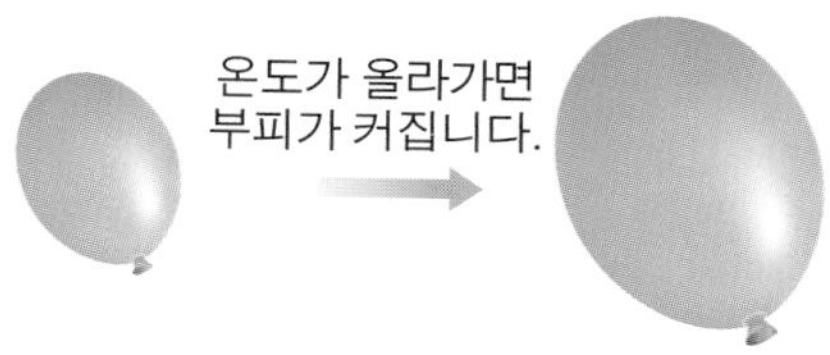
온도가 올라가면
부피가 커집니다.

▲ 풍선의 변화

고체(얼음)
열을 얻으면
열을 잃으면
액체(물)
열을 얻으면
열을 잃으면
기체(수증기)

▲ 물의 변화

- 화학적 변화: 물질의 성질이 변하여 새로운 물질이 만들어지는 변화를 말합니다. 예를 들어 설탕물을 가열하면 물은 증발하고 설탕이 생기며, 계속해서 가열하면 설탕이 노란색에서 갈색, 그리고 검은색으로 변하여 그 맛도 단맛에서 점차 쓴맛으로 변하게 됩니다. 검게 변한 물질은 이전의 설탕과는 전혀 다른 성질의 새로운 물질입니다.

### 용어풀이

- **붕사** 붕산 나트륨의 결정체로 연하고 가벼운 무색의 결정성 물질로 물에 잘 녹음.
- **폴리비닐 알코올** 합성 섬유, 접착제 등을 만드는 데 쓰임.
- **설계** 계획을 세움.

### 개념을 확인해요

**1** 미숫가루와 설탕을 섞으면 미숫가루와 설탕의 □□은 변하지 않습니다.

**2** 탱탱볼을 만들 때는 물, □□, 폴리비닐 알코올 등이 필요합니다.

**3** 탱탱볼을 만들 때 필요한 물질 중 하얀색이고, 광택이 없으며 알갱이 크기가 매우 작은 것은 □□입니다.

**4** 탱탱볼을 만들 때 필요한 물질 중 하얀색이고, 광택이 있으며 손으로 만지면 깔깔한 것은 □□□□ □□□입니다.

**5** 탱탱볼을 만들 때 물과 □□를 섞으면 물이 뿌옇게 흐려집니다.

**6** 탱탱볼을 만들 때 물, 붕사, 폴리비닐 알코올을 섞으면 서로 엉기고 알갱이가 점점 □집니다.

**7** 연필꽂이를 만들 때 연필꽂이 바닥이 미끄러지지 않도록 하기 위해 필요한 물질은 □□입니다.

**8** 연필꽂이를 만들 때 높이가 연필 길이보다 □□□ 합니다.

2 단원

**핵심 1**

물체를 만드는 재료를 물질이라고 합니다. 금속, 플라스틱, 나무, 고무, 밀가루는 물체를 만들 때 필요한 재료인 물질입니다.

**1** ( ) 안에 알맞은 말을 쓰시오.

> 우리 주변에는 유리, 종이, 섬유, 가죽 등 다양한 (          )이 있다.

( )

**2** 물질이 아닌 것은 어느 것입니까? ( )

① 나무
② 금속
③ 밀가루
④ 고무장갑
⑤ 플라스틱

**3** 다음과 같은 물체를 만들 때 필요한 공통적인 재료는 무엇입니까? ( )

① 종이
② 유리
③ 금속
④ 나무
⑤ 플라스틱

**4** 다음 물체는 어떤 물질로 만들어진 물체인지 쓰시오.

> 클립, 못, 망치, 프라이팬, 냄비

( )

**핵심 2**

우리 주변에는 금속, 플라스틱, 나무, 고무, 밀가루, 유리, 종이, 섬유, 가죽 등 다양한 물질들이 있습니다.

[5~7] 물체가 어떤 물질로 만들어졌는지 알아보는 놀이입니다.

**5** 출발점에서 주사위를 던져 숫자 3이 나왔습니다. 이때 물체는 어떤 물질로 만들어졌습니까? ( )

① 금속
② 고무
③ 나무
④ 밀가루
⑤ 플라스틱

**6** 위 5번 문제 정답의 위치에서 주사위를 던진 후 말판을 보고 다음과 같이 이야기하였습니다. 이때 나온 주사위의 숫자는 얼마인지 쓰시오.

> 책은 종이라는 물질로 만든다.

( )

**7** 위 6번 문제 정답의 위치에서 숫자 1이 나왔을 때 말판을 보고 다음과 같이 이야기했습니다. ( ) 안에 알맞은 물체는 무엇인지 쓰시오.

> (          )은/는 섬유라는 물질로 만든다.

( )

**핵심 3**

물체를 이루고 있는 물질은 색깔, 손으로 만졌을 때의 느낌, 단단한 정도, 휘는 정도, 물에 뜨는 정도 등이 다릅니다.

**8** 다음 실험을 통해 알 수 있는 물질의 성질은 무엇입니까? (          )

① 색깔
② 휘는 정도
③ 단단한 정도
④ 물에 뜨는 정도
⑤ 손으로 만졌을 때의 느낌

[9~11] 네 가지 막대로 물질의 성질을 알아보았습니다.

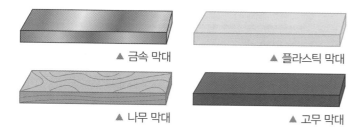

▲ 금속 막대          ▲ 플라스틱 막대

▲ 나무 막대          ▲ 고무 막대

**9** 위 막대 중 가장 단단한 물질로 이루어져 있는 막대를 쓰시오.

(                    )

**10** 위 막대 중 가장 잘 휘는 물질로 이루어져 있는 막대를 쓰시오.

(                    )

**11** 위 막대 중 물에 뜨는 물질로 이루어져 있는 막대를 모두 골라 쓰시오.

(                    )

**핵심 4**

물질의 특성은 물질의 여러 가지 성질 중 그 물질만이 가지고 있는 고유한 성질입니다.

**12** 플라스틱의 성질로 바른 것은 어느 것입니까?

(          )

① 매우 무겁다.
② 쉽게 구부러진다.
③ 금속보다 단단하다.
④ 고유한 향과 무늬가 있다.
⑤ 다양한 모양의 물체를 다른 물질보다 쉽게 만들 수 있다.

**13** 다음에서 설명하는 물질은 무엇입니까? (          )

- 물에 잘 젖는다.
- 손으로 만지면 부드럽다.
- 잘 찢어지지 않고 질기다.
- 옷을 만들 때 사용한다.

① 종이          ② 유리
③ 섬유          ④ 나무
⑤ 가죽

**14** 다음과 같은 금속 도구로 나무 조각을 하는 것을 통해 알 수 있는 금속의 성질을 한 가지 쓰시오.

**핵심 5**

물질마다 서로 다른 성질이 있어 물체의 기능에 알맞은 물질을 선택하여 물체를 만들면 사용하기에 더 좋습니다.

**15** 못을 금속으로 만들었을 때 좋은 점은 무엇입니까?
( )

① 향기가 좋다.
② 가볍고 튼튼하다.
③ 미끄러지지 않는다.
④ 다른 물체를 쉽게 묶을 수 있다.
⑤ 다른 물질보다 단단하여 나무나 벽에 잘 박힌다.

**16** 오른쪽 바구니를 이루고 있는 물질의 성질은 무엇입니까?
( )

① 물에 잘 젖는다.
② 가볍고 튼튼하다.
③ 충격을 잘 흡수한다.
④ 잘 미끄러지지 않는다.
⑤ 다른 물질보다 무겁다.

**17** 오른쪽 책상의 몸체 부분을 금속으로 만들면 좋은 점을 한 가지 쓰시오.

_____

**18** 자전거의 각 부분 중 고무로 되어 있어 충격을 잘 흡수하고 탄력이 있는 부분은 어디입니까? ( )

① 몸체
② 안장
③ 타이어
④ 체인
⑤ 핸들바

**핵심 6**

종류가 같은 물체라도 그 물체를 이루고 있는 물질에 따라 좋은 점이 서로 다릅니다.

**19** 튼튼하고 비바람에도 잘 견디는 집은 어느 것인지 ○표 하시오.

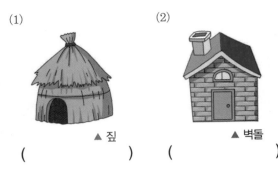

(1) ▲ 짚      (2) ▲ 벽돌

( )        ( )

**20** 다음과 같은 좋은 점을 가진 컵은 어느 것입니까?
( )

> 음식을 오랫동안 따뜻하게 보관할 수 있다.

① 종이컵
② 유리컵
③ 도자기 컵
④ 금속 컵
⑤ 플라스틱 컵

**21** 바람이 부는 추운 겨울날 사용하면 가장 좋은 장갑은 어느 것인지 기호를 쓰시오.

> ㉠ 면(섬유)장갑      ㉡ 고무장갑
> ㉢ 비닐(플라스틱)장갑   ㉣ 가죽 장갑

( )

**22** 만약에 금속으로만 된 신발을 신는다면 어떤 일이 생길지 한 가지 쓰시오.

_____

서로 다른 물질을 섞으면 섞기 전에 각 물질이 가지고 있던 색깔, 손으로 만졌을 때의 느낌 등의 성질이 변하기도 합니다.

**23** 물, 붕사, 폴리비닐 알코올에 대한 설명으로 바르지 않은 것은 무엇입니까? (          )

① 물은 투명하다.
② 붕사는 하얀색이고 광택이 없다.
③ 붕사는 알갱이의 크기가 매우 작다.
④ 폴리비닐 알코올은 붕사보다 알갱이가 크다.
⑤ 폴리비닐 알코올을 만져 보면 매우 부드럽다.

**24** 물과 붕사를 섞었을 때 어떤 변화가 나타납니까?
(          )

① 물이 언다.
② 연기가 난다.
③ 덩어리가 생긴다.
④ 뿌옇게 흐려진다.
⑤ 파란색으로 변한다.

**25** 물, 붕사, 폴리비닐 알코올을 섞었을 때의 모습은 어느 것인지 기호를 쓰시오.

(          )

**26** 물, 붕사, 폴리비닐 알코올을 섞어서 만들어진 탱탱볼의 특징은 무엇입니까? (          )

① 광택이 없다.
② 만지면 부서진다.
③ 벽에 붙이면 잘 붙는다.
④ 금속 같은 딱딱한 느낌이다.
⑤ 바닥에 떨어뜨리면 잘 튀어 오른다.

물질의 성질을 이용해 **연필꽂이를 설계해 봅니다.**

**27** 창의적인 연필꽂이를 설계할 때 고려해야 할 것이 아닌 것은 무엇입니까? (          )

① 연필꽂이의 크기를 생각한다.
② 어떤 모양으로 만들지 생각한다.
③ 어떤 물질을 사용할지 생각한다.
④ 시간이 얼마나 걸릴지 생각한다.
⑤ 물질의 어떤 성질을 이용할지 생각한다.

[28~30] 연필꽂이를 설계한 모습입니다.

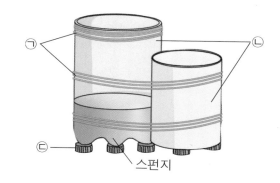

스펀지

**28** 위 ㉠과 ㉢ 부분에 공통으로 사용된 물질을 쓰시오.

(                    )

**29** 위 연필꽂이의 ㉡ 부분을 만드는 데 사용할 수 있는 물질로 알맞지 않은 것은 어느 것입니까? (          )

① 종이            ② 금속
③ 나무            ④ 얇은 섬유
⑤ 플라스틱

**30** 위 연필꽂이 바닥에 스펀지를 넣었습니다. 스펀지를 사용한 까닭은 무엇인지 한 가지 쓰시오.

**1** 다음은 비밀 상자 속 물체를 어떤 방법으로 알아맞히는 모습입니까? (        )

① 맛을 본다.
② 냄새를 맡아 본다.
③ 친구에게 물어 본다.
④ 손으로 물체를 만져 본다.
⑤ 흔들어 소리를 들어 본다.

**2** (        ) 안에 알맞은 말은 무엇인지 쓰시오.

> 물체를 만드는 재료를 (        )이라고 한다.

(                    )

**3** 물질이 아닌 것은 어느 것입니까? (        )

① 빵          ② 금속
③ 섬유        ④ 나무
⑤ 플라스틱

**4** 나무로 만들어진 물체는 무엇입니까? (        )

① ② ③ ④ ⑤

**5** 다음을 읽고 바르면 ○표, 바르지 않으면 ×표를 하시오.

⑴ 물질은 저마다 독특한 성질이 있습니다.

(        )

⑵ 모든 물질은 색깔, 손으로 만졌을 때의 느낌, 긁히는 정도, 물에 뜨는 정도 등이 같습니다.

(        )

[6~7] 네 가지 막대로 물질의 성질을 알아보았습니다.

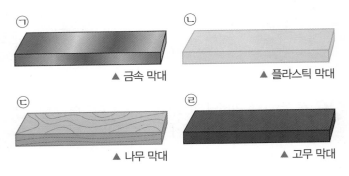

▲ 금속 막대          ▲ 플라스틱 막대
▲ 나무 막대          ▲ 고무 막대

**6** 위 막대 중 가장 단단한 막대는 어느 것인지 기호를 쓰시오.

(                    )

**7** 앞 **6**번 막대 중 가장 잘 휘는 막대는 어느 것인지 기호를 쓰시오.

( )

**8** 다음 물체를 이루고 있는 물질은 무엇입니까?

( )

① 금속                 ② 고무
③ 유리                 ④ 나무
⑤ 플라스틱

**9** 다음과 같은 성질이 있는 물질은 무엇입니까?

( )

- 딱딱하고, 부드럽다.
- 다양한 모양의 물체를 쉽게 만들 수 있다.

① 금속                 ② 고무
③ 나무                 ④ 플라스틱
⑤ 종이

서술형

**10** 못을 금속으로 만들면 좋은 점은 무엇인지 한 가지 쓰시오.

_____

**11** 쓰레받기의 입구 부분이 고무로 되어 있어 좋은 점은 무엇인지 모두 고르시오. (    ,    )

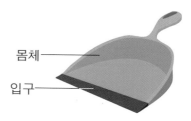

몸체
입구

① 가볍다.
② 단단하다.
③ 튼튼하다.
④ 바닥에 잘 달라붙는다.
⑤ 작은 먼지도 쓸어 담기 좋다.

**12** 물질에 대한 설명입니다. (    ) 안에 알맞은 말에 ○표 하시오.

물질마다 서로 성질이 ( 같다, 다르다 ).

**13** 유리컵의 좋은 점은 무엇입니까? (    )

① 싸고 가볍다.
② 가볍고 단단하다.
③ 매우 단단하여 잘 깨지지 않는다.
④ 무엇이 들어 있는지 쉽게 알 수 있다.
⑤ 음식을 오랫동안 따뜻하게 보관할 수 있다.

응용

**14** 여러 가지 컵 중 매우 단단하여 잘 깨지지 않는 것은 어느 것인지 기호를 쓰시오.

ㄱ          ㄴ          ㄷ

( )

2. 물질의 성질 **29**

**15** 다음 설명은 어떤 물질로 만든 장갑의 특징입니까? ( )

> • 물에 담갔을 때 물이 안으로 들어오지 않는다.
> • 질기고 미끄러지지 않는다.

① 면      ② 비닐
③ 고무      ④ 금속
⑤ 종이

[16~18] 탱탱볼을 만드는 과정입니다.

> ㉠ 따뜻한 물이 반쯤 담긴 투명한 플라스틱 컵에 붕사를 두 숟가락 넣는다.
> ㉡ 유리 막대로 저으면서 나타나는 현상을 관찰한다.
> ㉢ ( )을 다섯 숟가락 넣고 유리 막대로 저어 준 뒤에 3분 정도 기다린다.
> ㉣ 엉긴 물질을 꺼내 손으로 주무르면서 공 모양을 만든다.

**주의**

**16** 위 탱탱볼을 만드는 과정 중 ㉡에서 볼 수 있는 모습은 어느 것인지 기호를 쓰시오.

(가)          (나)

( )

**17** 위 탱탱볼을 만드는 과정에서 ( ) 안에 들어갈 말을 쓰시오.

( )

**중요**

**18** 앞 **16**번 실험에서 만들어진 탱탱볼의 성질로 바른 것은 어느 것입니까? ( )

① 무겁다.
② 잘 접힌다.
③ 잘 튀어 오른다.
④ 모래처럼 부스러진다.
⑤ 플라스틱 같은 느낌이다.

[19~20] 다음은 연필꽂이를 만든 것입니다.

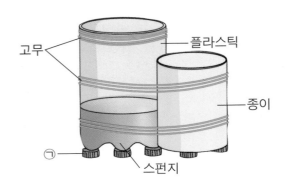

고무      플라스틱
     종이
㉠
스펀지

**19** 위 연필꽂이 통을 만드는 데 이용하면 좋은 물질이 아닌 것은 무엇입니까? ( )

① 금속      ② 나무
③ 플라스틱      ④ 얇은 종이
⑤ 두꺼운 종이

**서술형**

**20** 위 연필꽂이를 만들 때 ㉠ 부분에 고무를 붙이는 까닭은 무엇인지 쓰시오.

**1** 비밀 상자 속 물체를 알아맞히는 과정입니다. 가장 먼저 해야 할 일은 무엇인지 기호를 쓰시오.

> ㉠ 비밀 상자를 흔들거나 상자에 손을 넣어 물체를 만져 보면서 무엇인지 짐작해 본다.
> ㉡ 한 친구는 눈을 눈가리개로 가린다.
> ㉢ 다른 친구는 비밀 상자에 준비한 물체를 넣는다.

( )

**2** 다음 물체들을 만든 공통적인 물질은 무엇입니까?

( )

▲ 풍선

▲ 장갑

① 금속　　　　② 나무
③ 고무　　　　④ 밀가루
⑤ 플라스틱

**3** 플라스틱으로 만들어진 물체는 어느 것입니까?

( )

① 풍선　　　　② 국수
③ 망치　　　　④ 자물쇠
⑤ 장난감 비행기

**4** 다음 중 물질에 대한 설명으로 바른 것을 골라 기호를 쓰시오.

> ㉠ 물체를 만드는 재료이다.
> ㉡ 모양이 있고 공간을 차지하는 것이다.

( )

**5** 플라스틱 막대로 나무 막대를 긁어 보는 실험을 통해 알 수 있는 물질의 성질은 무엇입니까? ( )

① 색깔
② 냄새
③ 단단한 정도
④ 물에 뜨는 정도
⑤ 손으로 만졌을 때의 느낌

**6** 금속 막대, 고무 막대, 플라스틱 막대, 나무 막대를 구부려 보았을 때 휘어지는 막대는 어느 것인지 쓰시오.

( )

**7** 물이 담긴 수조에 넣었을 때 물에 뜨는 막대끼리 바르게 짝지은 것은 어느 것입니까? ( )

① 고무 막대, 금속 막대
② 고무 막대, 나무 막대
③ 나무 막대, 금속 막대
④ 나무 막대, 플라스틱 막대
⑤ 고무 막대, 플라스틱 막대

**8** 다음과 같이 금속으로 된 미끄럼틀을 보고 알 수 있는 금속의 성질은 무엇입니까? ( )

① 가볍다.
② 광택이 있다.
③ 쉽게 휘어진다.
④ 고유한 향과 무늬가 있다.
⑤ 다양한 모양의 물체를 쉽게 만들 수 있다.

2

단원

# 2 회 단원 평가

**9** 다음 물체를 이루는 물질의 성질로 바른 것은 무엇입니까? (          )

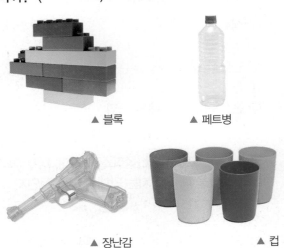

▲ 블록          ▲ 페트병

▲ 장난감          ▲ 컵

① 향이 있다.
② 물에 잘 젖는다.
③ 금속보다 가볍다.
④ 금속보다 단단하다.
⑤ 잘 미끄러지지 않는다.

**10** 우리 주변의 물체와 물체를 이루고 있는 물질을 잘못 짝지은 것은 어느 것입니까? (          )

① 옷 – 섬유          ② 신발 – 가죽
③ 어항 – 유리          ④ 목공용 풀 – 나무
⑤ 운동용 매트 – 고무

**11** 망치, 톱, 가위 등의 공통점을 한 가지 쓰시오.

_____

**12** 못을 금속으로 만들어서 좋은 점은 무엇입니까?
(          )

① 가볍고 튼튼하다.
② 미끄러지지 않는다.
③ 다양한 색깔로 만들어 사용할 수 있다.
④ 다른 물질보다 단단하여 벽에 잘 박힌다.
⑤ 잘 늘어나 다른 물체를 쉽게 묶을 수 있다.

**응용**
**13** 책상의 각 부분을 이루고 있는 물질을 바르게 쓰시오.

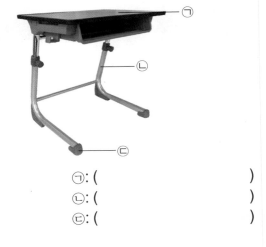

㉠: (                    )
㉡: (                    )
㉢: (                    )

**14** 자전거의 각 부분을 이루고 있는 물질이 바르게 짝지어진 것은 어느 것입니까? (          )

① 안장 – 금속
② 몸체 – 나무
③ 체인 – 가죽
④ 타이어 – 고무
⑤ 손잡이 – 섬유

**15** 다음은 아기 돼지 삼 형제가 지은 집입니다. 가장 튼튼하게 지은 집은 어느 것인지 기호를 쓰시오.

ⓐ ▲ 짚으로 만든 집  ⓑ ▲ 나무로 만든 집  ⓒ ▲ 벽돌로 만든 집

(            )

**16** 다음에서 설명하는 컵은 어느 것입니까? (      )

> 투명하여 무엇이 들어 있는지 쉽게 알 수 있다.

①    ②    ③

④    ⑤

**17** 금속이나 유리로만 된 신발을 신었을 때, 생길 수 있는 일을 보기 에서 골라 기호를 쓰시오.

> **보기**
> ㉮ 구부러지지 않아 불편하다.
> ㉯ 다른 물체에 부딪쳤을 때 쉽게 깨져 다칠 수 있다.

(1) 금속 신발: (          )
(2) 유리 신발: (          )

**18** 탱탱볼을 만드는 과정을 순서대로 기호를 바르게 나타낸 것은 어느 것입니까? (      )

> ㉠ 투명한 플라스틱 컵에 따뜻한 물을 반 정도 붓는다.
> ㉡ 엉긴 물질을 꺼내 손으로 주무르면서 공 모양을 만든다.
> ㉢ 폴리비닐 알코올을 다섯 숟가락 넣고 저어 준 뒤에 3분 정도 기다리면서 나타나는 현상을 관찰한다.
> ㉣ 물이 담긴 투명한 플라스틱 컵에 붕사를 두 숟가락 넣고 유리 막대로 저으면서 나타나는 현상을 관찰한다.

① ㉠－㉡－㉢－㉣    ② ㉠－㉢－㉡－㉣
③ ㉠－㉣－㉢－㉡    ④ ㉡－㉠－㉢－㉣
⑤ ㉢－㉣－㉠－㉡

**서술형**

**19** 위 **18**번 실험을 통해 만들어진 탱탱볼의 특징을 한 가지 쓰시오.

_____

_____

**응용**

**20** 연필꽂이를 만들 때 통을 만드는 재료로 알맞지 않은 것은 무엇입니까? (      )

① 페트병
② 우유갑
③ 휴지 심
④ 비닐봉지
⑤ 나무 상자

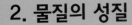
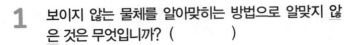

**1** 보이지 않는 물체를 알아맞히는 방법으로 알맞지 <u>않</u>은 것은 무엇입니까? (          )

① 냄새를 맡아 본다.
② 흔들어 소리를 들어 본다.
③ 손으로 물체를 꼼꼼하게 만져 본다.
④ 물체의 전체적인 모습은 생각하지 않는다.
⑤ 어떤 재료로 만들어졌는지 생각하며 만져 본다.

**2** 우리 주변의 여러 가지 물체와 물질을 바르게 선으로 연결하시오.

(1) 물체 •

(2) 물질 •

• ㉠ 금속, 나무, 플라스틱 등

• ㉡ 못, 풍선, 바구니 등

**3** 다음 물체를 이루고 있는 공통적인 물질은 무엇입니까? (          )

▲ 장난감 비행기

▲ 바구니

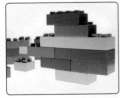

▲ 장난감 블록

▲ 주사위

① 고무
② 종이
③ 나무
④ 밀가루
⑤ 플라스틱

[4~5] 다음은 우리 주변의 물체가 어떤 물질로 만들어졌는지 알아보는 놀이입니다.

장난감 블록 / 인형 / 책 / 야구 장갑 / 야구 방망이
가위 / 옷 / 숟가락
컵 / 탁구채 / 풍선 / 엿 / 고무줄
못 / 연필 / 축구공 / 지우개 / 음료수병
헬멧 / 줄넘기 / 우유갑 / 탁구공 / 열쇠 / 모자(섬유) / 출발 / 도착 →

**4** 출발점에서 주사위를 던져서 숫자 2가 나왔을 때, 말판에 있는 물체를 만든 물질은 무엇인지 쓰시오.

(          )

**5** 위 4번 정답의 위치에서 주사위를 던져서 숫자 3이 나왔습니다. 이때 말판의 물체(㉠)와 물체가 어떤 물질로 만들어졌는지(㉡) 쓰시오.

㉠: (          )
㉡: (          )

**6** 다음은 나무 막대와 플라스틱 막대를 서로 긁어 보는 모습입니다. 더 단단한 막대는 어느 것인지 쓰시오.

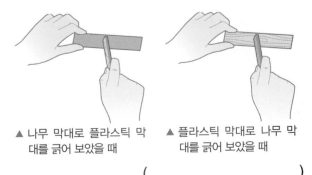

▲ 나무 막대로 플라스틱 막대를 긁어 보았을 때

▲ 플라스틱 막대로 나무 막대를 긁어 보았을 때

(          )

**7** 금속 막대, 나무 막대, 고무 막대, 플라스틱 막대를 각각 구부려 보았을 때 다음과 같이 휘는 막대는 어느 것인지 쓰시오.

(           )

**8** 물이 담긴 수조에 금속 막대, 나무 막대, 고무 막대, 플라스틱 막대를 넣어 보았습니다. 물에 뜨는 막대와 물에 가라앉는 막대를 각각 구분해서 쓰시오.

| 물에 뜨는 막대 | 물에 가라앉는 막대 |
|---|---|
|  |  |

**9** 다음 물체들은 어떤 물질로 만들어졌는지 쓰고, 그 물질의 성질을 한 가지 쓰시오.

▲ 여러 가지 색깔의 컵

▲ 여러 가지 모양의 그릇

_____

_____

**10** 다음과 같은 성질이 있는 물질은 무엇입니까?

(       )

- 쉽게 구부러진다.
- 당기면 잘 늘어난다.
- 잘 미끄러지지 않는다.

① 고무          ② 금속
③ 나무          ④ 유리
⑤ 밀가루

**11** 종이로 책, 공책, 색종이 등을 만들었을 때 좋은 점을 모두 고르시오. (    ,    )

① 잘 접힌다.
② 잘 늘어난다.
③ 부드럽고 질기다.
④ 글씨가 잘 써진다.
⑤ 투명하여 속이 잘 보인다.

**12** 다음 물체들의 공통점이 <u>아닌</u> 것은 무엇입니까?

(       )

▲ 그릇

▲ 컵

① 단단하다.
② 금속으로 만들었다.
③ 놀이터에서 볼 수 있다.
④ 음식물을 먹을 때 사용한다.
⑤ 한 가지 물질로 이루어져 있다.

**13** 바구니를 가볍고 튼튼하며, 다양한 색깔로 만들어 사용하려고 할 때 알맞은 물질은 무엇입니까?

(       )

① 금속          ② 나무
③ 고무          ④ 종이
⑤ 플라스틱

서술형

**14** 자전거의 ㉠～㉢ 중 금속으로 이루어진 부분을 골라 기호를 쓰고, 그 부분을 금속으로 만들면 좋은 점을 한 가지 쓰시오.

(1) 금속으로 이루어진 부분: (                    )

(2) 금속으로 만들면 좋은 점:

_____

**15** 다음과 같은 특징을 가진 컵을 이루고 있는 물질은 무엇입니까? (          )

> • 투명하다.
> • 가지고 다니기 불편하다.
> • 투명하여 무엇이 들어 있는지 쉽게 볼 수 있다.

① 유리         ② 종이
③ 도자기       ④ 금속
⑤ 플라스틱

**16** 다음은 여러 가지 장갑의 좋은 점입니다. 장갑을 이루고 있는 물질의 좋은 점을 찾아 기호를 쓰시오.

> ㉠ 질기고, 미끄러지지 않는다.
> ㉡ 부드럽고 따뜻하다.
> ㉢ 투명하고 얇으며 물이 들어오지 않는다.

(1) 비닐장갑: (                    )

(2) 면장갑: (                    )

(3) 고무장갑: (                    )

**17** 종류가 같은 물체를 서로 다른 물질로 만드는 까닭으로 알맞지 않은 것은 무엇입니까? (          )

① 물질의 성질에 따라 물체의 기능이 달라지기 때문이다.
② 물체를 이루는 물질이 달라도 물체의 기능은 같기 때문이다.
③ 같은 물체라도 상황에 따라 물질을 다르게 사용할 수 있기 때문이다.
④ 종류가 같은 물체라도 이루는 물질에 따라 좋은 점이 달라지기 때문이다.
⑤ 같은 물체라도 사용하는 사람에 따라 필요한 물체의 기능이 다르기 때문이다.

**18** 생활 속에서 서로 다른 물질을 섞는 경우가 아닌 것은 어느 것입니까? (          )

① 물에 미숫가루를 탄다.
② 밀가루에 소금을 넣는다.
③ 우유에 초콜릿 가루를 넣는다.
④ 필통에 연필과 색연필을 같이 넣는다.
⑤ 과학 실험을 할 때 여러 가지 물질을 섞는다.

**19** 물, 붕사, 폴리비닐 알코올의 특징으로 바른 것은 어느 것입니까? (          )

① 물 – 손으로 잡을 수 있다.
② 붕사 – 광택이 있고, 파란색이다.
③ 붕사 – 손으로 만지면 매우 부드럽다.
④ 폴리비닐 알코올 – 붕사보다 알갱이가 작다.
⑤ 폴리비닐 알코올 – 손으로 만지면 깔깔하다.

**20** 물, 붕사, 폴리비닐 알코올을 ㉠, ㉡과 같이 섞었을 때, 서로 엉기고 알갱이가 점점 커지는 현상이 나타날 때는 언제인지 기호를 쓰시오.

> ㉠ 물과 붕사를 섞었을 때
> ㉡ 물, 붕사, 폴리비닐 알코올을 섞었을 때

(                    )

**1** 비밀 상자 속 물체를 알아맞히는 실험에 대한 설명으로 바르지 않은 것은 무엇입니까? (        )

① 가장 먼저 눈을 눈가리개로 가린다.
② 비밀 상자를 흔들어 보면 안 된다.
③ 비밀 상자에 손을 넣어 물체를 만져 본다.
④ 친구가 눈을 가린 다음, 비밀 상자 속에 물체를 넣는다.
⑤ 자신이 짐작하는 물체의 이름과 짐작한 까닭을 말한 뒤 눈가리개를 벗는다.

**2** 물체와 물질에 대한 설명으로 바른 것을 모두 고르시오. (      ,      )

① 못과 클립은 금속으로 만들어졌다.
② 물체를 만드는 재료는 한 가지이다.
③ 플라스틱, 나무, 종이 등은 물체이다.
④ 금속, 플라스틱, 밀가루 등은 물질이다.
⑤ 공간을 차지하고, 모양이 있는 것은 물질이다.

**3** 물체가 어떤 물질로 만들어졌는지 알아보는 놀이입니다. ㉠~㉣ 중 만들어진 물질이 다른 하나는 어느 것인지 기호를 쓰시오.

(                    )

**4** 다음과 같이 물체를 분류한 기준을 쓰시오.

| 탁구공, 자, 장난감 블록 | 자물쇠, 못, 열쇠 |
|---|---|

**5** 네 가지 막대 중 가장 단단한 막대는 어느 것인지 기호를 쓰시오.

| ㉠ 금속 막대 | ㉡ 나무 막대 |
|---|---|
| ㉢ 고무 막대 | ㉣ 플라스틱 막대 |

(                    )

**6** 위 5번 정답과 같이 가장 단단한 막대가 어느 것인지 알 수 있는 방법은 무엇입니까? (        )

① 네 가지 막대를 던져 본다.
② 네 가지 막대를 흔들어 본다.
③ 네 가지 막대를 구부려 본다.
④ 네 가지 막대를 물에 넣어 본다.
⑤ 네 가지 막대를 서로 긁어 본다.

**7** 물이 담긴 수조에 네 가지 막대를 넣었을 때, 알 수 있는 사실은 무엇입니까? (        )

① 금속 막대는 물에 가라앉는다.
② 나무 막대가 고무 막대보다 무겁다.
③ 금속 막대와 고무 막대의 성질이 같다.
④ 나무 막대가 플라스틱 막대보다 가볍다.
⑤ 나무 막대와 플라스틱 막대를 이루는 물질이 같다.

**8** 금속 도구로 나무를 조각할 때, 알 수 있는 사실은 무엇입니까? (        )

① 금속은 쉽게 구부러진다.
② 나무는 향과 무늬가 있다.
③ 금속이 나무보다 단단하다.
④ 금속은 당기면 잘 늘어난다.
⑤ 나무는 다양한 모양의 물체를 쉽게 만들 수 있다.

**9** 다음 물체를 만든 물질의 성질로 맞는 것은 무엇입니까? (        )

▲ 운동용 고무 밴드

▲ 고무 매트

① 무늬가 있다.
② 무게가 무겁다.
③ 잘 미끄러지지 않는다.
④ 다른 물질보다 단단하다.
⑤ 여러 가지 모양으로 만들 수 있다.

**10** 고무줄을 만든 물질의 좋은 점은 무엇입니까?
(        )

① 단단하다.
② 질기고 부드럽다.
③ 고유한 무늬가 있다.
④ 다양한 색깔과 모양으로 만들 수 있다.
⑤ 잘 늘어나 다른 물체를 쉽게 묶을 수 있다.

서술형
**11** 연필, 가위, 자전거의 공통점을 한 가지 쓰시오.

**12** 책상의 각 부분에서 가장 단단한 물질로 이루어진 곳을 골라 기호를 쓰고, 이 부분을 만든 물질을 쓰시오.

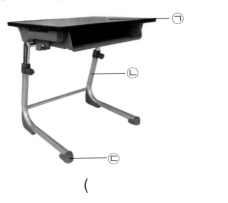

(                              )

**13** 자전거의 각 부분을 이루고 있는 물질의 좋은 점에 대한 설명으로 바른 것을 보기 에서 모두 골라 기호로 쓰시오.

보기
㉮: 나무로 되어 있어 향이 좋다.
㉯: 금속으로 되어 있어 튼튼하다.
㉰: 가죽으로 되어 있어 질기고 부드럽다.
㉱: 플라스틱으로 되어 있어 물에 젖지 않는다.

(                              )

**14** 가볍고 단단하며 여러 가지 색깔의 컵을 만들 수 있는 물질은 무엇입니까? (        )

① 금속                ② 유리
③ 나무                ④ 종이
⑤ 플라스틱

**15** 서로 다른 물질로 가방을 만들었을 때 좋은 점으로 바르지 <u>않은</u> 것은 무엇입니까? (        )

① 짚: 무겁다.
② 섬유: 가볍고 부드럽다.
③ 비닐: 가볍고 가격이 싸다.
④ 종이: 가볍고 가지고 다니기가 쉽다.
⑤ 가죽: 질기고 무거운 것을 담을 수 있다.

**16** 다음을 읽고, ㉠과 ㉡에 알맞은 말을 보기 에서 골라 쓰시오.

> (    ㉠    )은 질기고 물에 담갔을 때 물이 안으로 들어오지 않고, (    ㉡    )은 부드럽고 따뜻하며 바람이 들어오지 않는다.

> **보기**
> 비닐장갑          고무장갑
> 면장갑            가죽 장갑

㉠: (                    )
㉡: (                    )

**17** 탱탱볼을 만드는 과정입니다. ㉠에 들어갈 물질을 쓰시오.

> • 투명한 플라스틱 컵에 물을 반 정도 붓는다.
> • 물이 담긴 투명한 플라스틱 컵에 (    ㉠    )를 두 숟가락 넣고 유리 막대로 저어 준다.
> • 폴리비닐 알코올을 다섯 숟가락 넣고 저어 준 뒤에 3분 정도 기다린다.
> • 엉긴 물질을 꺼내 손으로 주무르면서 공 모양을 만든다.

(                    )

**18** 다음과 같은 현상이 나타날 때는 언제인지 기호를 쓰시오.

> ㉠ 물과 붕사를 섞었을 때
> ㉡ 물, 붕사, 폴리비닐 알코올을 섞었을 때

(                    )

**19** 여러 가지 물질을 섞어 탱탱볼을 만드는 실험에 대한 설명으로 바르지 <u>않은</u> 것은 무엇입니까? (        )

① 얼음물을 사용한다.
② 약숟가락은 두 개가 필요하다.
③ 실험을 할 때는 실험용 장갑을 꼭 낀다.
④ 붕사를 관찰할 때는 돋보기를 사용한다.
⑤ 만들어진 탱탱볼은 바닥에 떨어뜨리면 튀어 오른다.

**20** 오른쪽과 같이 연필꽂이를 만들 때, 연필꽂이 바닥이 미끄러지지 않게 하기 위한 방법으로 알맞은 것은 무엇입니까?

(        )

① 테이프로 고정시킨다.
② 바닥에 금속 조각을 붙인다.
③ 연필꽂이 바닥에 스펀지를 넣는다.
④ 연필꽂이 통을 종이 상자로 바꾼다.
⑤ 폭이 넓은 고무줄을 잘라 바닥에 붙인다.

**1** 네 가지 막대의 단단한 정도를 알아보는 방법과 물이 담긴 수조에 네 가지 막대를 넣었을 때, 물에 뜨는 것과 물에 가라앉는 막대로 분류하여 쓰시오.

▲ 금속 막대

▲ 플라스틱 막대

▲ 나무 막대

▲ 고무 막대

(1) 네 가지 막대의 단단한 정도를 알아보는 방법

_____

(2) 물에 뜨는 막대와 물에 가라앉는 막대 분류

| 물에 뜨는 막대 | 물에 가라앉는 막대 |
| --- | --- |
|  |  |

**여러 가지 물질의 성질을 알아보는 방법**

• 단단하기: 두 물질을 서로 긁었을 때 잘 긁히는 물질일수록 덜 단단합니다.

• 휘는 정도: 여러 가지 물질을 구부려 보면서 휘는 정도를 비교합니다. 고무 막대는 잘 휘어지고, 나머지 막대는 휘어지지 않습니다.

**2** 책상과 쓰레받기를 이루고 있는 물질을 쓰고, 각 부분을 그 물질로 만들면 좋은 점을 한 가지 쓰시오.

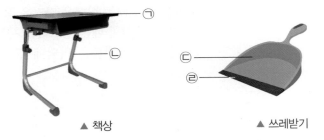

▲ 책상

▲ 쓰레받기

(1) 책상과 쓰레받기의 각 부분을 이루고 있는 물질

㉠: ( )
㉡: ( )
㉢: ( )
㉣: ( )

(2) 각 부분을 그 물질로 만들면 좋은 점

㉠: _____

㉡: _____

㉢: _____

㉣: _____

**여러 가지 물질의 성질**

• 금속: 광택이 있고, 나무보다 단단합니다.

• 플라스틱: 금속보다 가볍고, 다양한 모양의 물체를 다른 물질보다 쉽게 만들 수 있습니다.

• 나무: 금속보다 가볍고 고유한 향과 무늬가 있습니다.

• 고무: 쉽게 구부러지고 잡아당기면 늘어났다가 놓으면 다시 돌아옵니다.

**③**  여러 가지 컵의 좋은 점을 한 가지 쓰시오.

| | |
|---|---|
| ▲ 금속 컵 | |
| ▲ 플라스틱 컵 | |
| ▲ 유리컵 | |
| ▲ 도자기 컵 | |
| ▲ 종이컵 | |

**종류가 같은 물체를 여러 가지 물질로 만드는 까닭**

- 종류가 같은 물체라도 그 물체를 이루는 물질에 따라 좋은 점이 서로 다릅니다.
- 물질의 성질에 따라 물체의 기능이 다르고, 서로 다른 좋은 점이 있습니다.
- 생활 속에서 물체의 기능을 고려하여 상황에 알맞은 것을 골라 사용합니다.

**2**
**단원**

**④**  탱탱볼을 만들 때 쓰이는 물질의 특징을 쓰시오.

| 붕사 | |
|---|---|
| 폴리비닐 알코올 | |

**탱탱볼 관찰하기**

- 알갱이가 투명하고, 광택이 있습니다.
- 말랑말랑하고, 고무 같은 느낌이 듭니다.
- 바닥에 떨어뜨리면 잘 튀어 오릅니다.

# 3. 동물의 한살이

## 🔅 신비한 알에서 나올 동물 상상하기

┌─• 곤충을 기르는 사육 상자에서도 볼 수 있습니다.

(1) 알을 볼 수 있는 곳: 새 둥지, 가게, 강가 등

(2) 알에서 나올 동물을 상상하여 그리기

• 알에서 나올 동물을 상상해 보고, 알을 깨고 나온 동물의 모습을 그립니다.

• 이 동물이 다 자란 모습을 특징이 잘 나타나도록 그립니다.

┌─• 붕어, 무당벌레, 돼지, 참새 등은 암컷과 수컷을 쉽게 구별하기 어렵습니다.

## 🔅 동물의 ★암수는 생김새와 하는 일이 어떻게 다를까요?

탐구1 암수가 쉽게 구별되는 동물

▲ 사자(수컷)

(1) 암수의 생김새 탐구1

| 구분 | 암컷 | 수컷 |
|------|------|------|
| 사자 | 갈기가 없다. | 갈기가 있다. |
| 사슴 | 뿔이 없고, 수컷에 비하여 몸이 작다. | 뿔이 있고, 암컷에 비하여 몸이 더 크다. |
| 원앙 | 깃털의 색깔이 수수하다. | 깃털의 색깔이 선명하고 화려하다. |
| 꿩 | 깃털 색깔이 수수하고 황갈색에 검은색 무늬가 있다. | 깃털 색깔이 선명하고 화려하다. |

▲ 사슴(수컷)

▲ 원앙(암컷)

(2) 알이나 새끼를 돌볼 때 암수가 하는 ★역할 알아보기 탐구2

① 동물에 따라 알이나 새끼를 돌볼 때 암수가 하는 역할

| 구분 | 암수가 하는 역할 |
|------|------------------|
| 제비 | 암수가 함께 알과 새끼를 돌본다. |
| | ┌─•암컷과 수컷이 교대로 알을 품고 먹이를 물어옵니다. |
| 곰 | 암컷이 새끼를 돌본다. |
| 가시고기 | 수컷이 알을 돌본다. |
| 거북 | 적당한 곳에 알을 낳은 뒤 암수 모두 알을 돌보지 않는다. |

▲ 꿩(수컷)

② 알이나 새끼를 암수가 함께 돌보는 동물과 암컷이나 수컷 혼자서 돌보는 동물

• 알이나 새끼를 암수가 함께 돌보는 동물: 꾀꼬리, 황제펭귄, 두루미 등

▲ 산양

• 알이나 새끼를 암컷이나 수컷 혼자서 돌보는 동물: 산양, 소, 바다코끼리, 꺽지, 물자라, 물장군 등

┌─• 암컷이 새끼를 돌보는 동물로 주로 젖을 먹이는 포유류입니다.

▲ 꺽지

탐구2 동물이 알이나 새끼를 낳으려면 해야 하는 일

• 암수가 만나 짝짓기를 합니다.

• 수컷은 ★정자를 ★제공하고, 암컷은 알이나 새끼를 낳습니다.

📡 **사슴벌레와 거미의 암컷과 수컷의 특징**

① 사슴벌레
- 암컷: 수컷보다 작으며, 큰턱이 짧고 작습니다.
- 수컷: 암컷보다 크고 사슴뿔 모양의 큰턱이 있습니다.

② 거미
- 암컷: 더듬이 다리 끝이 가늘며, 배가 크고 통통하고 큰 편입니다.
- 수컷: 더듬이 다리 끝이 부풀어 있으며, 배가 길쭉하고 다리가 몸에 비하여 긴 편입니다.

📡 **암수가 쉽게 구별되지 않는 동물**

▲ 무당벌레

▲ 귀뚜라미

### 용어풀이

✴ **암수** 암컷과 수컷을 이르는 말
✴ **역할** 자기가 마땅히 하여야 할 맡은 일
✴ **정자** 수컷의 생식 세포
✴ **제공** 무엇을 내주거나 갖다 바침.

## 개념을 확인해요

**1** 사자의 [    ][    ]은 갈기가 없지만, [    ][    ]은 갈기가 있습니다.

**2** 사슴의 암컷은 [    ]이 없고, 수컷은 [    ]이 있습니다.

**3** 원앙의 [    ][    ]은 깃털의 색깔이 수수하지만, [    ][    ]은 깃털의 색깔이 선명하고 화려합니다.

**4** 동물이 알이나 새끼를 낳으려면 암수가 만나서 [    ][    ][    ]를 해야 합니다.

**5** 곰은 [    ][    ]이 새끼를 돌봅니다.

**6** 가시고기는 [    ][    ]이 알을 돌봅니다.

**7** 거북과 제비 중 [    ][    ]은 적당한 곳에 알을 낳은 뒤 암수 모두 알을 돌보지 않습니다.

**8** 거북과 제비 중 [    ][    ]는 암수가 함께 알과 새끼를 돌봅니다.

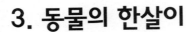
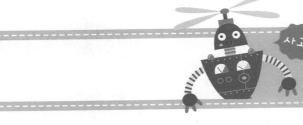
# 3. 동물의 한살이

교과서
50~51쪽

🐛 **배추흰나비를 기르면서 한살이를 알아보려면 어떻게 해야 할까요?**

(1) 배추흰나비의 한살이 관찰 계획 세우기 ─── 배추흰나비알을 채집하여 직접 기르면서 배추흰나비의 한살이를 알아봅니다.

① 배추흰나비를 기를 때 필요한 것

- 배추흰나비 애벌레가 먹을 배추나 무, 양배추, 케일 등이 심어진 <u>화분</u>이 필요합니다. ── 배추흰나비알이나 애벌레를 기르려면 먹이가 되는 식물이 필요합니다.
- ✦사육 상자로 사용할 투명한 플라스틱 그릇이 필요합니다. 실험1
- 알이나 애벌레를 보호해 줄 ✦방충망이 필요합니다.

② 사육 상자에서 배추흰나비를 기를 때 주의할 점

- 알이나 애벌레를 옮길 때에는 알이나 애벌레가 붙은 잎을 함께 옮기고 손으로 직접 만지지 않습니다.
- 애벌레가 바닥에 떨어졌을 때에는 배춧잎 등을 애벌레 앞에 놓아 애벌레가 스스로 기어오르도록 합니다.
- 알이나 애벌레를 손으로 만졌을 때에는 비누로 손을 깨끗이 씻습니다. ── 애벌레의 생김새는 맨눈이나 돋보기로 관찰하거나 사진기로 촬영을 하고, 자를 사용하여 크기를 측정합니다.

③ 배추흰나비를 기르면서 <u>관찰할 것</u>

- 배추흰나비알의 크기, 모양, 색깔을 관찰합니다.
- 알에서 애벌레가 나오는 모습을 관찰하고 ✦기록합니다.
- 애벌레가 먹이를 먹고 똥을 누는 모습, 움직이는 모습, 색깔이 변하는 모습을 관찰합니다.
- 어른벌레의 입과 더듬이, 다리의 수, 날개의 생김새, 날아다니는 모습, 먹이를 먹는 모습 등을 관찰합니다.

④ 배추흰나비를 관찰한 내용 기록하기

- 관찰 기록장에 관찰한 결과를 글과 그림으로 표현합니다.
- 관찰 기록장에 날짜에 따라 사진을 붙이고 글을 씁니다.
- 관찰 일기를 씁니다.

⑤ 배추흰나비 한살이를 관찰할 계획을 세워 발표하기

- 관찰 기간은 약 한 달 동안입니다.
- 기를 장소는 교실 창가나 사물함 위로 합니다.
- 관찰할 것은 배추흰나비알이나 애벌레, 번데기, 어른벌레의 생김새와 크기, 움직임, 먹이를 먹는 모습 등입니다.

(2) 배추흰나비를 기르지 않고 자연 상태에서 배추흰나비의 한살이를 관찰하는 방법

① 배추밭이나 유채밭에 2~3일에 한 번씩 찾아가 관찰합니다.
② 학교 화단에 케일밭을 만들어 배추흰나비가 낳은 알을 관찰합니다.

---

실험1 **사육 상자 꾸미기**

▲ 사육 상자를 준비하고, 바닥에 휴지를 깝니다.

▲ 사육 상자에 배추흰나비알이 붙어 있는 케일 화분을 넣습니다.

▲ 사육 상자에 방충망을 씌웁니다.

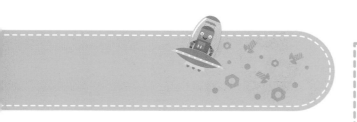

### 배추흰나비

- 배추흰나비는 십자화과 식물의 잎이나 줄기에 알을 낳습니다.
- 보통 잎의 뒷면에 알을 낳습니다. 잎의 앞면이나 잎자루, 줄기에 알을 낳기도 합니다.

### 배추흰나비알

- 배추흰나비알은 길이가 약 1mm 정도로 작고, 연한 노란색입니다.
- 주름진 옥수수 모양이며 시간이 지나면 껍데기 안에 애벌레가 있는 것을 관찰할 수 있습니다.

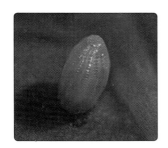

## 개념을 확인해요

**3단원**

**1** 배추, 무, 양배추, 케일 등은 배추흰나비의 ▢▢ 가 되는 식물입니다.

**2** 배추흰나비알이나 애벌레를 ▢▢▢ ▢ 에 기르면 배추흰나비의 한살이를 쉽게 관찰할 수 있습니다.

**3** 배추흰나비를 기를 사육 상자를 꾸밀 때 바닥에 ▢▢ 를 깝니다.

**4** 알이나 애벌레를 옮길 때는 알이나 애벌레가 붙은 잎을 함께 옮기고 ▢ 으로 직접 만지지 않습니다.

**5** 배추흰나비알이나 애벌레를 ▢ 달 정도 기르면서 변화를 관찰합니다.

**6** 배추흰나비알이나 애벌레의 생김새는 맨눈이나 ▢▢▢ 로 관찰합니다.

**7** 배추흰나비알이나 애벌레는 ▢ 를 사용하여 크기를 측정하여 변화를 알아봅니다.

**8** 동물의 알이나 새끼가 자라서 어미가 되면 다시 알이나 새끼를 낳는 과정을 동물의 ▢▢▢ 라고 합니다.

🧬 배추흰나비알과 ✸애벌레에는 어떤 특징이 있을까요?

└─ 크기는 1 mm 정도로 작습니다.

(1) 배추흰나비알을 관찰하고 글과 그림으로 나타내기

① 연한 노란색입니다.

② 길쭉한 옥수수 모양입니다.

③ 움직이지 않습니다.

(2) 배추흰나비 애벌레를 관찰하기

① 알의 ✸부화(알을 낳고 5~7일 뒤): 배추흰나비알은 시간이 지나면 색깔이 연해지고 속에서 애벌레가 껍데기를 뚫고 밖으로 나옵니다.

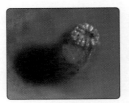  

▲ 알 속에서 움직임이 보입니다(약 1 mm).　　▲ 알껍데기 밖으로 나옵니다(2 mm~4 mm).　　▲ 알껍데기를 갉아 먹습니다(2 mm~4 mm).

• 애벌레가 알에서 완전히 기어 나오기까지는 약 10분이 걸립니다.

• 알에서 갓 나온 애벌레는 몸이 연한 노란색입니다. ┌─ 알껍데기에 영양분이 풍부하게 들어 있습니다.

• 애벌레는 알에서 나오자마자 자신이 나온 알껍데기를 갉아 먹습니다.

② 애벌레의 자람(15~20일 동안) 탐구1

• 알에서 나온 애벌레는 처음에는 연한 노란색이지만 잎을 먹으면서 점차 초록색으로 변합니다.

• 배추흰나비 애벌레의 몸은 여러 개의 ✸마디로 되어 있고 자라는 동안 4번 ✸허물을 벗으며 30 mm 정도까지 자랍니다. 탐구2

 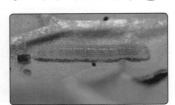

▲ 1번 허물을 벗은 애벌레 (4 mm~8 mm)　　▲ 2번 허물을 벗은 애벌레 (8 mm~12 mm)

 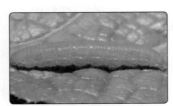

▲ 3번 허물을 벗은 애벌레 (12 mm~16 mm)　　▲ 4번 허물을 벗은 애벌레 (16 mm~30mm)

└─ 애벌레의 몸길이는 애벌레가 먹이를 많이 먹고 쉴 때 측정합니다.

---

탐구1 애벌레의 특징

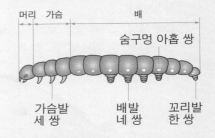

머리 가슴　　　　　배

숨구멍 아홉 쌍

가슴발　　배발　　꼬리발
세 쌍　　네 쌍　　한 쌍

• 몸에 털이 많이 나 있고, 고리 모양의 마디가 있으며, 길쭉하고 초록색입니다.

• 애벌레의 몸은 머리, 가슴, 배 세 부분으로 구분되며 가슴에는 가슴발이 세 쌍 있습니다.

• 배에 숨구멍이 아홉 쌍이 있고, 빨판 모양으로 된 배발 네 쌍과 꼬리발 한 쌍이 있습니다.

• 애벌레는 허물을 4번 벗고 30 mm 정도까지 자랍니다.

• 애벌레 상태로 15~20일이 지나면 먹는 것을 중단하고 몸의 색깔이 맑아지며 번데기로 변하기 위하여 안전한 곳을 찾습니다. 이때 몸을 붙일 수 있는 나뭇가지를 사육 상자에 넣어 주면 애벌레가 나뭇가지로 올라가 몸을 붙이고 번데기가 됩니다.

탐구2 애벌레의 허물벗기

• 배추흰나비 애벌레는 허물벗기를 하며 껍질을 벗어야 더 크게 자랄 수 있습니다.

• 이때 벗은 껍질을 '허물'이라고 합니다.

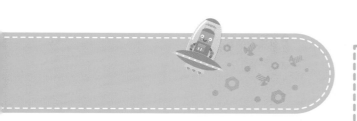

### 보호색

- 배추흰나비 애벌레는 먹이와 같은 **짙은 초록색**을 띱니다.
- 잠을 잘 때에는 잎맥과 나란히 붙어 있기 때문에 눈에 잘 띄지 않아 천적으로부터 자신을 **보호**할 수 있습니다.
- 이와 같이 주변 환경과 비슷한 몸색깔로 자신을 보호하는 것을 보호색이라고 합니다.
- 곤충의 애벌레가 자신의 몸을 지키는 **방법**에는 보호색 외에 의태, 냄새 풍기기, 독가시, 집 짓기 등이 있습니다.

▲ 배춧잎과 같은 색을 띤 배추흰나비 애벌레

### 용어풀이

- ✴ 애벌레  곤충이 알에서 부화한 뒤 어른벌레가 되기 전까지의 단계
- ✴ 부화  동물의 알속에서 새끼가 알껍데기를 뚫고 밖으로 나오는 것
- ✴ 마디  서로 맞닿아 연결되어 있는 것
- ✴ 허물  파충류, 곤충류 따위가 자라면서 벗는 껍질

## 개념을 확인해요

1 동물의 알에서 애벌레나 새끼가 알껍데기를 뚫고 밖으로 나오는 것을 ☐☐ 라고 합니다.

2 배추흰나비 ☐ 은 움직이지 않습니다.

3 배추흰나비알은 작고 연한 ☐☐☐ 이며, 길쭉한 옥수수 모양입니다.

4 알에서 나온 애벌레는 처음에는 연한 노란색이지만, 잎을 먹으면서 점차 ☐☐☐ 으로 변합니다.

5 배추흰나비 ☐☐☐ 는 자유롭게 기어서 움직입니다.

6 배추흰나비 애벌레의 몸은 여러 개의 ☐☐ 로 되어 있습니다.

7 배추흰나비 애벌레는 자라는 동안 ☐ 번 허물을 벗으며 자랍니다.

8 배추흰나비 애벌레는 허물을 벗으며 ☐ mm 정도까지 자랍니다.

💬 배추흰나비 번데기와 어른벌레에는 어떤 특징이 있을까요?

(1) 배추흰나비 번데기와 어른벌레의 생김새 관찰하기

① 애벌레가 번데기로 변하는 과정

• 배추흰나비 번데기는 여러 개의 마디가 있고 <u>색깔은 주변 환경의</u> 색깔과 비슷합니다. ┐주변의 색깔과 비슷해서 눈에 잘 띄지 않습니다.

• 번데기는 움직이지도 않고 먹이도 먹지 않습니다.

   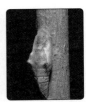

▲ 4번 허물을 벗은 애벌레는 입에서 실을 뽑아 몸을 묶습니다.　▲ 머리부터 껍질이 벌어지며 허물을 벗습니다.　▲ 번데기 모습이 됩니다(20 mm∼25 mm).　▲ 번데기의 색깔이 주변의 색깔과 비슷하게 변합니다.

② 날개돋이 과정(약 5분 동안)

• 시간이 지나면 번데기 껍질이 벌어지면서 <u>배추흰나비 어른벌레가</u> 나옵니다. ┐배추흰나비 어른벌레는 자라지 않습니다.

• 날개돋이: 배추흰나비 번데기에서 날개가 있는 어른벌레가 나오는 것입니다.

 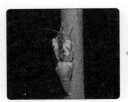 

▲ 시간이 지나면 어른벌레의 모습이 보입니다.　▲ 등 부분이 갈라지고 머리가 보입니다.　▲ 몸 전체가 빠져나옵니다.

•몸이 머리, 가슴, 배 세 부분으로 되어 있고 다리가 세 쌍인 곤충입니다.

▲ 날개를 늘어뜨리고 천천히 펼칩니다.　▲ 날개가 마르면 날 수 있습니다. ┐날개가 다 펼쳐지기 전에 떨어뜨리거나 만지면 날개가 구겨진 채 말라서 날 수 없게 되므로 주의합니다.

(2) 배추흰나비의 한살이 과정

① 배추흰나비는 약 한 달 동안 알, 애벌레, 번데기, 어른벌레의 단계를 거치며 자랍니다.

② 다 자란 배추흰나비는 암컷이 알을 낳을 수 있습니다.

---

탐구1 **배추흰나비 번데기를 관찰하고 그림으로 나타내기**

• 생김새: 마디가 있고 가운데가 볼록하며 양쪽 끝은 뾰족합니다.
• 움직임: 움직이지 않습니다.
• 색깔: 주변의 색깔과 비슷합니다.
• 크기 변화(자람): 크기가 변하지 않고 자라지 않습니다.

탐구2 **배추흰나비 어른벌레의 생김새**

• 배추흰나비 어른벌레의 몸은 머리, 가슴, 배 세 부분으로 구분할 수 있습니다.
• 머리에는 ★더듬이가 한 ★쌍 있고, 가슴에는 날개 두 쌍과 다리 세 쌍이 있습니다.
• 입은 도르르 말려 있다가 먹이를 먹을 때는 긴 ★대롱 모양으로 펴집니다.

🛸 배추흰나비의 한살이

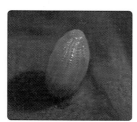

▲ 알

▲ 애벌레

▲ 번데기

▲ 어른벌레

## 개념을 확인해요

**1** 배추흰나비 ☐☐☐ 는 마디가 있고 가운데가 볼록하며 양쪽 끝은 뾰족합니다.

**2** 시간이 지나면 배추흰나비 번데기 등 부분이 갈라지고 몸 전체가 빠져나오면서 배추흰나비 ☐☐☐☐ 가 나옵니다.

**3** 배추흰나비 어른벌레는 ☐☐ 를 이용하여 날아다닙니다.

**4** 배추흰나비의 몸은 ☐☐ , ☐☐ , ☐ 세 부분으로 구분할 수 있습니다.

**5** 배추흰나비의 가슴에는 날개 ☐ 쌍과 다리 ☐ 쌍이 있습니다.

**6** 몸이 머리, 가슴, 배 세 부분으로 되어 있고, 다리가 세 쌍인 동물을 ☐☐ 이라고 합니다.

**7** 배추흰나비는 약 한 달 동안 ☐ , ☐ ☐☐ , ☐☐☐ , ☐ ☐☐ 의 단계를 거치며 자랍니다.

**8** 다 자란 배추흰나비는 ☐☐ 이 알을 낳을 수 있습니다.

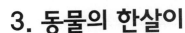

# 3. 동물의 한살이

🔬 여러 가지 곤충의 한살이에는 어떤 ★특징이 있을까요? 탐구1

(1) 사슴벌레와 잠자리의 한살이

① 사슴벌레의 한살이: 알 → 애벌레 → 번데기의 ★과정을 거쳐 어른벌레가 나옵니다.

▲ 알    ▲ 애벌레    ▲ 번데기    ▲ 어른벌레

└→ 번데기 과정을 거치지 않습니다.

② 잠자리의 한살이: 알 → 애벌레 → 어른벌레의 단계를 거칩니다. 잠자리는 물에 알을 낳고 애벌레가 물속에서 살다가 어른벌레가 될 때가 되면 물 밖으로 나와 어른벌레가 됩니다.

▲ 알    ▲ 애벌레    ▲ 어른벌레

③ 사슴벌레와 잠자리의 한살이에서 공통점과 차이점

| 구분 | 사슴벌레 | 잠자리 |
|---|---|---|
| | └→완전 탈바꿈 | └→불완전 탈바꿈 |
| 공통점 | • 알로 태어난다.<br>• 애벌레 단계가 있고, 허물을 벗으며 자란다.<br>• 어른벌레는 날개 두 쌍과 다리 세 쌍이 있고, 모두 땅에서 생활한다. ||
| 차이점 | • 땅에 있는 썩은 나무나 ★습기가 있는 나무에 알을 낳는다.<br>• 애벌레는 나무속에서 자란다.<br>• 번데기 ★단계가 있다. | • 물에 알을 낳는다.<br>• 애벌레는 물속에서 자란다.<br>• 번데기 단계가 없다. |

(2) 완전 탈바꿈과 불완전 탈바꿈 탐구2

① 완전 탈바꿈: 곤충의 한살이에서 번데기 단계를 거치는 것입니다.

| 알 | → | 애벌레 | → | 번데기 | → | 어른벌레 |

② 불완전 탈바꿈: 곤충의 한살이에서 번데기 단계를 거치지 않는 것입니다.

| 알 | → | 애벌레 | → | 어른벌레 |

---

탐구1 장수풍뎅이의 한살이

▲ 알

▲ 애벌레

▲ 번데기

▲ 어른벌레

탐구2 완전 탈바꿈과 불완전 탈바꿈을 하는 곤충

• 완전 탈바꿈: 나비, 벌, 풍뎅이, 나방, 개미, 무당벌레, 파리 등
• 불완전 탈바꿈: 사마귀, 노린재, 메뚜기, 방아깨비 등

📎 **나비와 나방을 구별하는 방법**

① 나비
- 더듬이가 길고 가늘며, 끝이 곤봉 모양으로 되어 있습니다.
- 주로 낮에 활동하고, 앉을 때는 날개를 위로 접을 때가 많습니다.
- 날개는 큰 편이고, 날개를 제외한 몸통이 대체로 가늡니다.
- 번데기가 될 때 고치를 만들지 않습니다.

② 나방
- 더듬이는 선 모양, 털 모양, 깃털 모양, 안테나 모양 등 다양하고 끝이 곤봉 모양이 아닙니다.
- 밤에 활동하는 것이 많고, 앉을 때에는 날개를 수평 또는 지붕 모양으로 만듭니다.
- 날개를 제외한 몸통이 비교적 짧고 굵습니다.
- 번데기가 되기 전 실을 내어 고치를 짓기도 합니다.

**용어풀이**

- ✸ **특징** 다른 것에 비하여 특별히 눈에 띄는 점
- ✸ **과정** 일이 되어 가는 경로
- ✸ **습기** 물기가 많아 젖은 듯한 기운
- ✸ **단계** 일의 차례를 따라 나아가는 과정

## 개념을 확인해요

**1** 사슴벌레와 잠자리는 모두 ☐ 을 낳습니다.

**2** 사슴벌레와 잠자리는 모두 한살이 중 ☐ ☐☐ 단계가 있습니다.

**3** 사슴벌레와 잠자리의 어른벌레는 모두 ☐ 에서 생활합니다.

**4** 사슴벌레의 한살이는 ☐☐☐ 단계가 있고, 잠자리의 한살이는 ☐☐☐ 단계가 없습니다.

**5** 곤충의 한살이에서 번데기 단계를 거치는 것을 ☐☐ 탈바꿈이라고 합니다.

**6** 곤충의 한살이에서 번데기 단계를 거치지 않는 것을 ☐☐☐ 탈바꿈이라고 합니다.

**7** 사슴벌레, 무당벌레, 파리, 벌 등은 ☐☐ 탈바꿈을 하는 곤충입니다.

**8** 잠자리, 노린재, 사마귀, 메뚜기 등은 ☐☐☐ 탈바꿈을 하는 곤충입니다.

# 3. 동물의 한살이

## 알을 낳는 동물의 한살이를 알아볼까요?

(1) 닭의 한살이 알아보기 └─ 알의 색깔은 하얀색도 있고 갈색도 있습니다.

① 달걀의 생김새: 한쪽 끝이 뾰족한 공 모양으로, 알은 단단한 껍데기에 싸여 있고 껍데기를 깨면 노른자와 흰자가 나옵니다.

② 알, 병아리, 다 자란 닭의 차이점
└─ 병아리의 울음소리는 어미 닭과 다릅니다.

| 구분 | 차이점 |
|------|--------|
| 알 | 한쪽 끝이 뾰족한 공 모양이고 암수 구별이 어렵다. |
| 병아리 | • 몸이 솜털로 덮여 있다.<br>• ⭐벗과 ⭐꽁지깃이 없다.<br>• 암수 구별이 어렵다. |
| 다 자란 닭 | • 몸이 깃털로 덮여 있다. ──→ 병아리와 다 자란 닭은 모두 날개는 한 쌍이<br>• 이마와 턱에 벗이 있다. 　고, 다리와 눈은 두 개입니다.<br>• 꽁지깃이 길게 자라 있다.<br>• 암수 구별이 쉽다. |

③ 닭의 한살이 **탐구1**

**알** 단단한 껍데기에 싸여 있습니다.

암컷　수컷

**다 자란 닭** 암컷이 알을 낳을 수 있습니다.

**큰 병아리** 솜털이 깃털로 바뀝니다.

**병아리** 솜털로 덮여 있습니다.

약 5개월

약 21일

어미 닭이 알을 품은 지 약 21일이 지나면 병아리는 부리로 껍데기를 깨고 나옵니다.

1일　약 30일

(2) 알을 낳는 다른 동물의 한살이 **탐구2**
└─ 나무 위 둥지에 알을 낳습니다.

① 연어, 개구리, 뱀, 꿀뚝새 등은 한 번에 여러 개의 알을 낳습니다.

② 동물 중에는 땅 위나 땅속에 알을 낳는 동물도 있고 물에 알을 낳는 동물도 있습니다.
└─ 뱀 등　└─ 개구리, 연어 등

③ 알에서 깨어난 새끼는 다 자라면 그중 암컷이 알을 낳습니다.

---

**탐구1** 달걀이 다 자란 닭이 되는 과정

• 알에서 나온 병아리는 몸이 솜털로 덮여 있고 어미 닭을 따라다니며 먹이를 찾아 먹습니다.

• ⭐부화 후 1주일이 지나면 병아리의 날개 끝과 꼬리 끝에서부터 깃털이 돋아나기 시작합니다.

• 부화 후 약 30일이 지나면 솜털이 깃털로 바뀝니다.

• 부화 후 약 5개월이 지나면 닭은 암수의 구별이 뚜렷해지고, 짝짓기를 할 수 있습니다.

• 다 자란 수컷은 벗이 암컷보다 크고, 꽁지깃이 길어서 휘어집니다.

---

**탐구2** 알을 낳는 동물의 한살이

• 연어: 알 → 새끼 연어 → 다 자란 연어

• 개구리: 알 → 올챙이 → 개구리

• 뱀: 알 → 새끼 뱀 → 다 자란 뱀

• 굴뚝새: 알 → 새끼 굴뚝새 → 큰 새끼 굴뚝새 → 다 자란 굴뚝새

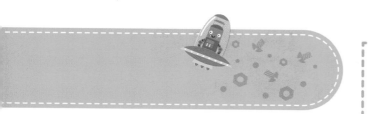

## 알을 낳는 동물

① 연어
- 어류이고, 물에 알을 낳습니다.
- 새끼 연어는 다 자란 연어와 생김새가 비슷합니다.

▲ 연어

② 개구리
- 양서류에 속하고, 물에 알을 낳습니다.
- 개구리알에서 나온 올챙이는 물속에서 생활하고, 다 자란 개구리는 땅과 물을 오가며 생활합니다.

③ 뱀
- 파충류에 속하고, 땅에 알을 낳습니다.
- 새끼 뱀은 다 자란 뱀과 생김새가 비슷합니다.

④ 굴뚝새
- 조류에 속하고, 나무 둥지 위에 알을 낳습니다.
- 새끼 굴뚝새는 자라면서 어미와 비슷해집니다.

### 용어풀이

- ✴ 볏    닭이나 새 따위의 이마 위에 세로로 붙은 살 조각
- ✴ 꽁지깃  새의 꽁무니에 붙은 깃털
- ✴ 부화   동물의 알속에서 새끼가 껍데기를 깨고 밖으로 나옴.

## 개념을 확인해요

**1** ☐☐은 다 자란 닭이 낳은 알입니다.

**2** 어미 닭이 알을 품은 지 약 21일이 지나 병아리가 부리로 껍데기를 깨고 나오는 것을 ☐☐ ☐라고 합니다.

**3** 병아리는 몸이 ☐☐로 덮여 있습니다.

**4** 큰 병아리가 되면 솜털이 ☐☐로 바뀝니다.

**5** 다 자란 닭은 ☐☐이 ☐☐보다 볏이 큽니다.

**6** 닭의 한살이는 알→☐☐☐→큰 병아리→다 자란 닭입니다.

**7** 연어, 개구리, 뱀, 굴뚝새 등은 한 번에 여러 개의 ☐을 낳습니다.

**8** 알에서 깨어난 새끼는 다 자라면 그중 ☐이 알을 낳을 수 있습니다.

# 3. 동물의 한살이

### 새끼를 낳는 동물의 한살이를 알아볼까요?

(1) 개의 한살이 알아보기 탐구①

① 갓 태어난 강아지와 다 자란 개의 특징

| 구분 | 갓 태어난 강아지 | 다 자란 개 |
|---|---|---|
| 공통점 | • 몸이 털로 덮여 있으며, 코는 털이 없고 촉촉하다. <br>• 다리가 네 개이고, 꼬리가 있다. <br>• 주둥이가 길쭉하게 튀어나온 모양이다. | |
| 차이점 | • 눈이 감겨 있고 귀도 막혀 있다. <br>• 이빨이 없어서 씹지도 못하고 어미젖을 먹는다. <br>• 걷지 못한다. | • 사물을 볼 수 있고, 귀로 작은 소리도 들을 수 있다. <br>• 이빨이 있어 고기를 뜯거나 사료를 씹어 먹는다. <br>• 걷거나 달릴 수 있다. |

② 갓 태어난 강아지가 다 자란 개가 되는 과정

• 갓 태어난 강아지는 어미젖을 먹으며 자랍니다.
• 2~3주가 지나면 눈을 떠 사물을 볼 수 있고, 귀가 열려 소리를 들을 수 있습니다. ┈→ 젖니가 나오기 시작합니다.
• 6~8주가 지나면 ✦젖니가 다 나오고 먹이를 씹어 먹을 수 있습니다.
• 9~12개월이 지나면 다 자란 개가 되고, 짝짓기를 하여 암컷이 새끼를 낳을 수 있습니다.

(2) 새끼를 낳는 다른 동물과 개의 한살이 비교하기 탐구②

| 구분 | 새끼를 낳는 다른 동물(예 소) | 개 |
|---|---|---|
| 공통점 | • 젖을 먹여 새끼를 기르고, 몸이 털이나 가죽으로 덮여 있다. <br>• 새끼와 어미의 모습이 많이 닮았다. <br>• 암수가 만나 짝짓기를 하고 새끼를 낳는다. <br>┈→ 다 자랄 때까지 어미의 보살핌을 받는 것도 공통점입니다. | |
| 차이점 | • 보통 한 번에 1마리의 새끼를 낳는다. <br>• 태어나자마자 걸을 수 있다. | • 한 번에 4~6마리의 새끼를 낳는다. <br>• 태어나자마자 걸을 수 없다. |

### 여러 가지 동물의 한살이를 만화로 표현하기

① 모둠이 정한 동물의 한살이를 함께 정리합니다.
② 동물의 한살이 중 만화로 표현할 내용과 장면을 정합니다.
③ 내가 맡은 한살이 단계를 만화 카드에 그리고 대사를 씁니다.
④ 모둠 구성원이 그린 만화 카드를 함께 모아 만화를 완성합니다.

탐구① 개의 한살이

▲ 갓 태어난 강아지

▲ 큰 강아지

수컷

암컷

▲ 다 자란 개

탐구② 새끼를 낳는 다른 동물의 한살이 예

• 소: ✦포유류에 속하는 ✦척추동물로 짝짓기를 하여 암컷이 새끼를 낳습니다. 소의 한살이는 갓 태어난 송아지→송아지→다 자란 소입니다.

• 사람: 포유류에 속하는 척추동물로 성숙한 여성이 아기를 낳고 아기의 어머니와 아버지가 함께 아이를 돌봅니다. 사람의 한살이는 아기→어린이→청소년→다 자란 어른입니다.

## 태생 동물과 난태생 동물

① 태생 동물
- 포유류에서 볼 수 있습니다.
- 태아는 어미의 몸속에 있는 태반이라는 주머니에 싸여 있습니다.
- 포유류는 모두 젖을 먹여 새끼를 기르고 몸은 털이나 가죽으로 덮여 있습니다.

② 난태생 동물
- 알이 어미의 몸속에서 부화하여 새끼의 형태로 나오는 것을 말합니다.
- 알속에 있는 영양분만 사용할 수 있습니다.
- 난태생 동물에는 살모사, 가오리, 구피, 논우렁이 등이 있습니다.

▲ 가오리

## 개념을 확인해요

**1** 개는 □□를 낳아 기릅니다.

**2** 갓 태어난 강아지와 다 자란 개 중 눈이 감겨 있고 걷지 못하는 것은 □□□□ □□□ 입니다.

**3** 말, 고래, 토끼, 박쥐, 돼지 등은 □□를 낳아 기르는 동물입니다.

**4** 소와 강아지 중 한 번에 1마리의 새끼를 낳는 동물은 □ 입니다.

**5** 송아지와 강아지 중 태어나자마자 걸을 수 있는 동물은 □□□ 입니다.

**6** 새끼를 낳는 동물은 □을 먹여 새끼를 기릅니다.

**7** 다 자란 동물은 암수가 짝짓기를 하여 □ □이 새끼를 낳습니다.

**8** 사람의 한살이는 □□ → 어린이 → 청소년 → 다 자란 어른입니다.

**핵심 1**

동물에 따라 암수가 쉽게 구별되는 동물이 있고, 쉽게 구별되지 않는 동물이 있습니다. 또한 동물은 알이나 새끼를 돌볼 때 암수가 하는 역할이 다릅니다.

**1** 암수가 쉽게 구별되는 동물은 어느 것입니까?
( )

① 사자  ② 붕어
③ 토끼  ④ 다람쥐
⑤ 무당벌레

**2** 동물 암수의 생김새에 대한 설명으로 바르지 않은 것은 무엇입니까? ( )

① 사슴의 암컷은 뿔이 없고, 수컷은 뿔이 있다.
② 사자의 수컷은 갈기가 있고, 암컷은 갈기가 없다.
③ 사슴벌레 암컷은 사슴뿔 모양의 큰턱이 있지만, 수컷은 큰턱이 짧고 작다.
④ 꿩의 암컷은 깃털의 색깔이 수수하고, 수컷은 깃털의 색깔이 선명하고 화려하다.
⑤ 원앙의 암컷은 깃털의 색깔이 수수하지만, 수컷은 깃털의 색깔이 선명하고 화려하다.

**3** 암수가 함께 알과 새끼를 돌보는 동물은 무엇입니까?
( )

① 곰  ② 제비
③ 거북  ④ 물장군
⑤ 가시고기

**4** 알이나 새끼를 돌볼 때 곰과 가시고기의 암컷과 수컷이 하는 역할을 쓰시오.

_____

**핵심 2**

배추흰나비알이나 애벌레를 직접 기르면서 배추흰나비의 한살이를 관찰할 수 있습니다.

**5** 배추흰나비알을 볼 수 없는 곳은 어디입니까?
( )

① 무밭  ② 철봉
③ 케일밭  ④ 배추밭
⑤ 양배추밭

**6** 다음은 배추흰나비를 기르는 사육 상자를 만드는 방법입니다. 순서대로 기호를 쓰시오.

> ㉠ 사육 상자로 사용할 투명한 플라스틱 그릇을 준비하고 바닥에 휴지를 깐다.
> ㉡ 사육 상자에 방충망을 씌운다.
> ㉢ 사육 상자에 배추흰나비알이 붙어 있는 케일 화분을 넣는다.

( )

**7** 배추흰나비를 기르면서 꼭 관찰하고 기록해야 할 것이 아닌 것은 무엇입니까? ( )

① 애벌레의 움직임
② 알의 색깔, 모양, 크기
③ 애벌레의 색깔이 변하는 모습
④ 알에서 애벌레가 나오는 모습
⑤ 애벌레를 손으로 만졌을 때의 느낌

**8** 배추흰나비를 기를 때 주의할 점을 한 가지 쓰시오.

_____

배추흰나비알은 작고 연한 노란색으로 길쭉한 옥수수 모양이고, 애벌레는 초록색으로 털이 있고 긴 원통 모양입니다.

**9** 다음은 무엇인지 쓰시오.

(          )

**10** 배추흰나비알에 대한 설명으로 바른 것은 어느 것입니까? (     )

① 초록색이다.
② 새끼손가락 크기이다.
③ 길쭉한 옥수수 모양이다.
④ 알의 크기가 점점 커진다.
⑤ 잎 위에서 조금씩 움직인다.

**11** 배추흰나비 애벌레의 특징으로 바르지 않은 것은 어느 것입니까? (     )

① 긴 원통 모양이다.
② 몸에 털이 나 있다.
③ 허물을 4번 벗고 자란다.
④ 60일 정도 애벌레의 상태로 지낸다.
⑤ 몸은 머리, 가슴, 배 세 부분으로 구분된다.

**12** 배추흰나비알과 애벌레의 크기 변화 차이점을 쓰시오.

_____

배추흰나비 애벌레가 번데기가 되면 이동하지 않고 한곳에 붙어 있고, 시간이 지나면 번데기 껍질이 벌어지면서 배추흰나비 어른벌레가 나옵니다.

**13** 배추흰나비 애벌레가 번데기로 변하는 과정을 순서대로 기호를 쓰시오.

> ㉠ 번데기의 색깔이 주변의 색깔과 비슷하게 변한다.
> ㉡ 번데기 모습이 된다.
> ㉢ 4번 허물을 벗은 애벌레는 입에서 실을 뽑아 몸을 묶는다.
> ㉣ 머리부터 껍질이 벌어지며 허물을 벗는다.

(          )

**14** 배추흰나비 번데기의 특징이 아닌 것은 무엇입니까?
(     )

① 눈에 잘 띄지 않는다.
② 먹이를 더 많이 먹는다.
③ 여러 개의 마디가 있다.
④ 주변의 색깔과 비슷하다.
⑤ 번데기가 되면 한곳에 붙어 있다.

**15** 배추흰나비 번데기에서 날개가 있는 어른벌레가 나오는 것을 무엇이라고 하는지 쓰시오.

(          )

**16** 배추흰나비의 특징을 한 가지 쓰시오.

_____

3
단원

**핵심 5**

동물의 알이나 새끼가 자라서 어미가 되면 다시 알이나 새끼를 낳는 과정을 동물의 한살이라고 합니다.

**17** 배추흰나비의 한살이 중 ( ) 안에 들어갈 단계는 무엇인지 쓰시오.

> 알 → 애벌레 → (       ) → 어른벌레

(               )

**18** 배추흰나비 한살이의 특징으로 바른 것은 무엇입니까? (      )

① 번데기에서 애벌레가 나온다.
② 애벌레는 허물을 4번 벗으며 자란다.
③ 애벌레 시기에는 먹이를 먹지 않는다.
④ 번데기는 먹이가 있는 쪽으로 이동한다.
⑤ 애벌레에서 시간이 지나면 어른벌레가 나온다.

**19** 다음은 배추흰나비 한살이 중 언제인지 쓰시오.

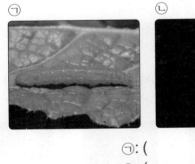
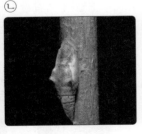

㉠: (            )
㉡: (            )

**20** 다음은 무엇에 대한 설명인지 쓰시오.

> • 몸은 머리, 가슴, 배 세 부분으로 구분할 수 있는 동물
> • 가슴에 날개 두 쌍과 다리 세 쌍이 있는 동물

(              )

**핵심 6**

곤충의 한살이에서 번데기 단계를 거치는 것을 완전 탈바꿈이라고 하고, 번데기 단계를 거치지 않는 것을 불완전 탈바꿈이라고 합니다.

**21** 사슴벌레의 한살이입니다. ( ) 안에 알맞은 말을 쓰시오.

> 알 → 애벌레 → (       ) → 어른벌레

(               )

**22** 잠자리의 한살이에 대한 설명으로 바르지 않은 것은 무엇입니까? (      )

① 물속에 알을 낳는다.
② 완전 탈바꿈을 한다.
③ 불완전 탈바꿈을 한다.
④ 애벌레는 물속에서 산다.
⑤ 애벌레가 바로 어른벌레가 된다.

**23** 사슴벌레와 잠자리의 한살이에서 공통점은 무엇입니까? (      )

① 나무에 알을 낳는다.
② 번데기 단계가 없다.
③ 번데기 단계가 있다.
④ 애벌레는 물속에서 자란다.
⑤ 애벌레가 허물을 벗으면서 자란다.

**24** 완전 탈바꿈을 하는 곤충이 아닌 것은 무엇입니까? (      )

① 벌                 ② 나비
③ 노린재           ④ 무당벌레
⑤ 사슴벌레

닭, 연어, 개구리, 뱀, 굴뚝새 등은 알을 낳는 동물입니다. 알에서 깨어난 새끼 중 암컷은 다 자라면 알을 낳을 수 있습니다.

**25** 병아리와 다 자란 닭의 차이점입니다. 바르지 <u>않은</u> 것은 어느 것인지 기호를 쓰시오.

| 병아리 | 다 자란 닭 |
|---|---|
| ㉠ 몸이 솜털로 덮여 있다. | ㉣ 몸이 깃털로 덮여 있다. |
| ㉡ 볏과 꽁지깃이 없다. | ㉤ 이마와 턱에 볏이 있다. |
| ㉢ 암수 구별이 쉽다. | ㉥ 암수 구별이 쉽다. |

(                    )

**26** 병아리와 다 자란 닭의 공통점을 한 가지 쓰시오.

_____

**27** 다음에서 설명하는 것은 무엇인지 쓰시오.

> 어미 닭이 알을 품은 지 약 21일이 지나면 병아리는 부리로 껍데기를 깨고 나온다.

(                    )

**28** 알을 낳는 동물들의 한살이입니다. (   ) 안에 공통으로 들어갈 말을 쓰시오.

> • (          ) → 올챙이 → 개구리
> • (          ) → 새끼 뱀 → 다 자란 뱀
> • (          ) → 새끼 연어 → 다 자란 연어

(                    )

개, 말, 고래, 고양이, 돼지 등은 새끼를 낳는 동물이고, 동물마다 임신 기간과 한 번에 낳는 새끼의 수, 새끼가 자라는 기간 등이 다릅니다.

**29** 개의 한살이입니다. 눈이 감겨 있고 귀도 막혀 있으며 걷지 못할 때는 언제인지 쓰시오.

> 갓 태어난 강아지 → 큰 강아지→ 다 자란 개

(                    )

**3**
**단원**

**30** 다 자란 개의 특징은 무엇입니까? (          )

① 걷지 못한다.
② 눈이 감겨 있다.
③ 어미젖을 먹는다.
④ 이빨이 나기 시작한다.
⑤ 이빨이 있어 고기를 뜯거나 사료를 씹어먹는다.

**31** 개의 한살이와 새끼를 낳는 다른 동물의 한살이에서 공통점이 아닌 것은 무엇입니까? (          )

① 젖을 먹여 새끼를 기른다.
② 새끼와 어미 모습이 닮았다.
③ 태어나자마자 걸을 수 있다.
④ 다 자랄 때까지 어미의 보살핌을 받는다.
⑤ 암수가 짝짓기를 하여 암컷이 새끼를 낳는다.

**32** 새끼를 낳는 동물에 대한 설명입니다. 설명이 바르면 ○표, 바르지 <u>않으면</u> ×표를 하시오.

(1) 갓 태어난 송아지와 다 자란 소는 모습이 비슷합니다. (          )
(2) 개는 한 번에 1마리의 새끼를 낳습니다.
(          )
(3) 햄스터는 새끼를 낳아 젖을 먹여 기릅니다.
(          )
(4) 고래는 새끼를 낳는 동물입니다. (          )

**1** 사자의 암컷과 수컷을 구별하여 쓰시오.

(1) 　　(2)

(　　　　　　)　(　　　　　　)

**2** 암수가 함께 알과 새끼를 돌보는 동물은 어느 것입니까? (　　　　　)

① 곰　　　　　② 사자
③ 제비　　　　④ 거북
⑤ 가시고기

**3** 배추흰나비를 기를 사육 상자를 놓기에 가장 알맞은 장소를 보기 에서 골라 기호를 쓰시오.

보기
㉠ 춥고 습한 곳
㉡ 햇빛이 비치는 창가
㉢ 바람이 잘 통하지 않는 곳
㉣ 햇빛이 직접 닿지 않고 바람이 잘 통하는 곳

(　　　　　　)

**4** 배추흰나비의 한살이를 관찰할 때 필요한 준비물이 아닌 것은 무엇입니까? (　　　　　)

① 자　　　　　② 돋보기
③ 사진기　　　④ 모기약
⑤ 사육 상자

**5** 배추흰나비를 기르면서 관찰하는 방법으로 바르지 않은 것은 무엇입니까? (　　　　　)

① 눈으로 색깔을 관찰한다.
② 사진을 찍어 크기를 비교한다.
③ 돋보기로 모양을 자세히 관찰한다.
④ 손으로 만져 보면서 느낌을 알아본다.
⑤ 자를 사용하여 크기 변화를 측정한다.

**6** 배추흰나비알의 특징으로 바른 것을 보기 에서 모두 골라 기호를 쓰시오.

보기
㉠ 움직인다.
㉡ 연한 노란색이다.
㉢ 매끈하고 동그란 모양이다.
㉣ 크기가 1 mm 정도로 작다.

(　　　　　　)

**7** 배추흰나비 애벌레의 특징은 무엇입니까?
(　　　　　)

① 움직이지 않는다.
② 연한 붉은색이다.
③ 먹이를 먹지 않는다.
④ 털이 없어 미끄러진다.
⑤ 허물을 벗으며 점점 자란다.

**8** 배추흰나비 애벌레입니다. 가장 많이 허물을 벗은 애벌레는 어느 것인지 기호를 쓰시오.

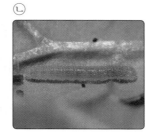
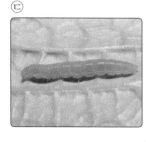
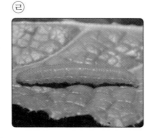

㉠ ㉡ ㉢ ㉣

( )

**9** 다음은 배추흰나비 애벌레가 무엇으로 변하는 과정인지 쓰시오.

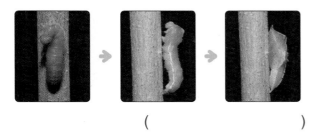

( )

**10** 배추흰나비의 특징으로 바른 것은 무엇입니까?

( )

① 곤충이다.
② 입이 없다.
③ 다리가 두 쌍이다.
④ 날개가 한 쌍이다.
⑤ 몸은 머리, 가슴 두 부분으로 되어 있다.

**11** 배추흰나비의 한살이를 순서대로 기호를 쓰시오.

> ㉠ 알　　　　　㉡ 번데기
> ㉢ 애벌레　　　㉣ 어른벌레

( )

**12** 사슴벌레의 한살이에 대한 설명으로 바른 것은 무엇입니까? ( )

① 새끼를 낳는다.
② 물속에 알을 낳는다.
③ 번데기 단계가 있다.
④ 번데기 단계가 없다.
⑤ 애벌레는 물속에서 자란다.

주의
**13** 잠자리의 한살이에서 볼 수 없는 과정을 골라 기호를 쓰시오.

> ㉠ 알　　　　　㉡ 번데기
> ㉢ 애벌레　　　㉣ 어른벌레

( )

중요
**14** 완전 탈바꿈과 불완전 탈바꿈에 대한 설명을 바르게 선으로 연결하시오.

(1) 완전 탈바꿈 ・　　　・㉠ 번데기 단계를 거치지 않는다.

(2) 불완전 탈바꿈 ・　　　・㉡ 번데기 단계를 거친다.

**15** 다음 중 병아리의 특징은 무엇입니까? (          )

① 암수 구별이 쉽다.
② 몸이 솜털로 덮여 있다.
③ 몸이 깃털로 덮여 있다.
④ 이마와 턱에 볏이 있다.
⑤ 꽁지깃이 길게 자라 있다.

**16** 닭의 한살이를 나타낸 것입니다. (      ) 안에 알맞은 말을 쓰시오.

> (          ) → 병아리 → 큰 병아리 → 다 자란 닭

(          )

**17** 알을 낳는 동물이 <u>아닌</u> 것은 무엇입니까?
(          )

① ▲ 뱀    ② ▲ 고래
③ ▲ 연어    ④ ▲ 개구리

⑤ ▲ 닭

**18** 갓 태어난 강아지의 특징을 나타낸 것은 어느 것인지 기호를 쓰시오.

| ㉠ | ㉡ |
|---|---|
| • 눈이 감겨 있다.<br>• 이빨이 없어서 씹지 못한다.<br>• 다리에 힘이 없어 걷지 못한다. | • 귀로 작은 소리도 듣는다.<br>• 이빨이 있어 고기를 뜯거나 사료를 씹는다.<br>• 짝짓기를 하여 암컷이 새끼를 낳을 수 있다. |

(          )

**19** 새끼를 낳는 동물이 <u>아닌</u> 것은 무엇입니까?
(          )

① ▲ 곰    ② ▲ 햄스터
③ ▲ 오리    ④ ▲ 캥거루
⑤ ▲ 호랑이

**20** 새끼를 낳는 동물의 공통점을 한 가지 쓰시오.

_____

_____

**1** 사슴의 암컷과 수컷을 구별하여 기호를 쓰시오.

ㄱ          ㄴ

(1) 암컷: (                    )

(2) 수컷: (                    )

서술형

**2** 위 **1**번에서 사슴의 암컷과 수컷의 차이점을 한 가지 쓰시오.

_____

**3** 수컷이 알을 돌보는 동물은 무엇입니까? (          )

①  ▲ 곰

②  ▲ 제비

③  ▲ 거북

④  ▲ 두루미

⑤  ▲ 꺽지

**4** 배추흰나비를 볼 수 있는 곳은 어디입니까?

(                    )

① 교실        ② 바다
③ 습지        ④ 무밭
⑤ 동굴

**5** 배추흰나비의 한살이를 관찰하기 위해 사육 상자를 꾸밀 때 가장 먼저 하는 일을 기호로 쓰시오.

> ㉠ 사육 상자에 배추흰나비알이 붙어 있는 케일 화분을 넣는다.
> ㉡ 사육 상자를 준비하고 바닥에 휴지를 깐다.
> ㉢ 사육 상자에 방충망을 씌운다.

(                    )

**6** 다음에서 설명하는 것은 무엇인지 쓰시오.

> • 동물의 알이나 새끼가 자라서 어미가 되면 다시 알이나 새끼를 낳는 것이다.
> • 동물이 태어나서 성장하여 자손을 남기는 과정을 말한다.

(                    )

**7** 배추흰나비알의 특징을 알아볼 때 관찰해야 하는 것이 아닌 것은 무엇입니까? (          )

① 모양        ② 색깔
③ 크기        ④ 움직임
⑤ 딱딱한 정도

3

단원

**8** 배추흰나비 애벌레의 크기가 가장 큰 것은 어느 것입니까? (        )

① 알에서 갓 나온 애벌레
② 1번 허물을 벗은 애벌레
③ 2번 허물을 벗은 애벌레
④ 3번 허물을 벗은 애벌레
⑤ 4번 허물을 벗은 애벌레

**9** 주의  배추흰나비알과 애벌레의 특징으로 바른 것은 무엇입니까? (        )

① 배추흰나비알은 초록색이다.
② 애벌레는 먹이를 먹지 않는다.
③ 배추흰나비알은 기어서 움직인다.
④ 배추흰나비알은 허물을 벗으며 커진다.
⑤ 알에서 갓 나온 애벌레는 연한 노란색이다.

**10** 오른쪽은 배추흰나비의 한살이 중 어떤 단계인지 쓰시오.

(                    )

**11** 배추흰나비 한살이를 순서대로 기호로 쓰시오.

ㄱ        ㄴ
ㄷ        ㄹ

(                    )

**12** 다음에서 설명하는 것은 무엇입니까? (        )

• 몸은 머리, 가슴, 배의 세 부분으로 되어 있다.
• 다리가 세 쌍이다.

① 식물            ② 동물
③ 곤충            ④ 애벌레
⑤ 번데기

**13** 응용  다음과 같은 한살이를 거치는 동물은 어느 것입니까?
(                    )

알 → 애벌레 → 번데기 → 어른벌레

①                 ②
▲ 잠자리                ▲ 노린재

③                 ④
▲ 사마귀                ▲ 메뚜기

⑤
▲ 사슴벌레

**14** 위 13번 정답의 곤충은 한살이에 어떤 특징이 있는지 간단히 쓰시오.

(                    )

**15** 매미의 한살이에서 볼 수 **없는** 단계는 무엇인지 기호를 쓰시오.

㉠   ㉡

㉢   ㉣

(              )

**16** 닭의 한살이에서 몸이 솜털로 덮여 있을 때는 언제입니까? (      )

① 알            ② 병아리
③ 큰 병아리      ④ 다 자란 닭

**17** 병아리와 다 자란 닭의 차이점으로 바른 것은 무엇입니까? (      )

① 병아리의 울음소리가 다 자란 닭보다 크다.
② 병아리는 날개가 두 개이고, 다 자란 닭은 날개가 네 개이다.
③ 병아리는 암수 구별이 어렵고, 다 자란 닭은 암수 구별이 쉽다.
④ 병아리는 꽁지깃이 길게 자라 있고, 다 자란 닭은 꽁지깃이 없다.
⑤ 병아리는 이마와 턱에 볏이 있고, 다 자란 닭은 이마와 턱에 볏이 없다.

**18** 다음 동물들의 공통점은 무엇입니까? (        )

▲ 연어       ▲ 개구리       ▲ 뱀

① 기어다닌다.
② 날개가 있다.
③ 물에서 산다.
④ 알을 낳는다.
⑤ 암수 구별이 쉽다.

**19** 개의 한살이에서 다음과 같은 특징을 볼 수 있는 단계는 언제인지 [보기] 에서 골라 기호를 쓰시오.

> • 어미젖을 먹고 자란다.
> • 걷지 못한다.
> • 눈이 감겨 있다.

**보기**
㉠ 갓 태어난 강아지
㉡ 큰 강아지
㉢ 다 자란 개

(              )

서술형

**20** 새끼를 낳는 동물의 한살이와 개의 한살이의 공통점을 한 가지 쓰시오.

_____

_____

**1** 다음과 같이 동물을 분류한 기준은 무엇인지 쓰시오.

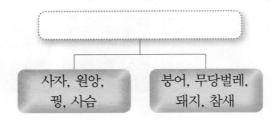

|  |  |
|---|---|
| 사자, 원앙,<br>꿩, 사슴 | 붕어, 무당벌레,<br>돼지, 참새 |

_____

_____

**2** 다음 동물이 알이나 새끼를 돌볼 때 암수가 하는 역할은 무엇인지 보기 에서 골라 기호를 쓰시오.

**보기**

㉠ 암수가 함께 알과 새끼를 돌본다.
㉡ 암컷이 새끼를 돌본다.
㉢ 수컷이 새끼를 돌본다.
㉣ 암수 모두 새끼를 돌보지 않는다.

(          )

**3** 배추흰나비의 한살이를 관찰할 계획을 세울 때 내용으로 바르지 않은 것은 무엇입니까? (     )

① 먹이
② 관찰 장소
③ 관찰 기간
④ 관찰할 때 먹을 간식
⑤ 관찰하면서 보고 싶은 것

**4** 사육 상자에서 배추흰나비의 한살이를 관찰하는 방법으로 바른 것은 무엇입니까? (     )

① 먹이는 넣지 않는다.
② 일주일 동안만 관찰한다.
③ 검은색 상자로 사육 상자를 꾸민다.
④ 사육 상자의 바닥에는 휴지를 깐다.
⑤ 사육 상자는 아무 것도 덮지 않는다.

**서술형**

**5** 배추흰나비를 기르지 않고 자연 상태에서 배추흰나비의 한살이를 관찰할 수 있는 방법을 한 가지 쓰시오.

_____

**6** 배추흰나비알의 특징으로 바르지 않은 것은 무엇입니까? (     )

① 움직이지 않는다.
② 연한 노란색이다.
③ 1 mm 정도로 매우 작다.
④ 길쭉한 옥수수 모양이다.
⑤ 허물을 벗으며 점점 자란다.

**7** 배추흰나비 애벌레를 관찰하고 적은 내용입니다. 바른 것은 어느 것인지 기호를 쓰시오.

| | | |
|---|---|---|
| ㉠ | 생김새 | 털이 있고 긴 원통 모양이다. |
| ㉡ | 움직임 | 움직이지 않는다. |
| ㉢ | 색깔 | 연한 붉은색이다. |
| ㉣ | 크기<br>변화(자람) | 허물을 벗으며 작아진다. |

(          )

**8** ( ) 안에 공통으로 들어갈 말은 무엇인지 쓰시오.

> 배추흰나비 애벌레는 자라는 동안 4번
> ( )을 벗으며 30 mm 정도까지 자란다.

( )

**9** 배추흰나비 한살이 중 다음 과정에 대한 설명으로 바른 것은 무엇입니까? ( )

① 기어서 움직인다.
② 날개돋이 과정이다.
③ 먹이를 많이 먹는다.
④ 번데기가 되어 눈에 잘 띈다.
⑤ 애벌레가 번데기가 되어 움직이지 않는다.

**10** 배추흰나비의 몸을 세 부분으로 나눈 것입니다. 각 부분의 이름을 쓰시오.

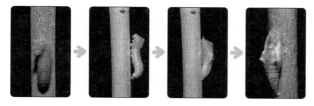

㉠: ( )
㉡: ( )
㉢: ( )

**11** 배추흰나비의 한살이 단계를 각각 쓰시오.

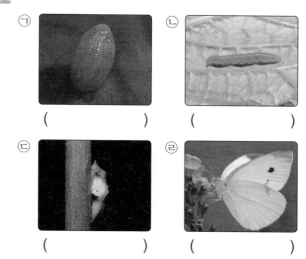

㉠ ( )　㉡ ( )

㉢ ( )　㉣ ( )

**12** 사슴벌레와 잠자리의 한살이에서 공통점은 무엇입니까? ( )

① 알을 낳는다.
② 번데기 단계가 있다.
③ 애벌레가 물에서 산다.
④ 애벌레가 나무속에서 산다.
⑤ 번데기 모양으로 암컷과 수컷을 구별할 수 있다.

**13** 사슴벌레의 한살이 과정에 대한 설명으로 바르지 않은 것은 무엇입니까? ( )

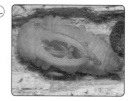

㉠　㉡

① ㉠은 애벌레이다.
② ㉡은 번데기이다.
③ ㉠은 허물을 벗으며 자란다.
④ ㉠과 ㉡은 모두 물속에서 볼 수 있다.
⑤ ㉡ 다음 단계는 어른벌레가 되는 것이다.

**14** 완전 탈바꿈과 불완전 탈바꿈을 하는 곤충을 바르게 선으로 연결하시오.

(1) [ 완전 탈바꿈 ] •          • ㉠ [ 잠자리, 노린재 ]

(2) [ 불완전 탈바꿈 ] •          • ㉡ [ 사슴벌레, 무당벌레 ]

**15** 오른쪽 동물에 대한 설명으로 바른 것은 무엇입니까?
(          )

① 알을 낳는다.
② 허물을 벗는다.
③ 새끼를 낳는다.
④ 어릴 때 어미젖을 먹고 자란다.
⑤ 사람과 한살이 과정이 비슷하다.

**16** 병아리와 닭에 대한 설명으로 바른 것은 ○표, 바르지 않은 것은 ×표를 하시오.

(1) 병아리는 솜털로 덮여 있습니다.          (          )
(2) 병아리가 큰 병아리가 되면 솜털이 깃털로 바뀝니다.          (          )
(3) 닭은 암수가 쉽게 구별되지 않는 동물입니다.          (          )

**17** 알을 낳는 동물끼리 바르게 짝지어진 것은 어느 것입니까? (          )

① 뱀-소
② 나비-돼지
③ 굴뚝새-개
④ 연어-개구리
⑤ 사마귀-고래

**18** 다음은 개의 한살이 특징입니다. 개의 한살이를 순서대로 기호를 쓰시오.

㉠ [ 짝짓기를 하여 암컷이 새끼를 낳을 수 있다. ]    ㉡ [ 눈이 감겨 있고, 걷지 못한다. ]    ㉢ [ 이빨이 나고 먹이를 씹어 먹기 시작한다. ]

(                    )

**19** (          ) 안에 공통으로 들어갈 말은 무엇인지 쓰시오.

• 다 자란 동물은 암수가 (          )를 하여 암컷이 새끼를 낳는다.
• 암컷과 수컷이 만나 (          )를 하고 일정한 시간이 흐르면 새끼를 낳는다.

(                    )

**20** 다음 그림은 사슴벌레 한살이 중 어느 단계를 그림으로 나타낸 것인지 쓰시오.

(                    )

**1** 다음 동물들의 공통점은 무엇입니까? (        )

> 사자, 원앙, 꿩, 사슴

① 수컷이 알과 새끼를 돌본다.
② 암컷이 알과 새끼를 돌본다.
③ 알이나 새끼를 낳지 않는다.
④ 암컷과 수컷이 쉽게 구별된다.
⑤ 암컷과 수컷이 쉽게 구별되지 않는다.

**2** 알이나 새끼를 돌볼 때 암수가 하는 역할이 바르게 짝 지어진 것은 무엇입니까? (        )

① 곰 – 수컷이 새끼를 돌본다.
② 개구리 – 암컷이 새끼를 돌본다.
③ 가시고기 – 암컷이 새끼를 돌본다.
④ 거북 – 암수가 함께 알과 새끼를 돌본다.
⑤ 제비 – 암수가 함께 알과 새끼를 돌본다.

**3** 다음은 암수가 함께 알과 새끼를 돌보거나 암수 중 하 나만 알이나 새끼를 돌보는 동물로 나눈 것입니다. 바 르지 않은 동물을 골라 쓰시오.

| 암수가 함께 알과 새끼를 돌보는 동물 | 암수 중 하나만 알이나 새끼를 돌보는 동물 |
| --- | --- |
| 꾀꼬리, 황제펭귄, 제비 | 두루미, 바다코끼리, 물 장군 |

(                    )

**4** 배추흰나비를 기르면서 관찰하고 기록해야 하는 것이 아닌 것은 무엇입니까? (        )

① 애벌레가 자라는 모습
② 배추흰나비알의 크기 변화
③ 애벌레가 먹이를 먹는 모습
④ 알에서 애벌레가 나오는 모습
⑤ 애벌레가 번데기로 변하는 모습

**5** 다음은 사육 상자를 꾸미는 과정입니다. ㉠에 들어갈 과정은 무엇인지 쓰시오.

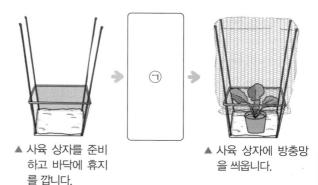

▲ 사육 상자를 준비 하고 바닥에 휴지 를 깝니다.

▲ 사육 상자에 방충망 을 씌웁니다.

**6** 다음과 같이 알에서 애벌레가 알껍데기를 뚫고 밖으 로 나오는 것을 무엇이라고 하는지 쓰시오.

(                    )

**7** 배추흰나비 애벌레의 특징으로 바르지 않은 것은 무 엇입니까? (        )

① 허물을 2번 벗는다.
② 배에 숨구멍이 있다.
③ 가슴에 가슴발이 세 쌍 있다.
④ 애벌레 상태는 15~20일 정도이다.
⑤ 애벌레는 머리, 가슴, 배 세 부분으로 구분된다.

**8** 배추흰나비알과 애벌레의 특징을 비교한 내용으로 바르지 <u>않은</u> 것을 기호로 쓰시오.

| 특징 | 알 | 애벌레 |
|---|---|---|
| 생김새 | ㉠ 길쭉한 옥수수 모양이다. | ㉤ 털이 있고 긴 원통 모양이다. |
| 움직임 | ㉡ 움직이지 않는다. | ㉥ 자유롭게 기어서 움직인다. |
| 색깔 | ㉢ 연한 노란색이다. | ㉦ 초록색이다. |
| 크기 변화 | ㉣ 1 mm 정도로 작았다가 점점 커진다. | ㉧ 허물을 벗으며 점점 자란다. |

( )

**9** 배추흰나비 애벌레가 번데기로 변하는 과정입니다. 가장 마지막 단계를 기호로 쓰시오.

┌─────────────────────────────┐
┃ ㉠ 번데기의 색깔이 주변의 색깔과 비슷하게 ┃
┃   변한다.                          ┃
┃ ㉡ 번데기 모습이 된다.              ┃
┃ ㉢ 입에서 실을 뽑아 몸을 묶는다.     ┃
┃ ㉣ 머리부터 껍질이 벌어지며 허물을 벗는다. ┃
└─────────────────────────────┘

( )

**10** 배추흰나비 번데기에서 날개가 있는 어른벌레가 나오는 것을 무엇이라고 하는지 쓰시오.

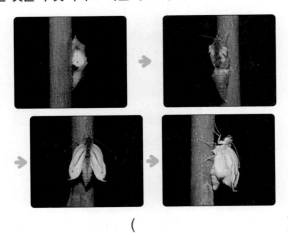

( )

**11** 배추흰나비 각 부분의 이름이 바르게 짝지어진 것이 <u>아닌</u> 것은 어느 것입니까? ( )

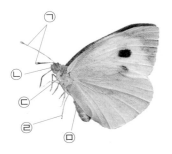

① ㉠ - 입
② ㉡ - 머리
③ ㉢ - 가슴
④ ㉣ - 다리
⑤ ㉤ - 배

**12** 사슴벌레의 한살이에서 암수가 구별되는 시기는 언제인지 기호를 모두 쓰시오.

┌─────────────────────────────┐
┃ ㉠ 알            ㉡ 애벌레      ┃
┃ ㉢ 번데기        ㉣ 어른벌레    ┃
└─────────────────────────────┘

( )

서술형

**13** 곤충의 한살이에서 완전 탈바꿈과 불완전 탈바꿈의 차이점을 쓰시오.

_____

_____

**14** 한살이가 잠자리와 같은 곤충은 어느 것입니까?

( )

① 나비　　　　② 파리
③ 사마귀　　　④ 풍뎅이
⑤ 무당벌레

**15** 닭의 한살이 특징을 바르게 선으로 연결하시오.

(1) 병아리 ・　　　・㉠ 암컷이 알을 낳을 수 있다.

(2) 큰 병아리 ・　　　・㉡ 솜털이 깃털로 바뀐다.

(3) 다 자란 닭 ・　　　・㉢ 솜털로 덮여 있다.

**16** 다음에서 설명하는 것은 무엇인지 쓰시오.

> 어미 닭이 알을 품은 지 약 21일이 지나면 병아리는 부리로 껍데기를 깨고 나온다.

( )

**17** 개구리의 한살이 중 물속과 땅 위에서 생활을 하고 허파와 피부 호흡을 할 때는 언제인지 기호를 쓰시오.

㉠　㉡

㉢　㉣

( )

**18** 개의 한살이에 대한 설명으로 바르면 ○표, 바르지 않으면 ×표를 하시오.

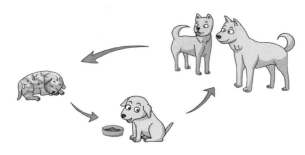

(1) 갓 태어난 강아지는 눈도 감겨 있고 귀도 막혀 있습니다. ( )
(2) 큰 강아지는 먹이를 씹지 못하고, 새끼를 낳을 수 있습니다. ( )
(3) 다 자란 개는 젖을 먹습니다. ( )

**19** 갓 태어난 강아지와 다 자란 개의 공통점은 무엇입니까? ( )

① 눈이 감겨 있다.
② 일어서지 못한다.
③ 고기를 먹을 수 있다.
④ 몸이 털로 덮여 있다.
⑤ 걷거나 달릴 수 있다.

**20** 소와 개의 한살이를 비교할 때 공통점이 아닌 것은 무엇입니까? ( )

① 젖을 먹여 새끼를 기른다.
② 새끼와 어미의 모습이 닮아 있다.
③ 몸이 털이나 가죽으로 덮여 있다.
④ 한 번에 여러 마리의 새끼를 낳는다.
⑤ 다 자랄 때까지 어미의 보살핌을 받는다.

**1** 배추흰나비 애벌레를 관찰한 것입니다. 알 수 있는 사실을 한 가지 쓰시오.

▲ 1번 허물을 벗은 애벌레

▲ 2번 허물을 벗은 애벌레

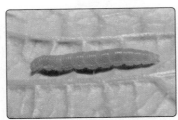

▲ 3번 허물을 벗은 애벌레

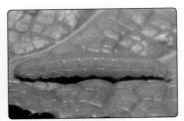

▲ 4번 허물을 벗은 애벌레

**배추흰나비 애벌레의 특징**

• 몸에 털이 많이 나 있고, 고리 모양의 마디가 있습니다.
• 긴 원통 모양이고 초록색입니다.
• 애벌레의 몸은 머리, 가슴, 배 세 부분으로 구분되며 가슴에는 가슴발이 세 쌍 있습니다.
• 배에 숨구멍이 아홉 쌍 있고, 빨판 모양으로 된 배발 네 쌍과 꼬리발 한 쌍이 있습니다.
• 애벌레는 허물을 4번 벗고 30 mm 정도까지 자랍니다.

**2** 오른쪽 배추흰나비 번데기를 관찰하고, 번데기의 특징을 써 표를 완성하시오.

**배추흰나비 번데기**

• 배추흰나비 애벌레가 번데기가 되면 이동하지 않고 한곳에 붙어 있습니다.
• 번데기 색깔은 주변의 색깔과 비슷해서 눈에 잘 띄지 않습니다.
• 시간이 지나면 번데기 껍질이 벌어지면서 배추흰나비 어른벌레가 나옵니다.

| 생김새 | |
|---|---|
| 움직임 | |
| 색깔 | |
| 크기 변화(자람) | |

**3** 잠자리와 사마귀의 공통적인 한살이 특징을 쓰고, 설명하시오.

▲ 잠자리

▲ 사마귀

(1) 한살이 특징: (                    )

(2) _____

**3**
**단원**

**4** 다음 동물의 공통점과 차이점을 쓰시오.

▲ 소

▲ 개

| 공통점 | |
|---|---|
| 차이점 | |

# 4. 자석의 이용

## 🔵 재미있는 ⭐자석 인형 실험1

① 색종이로 감싼 막대자석에 눈 모양 붙임딱지를 붙이고 재미있는 표정을 만듭니다.

② 여러 가지 색깔의 공예용 철끈 조각을 많이 잘라 놓습니다.

③ 공예용 철끈 조각을 막대자석으로 만든 인형의 머리 부분에 붙여 자석 인형의 머리카락을 만듭니다.

④ 다른 물체를 이용해 자석 인형의 머리카락 모양을 바꿔 봅니다.

└─ 공예용 철끈 대신 용수철, 클립, 수나사, 암나사, 옷핀, 빵 끈 등을 사용합니다.

## 🔵 자석에 붙는 물체에는 어떤 것이 있을까요?

### (1) 자석에 붙는 물체 찾기 실험2

① 자석을 준비한 물체에 각각 대 보면서 물체가 자석에 붙는지 관찰합니다.

② 자석을 주변에 있는 여러 가지 물체에 대 보면서 물체가 자석에 붙는지 관찰합니다.

③ 자석에 붙는 물체와 붙지 않는 물체

| 자석에 붙는 물체 | 철 못, 철 용수철, 철사, 철이 든 빵 끈, ⭐옷핀, 종이찍개 침, 가위, 클립, ⭐나사, 못핀 등 |
|---|---|
| 자석에 붙지 않는 물체 | 유리컵, 플라스틱 빨대, 고무지우개, 나무젓가락, 칫솔, 동전, 연필, 단추, 비커, 책, 거울 등 |

└─ 금속으로 되어 있지만 철로 된 물체가 아니므로 자석에 붙지 않습니다.

④ 자석에 붙는 물체의 특징: 철로 되어 있습니다.

### (2) 한 물체에서 자석에 붙는 부분과 붙지 않는 부분 구별하기

① 철로 된 가위의 날 부분은 자석에 붙지만, 플라스틱으로 된 손잡이 부분은 자석에 붙지 않습니다. 탐구1

② 자석에 붙는 부분과 붙지 않는 부분이 모두 있는 물체

| 구분 | 자석에 붙는 부분 | 자석에 붙지 않는 부분 |
|---|---|---|
| 책상 | 책상 다리 부분 | 책을 올려놓는 부분 |
| ⭐소화기 | 소화기 몸통 부분 | 소화기 호스 부분 |

└─ 대부분 나무로 만듭니다.

---

실험1 **자석 인형 만들기**

**준비물:** 막대자석, 색종이, 공예용 철끈, 철로 된 여러 가지 물체, 눈 모양 붙임딱지, 유성 펜, 가위, 셀로판테이프

**실험 결과:** 공예용 철끈, 클립, 철이 든 빵 끈 등을 이용하여 자석 인형의 머리카락을 만들 수 있습니다.

실험2 **자석에 붙는 물체**

**준비물:** 막대자석, 여러 가지 물체

**실험 방법:** 막대자석을 유리컵, 철 못, 플라스틱 빨대, 철 용수철, 고무지우개 등 여러 가지 물체에 대 봅니다.

▲ 유리컵에 자석을 대 보았을 때

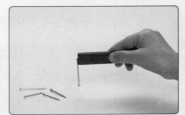

▲ 철 못에 자석을 대 보았을 때

실험 결과: 철로 된 물체는 자석에 붙습니다.

탐구1 **자석에 붙는 부분과 붙지 않는 부분이 모두 있는 가위**

자석에 붙는 부분

자석에 붙지 않는 부분

### 자석을 보았던 경험

- 광고 전단지 뒤에 자석이 붙어 있습니다.
- 필통의 뚜껑을 닫는 부분에 자석이 있습니다.

▲ 자석 필통

- 가방을 닫을 때 자석으로 된 단추가 있습니다.

### 자석의 종류

▲ 막대자석

▲ 동전 모양 자석

▲ 고리 자석

▲ 말굽 자석

## 개념을 확인해요

**1** 자석 인형을 만들 때 머리 부분에 붙여 머리카락을 만들 수 있는 것은 공예용 철끈과 고무줄 중 ☐ ☐ ☐ ☐ ☐ 입니다.

**2** 철사와 유리컵 중 자석에 붙는 것은 ☐ ☐ 입니다.

**3** 고무지우개에 자석을 대 보면 ☐ ☐ ☐ ☐ ☐ ☐ .

**4** 플라스틱 빨대는 ☐ ☐ 에 붙지 않습니다.

**5** 철 용수철, 철사, 철이 든 빵 끈은 ☐ 로 만들어진 물체입니다.

**6** ☐ 로 된 물체는 자석에 붙습니다.

**7** 가위에서 자석에 붙는 부분은 가위의 ☐ 부분입니다.

**8** 책상에서 책을 올려놓는 부분은 자석에 붙지 않지만, 책상 ☐ ☐ 부분은 자석에 붙습니다.

사고

🔵 **자석에서 클립이 많이 붙는 부분은 어느 곳일까요?**

(1) 자석에서 클립이 많이 붙는 부분 찾기

① 실험 준비물: 막대자석, 둥근기둥 모양 자석, 클립 여러 개, 집게, 종이 상자

② 실험 방법

• 종이 상자에 클립을 골고루 부어 놓습니다.

• 집게로 막대자석의 가운데를 집습니다.

• 막대자석을 클립이 든 종이 상자에 넣었다가 천천히 들어 올립니다.

• 막대자석에 클립이 붙어 있는 모습을 관찰합니다.

③ 실험 결과: 자석의 양쪽 끝부분에 클립이 많이 붙어 있습니다.
┌─ '자석의 극'이라고 합니다.　┌─ 클립과 클립이 길게 이어지는 모습도 관찰할 수 있습니다.

(2) **클립이 많이 붙는 부분**

① 막대자석에서 클립이 많이 붙는 부분

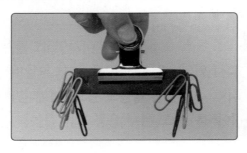

• 막대자석에 두 곳 있습니다.

• 막대자석의 왼쪽 끝부분과 오른쪽 끝부분입니다.

• 클립을 끌어당기는 힘이 막대자석의 여러 부분 중에서 가장 셉니다.

② 고리 자석과 동전 모양 자석에서 클립이 많이 붙는 부분

• 고리 자석: 양쪽 둥근 면에 많이 붙어 있습니다.

• 동전 모양 자석: 양쪽 둥근 면에 많이 붙어 있습니다.

(3) **자석의 극**

① 자석에서 클립이 많이 붙는 부분을 자석의 극이라고 합니다.

② 막대자석과 둥근기둥 모양 자석에서 자석의 극은 양쪽 끝부분에 있습니다.
┌─ N극과 S극입니다.

③ 자석의 극은 항상 두 개입니다.

**실험 1** 자석에서 클립이 많이 붙는 부분

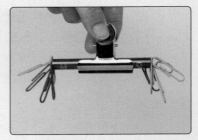

▲ 둥근기둥 모양 자석을 클립이 든 종이 상자에 넣었다가 천천히 들어 올립니다.

**실험 2** 고리 자석과 동전 모양 자석에서 클립이 많이 붙는 부분

▲ 고리 자석

▲ 동전 모양 자석

### 자석 보관 방법

- 자석을 보관할 때는 N극과 S극을 서로 붙이고 양쪽 끝에 쇠붙이를 붙여 놓는 것이 좋습니다.
- N극과 N극을 서로 가까이에 두면 둘 중 센 자석에 의해 약한 자석의 N극이 S극으로 변할 수도 있습니다.
- 자석은 높은 온도나 충격에 의해서도 자석의 성질을 잃을 수 있습니다.

▲ 막대자석

▲ 말굽 자석

▲ 동전 모양 자석

## 개념을 확인해요

**1** 클립처럼 □로 된 물체는 자석에 붙습니다.

**2** 클립이 든 종이 상자에 자석을 넣으면 클립은 자석에 □□□□.

**3** 클립이 든 상자에 자석을 넣으면 자석의 양쪽 끝부분에 클립이 가장 □□ 붙습니다.

**4** 막대자석에서 클립이 많이 붙는 부분은 자석의 양쪽 □□□에 있습니다.

**5** 막대자석에서 클립이 가장 많이 붙는 부분을 □□□□이라고 합니다.

**6** 막대자석에서 자석의 극은 양쪽 □□□에 있습니다.

**7** 막대자석에서 자석의 극은 □ 개입니다.

**8** 동전 모양 자석에서 자석의 극은 □ 개입니다.

4

단원

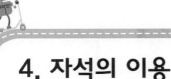
# 4. 자석의 이용

🔹 **자석을 철로 된 물체에 가까이 가져가면 어떻게 될까요?**

(1) 자석을 철로 된 물체에 가까이 가져가기 실험 1

① 실험 준비물: 막대자석, ★투명한 통, ★빵 끈 조각 여러 개

② 실험 방법 ┌─ ★자석에 붙는 물체입니다.

• 빵 끈 조각을 투명한 통에 넣고, 투명한 통을 뒤집어 놓습니다.

• 막대자석을 투명한 통에 들어 있는 빵 끈 조각에 가까이 가져갈 때 빵 끈 조각이 어떻게 되는지 관찰해 봅니다.

• 막대자석으로 빵 끈 조각을 투명한 통의 윗부분까지 끌고 가 봅니다.

③ 실험 결과

• 막대자석을 투명한 통의 윗부분에서 조금 떨어뜨렸을 때: 빵 끈 조각이 여전히 투명한 통의 윗부분에 붙어 있습니다.

• 막대자석을 투명한 통의 윗부분에서 조금씩 더 떨어뜨렸을 때: 빵 끈 조각이 투명한 통의 윗부분에서 떨어집니다.

┌─ 철로 된 물체에 자석을 가까이 가져가면 철로 된 물체가 자석에 끌려옵니다.

(2) 자석과 |철로 된 물체 사이에 작용하는 힘

① 철로 된 물체와 자석 사이에는 서로 끌어당기는 힘이 작용합니다.

② 철로 된 물체와 자석이 약간 떨어져 있어도 자석은 철로 된 물체를 끌어당길 수 있습니다.

③ 철로 된 물체로부터 자석이 멀어질 경우 자석이 철로 된 물체를 끌어당기는 힘은 점점 약해집니다.

④ 철로 된 물체와 자석 사이에 얇은 플라스틱이나 종이 등의 물질이 있어도 자석은 철로 된 물체를 끌어당길 수 있습니다.

(3) 자석 ★드라이버

① 자석 드라이버의 끝부분은 자석으로 되어 있습니다.

② 자석 드라이버의 끝부분을 나사에 가까이 가져가면 나사가 붙습니다. 탐구 1

▲ 막대자석으로 빵 끈 조각을 투명한 통의 윗부분까지 끌고 갔을 때

▲ 막대자석을 투명한 통의 윗부분에서 조금 떨어뜨렸을 때

▲ 막대자석을 투명한 통의 윗부분에서 조금씩 더 떨어뜨렸을 때

탐구 1 **자석이 철로 된 물체를 끌어당기는 성질을 이용한 경우 예**

• 못과 나사를 모을 수 있습니다.

• 철로 된 물체를 모아서 옮길 수 있습니다.

• 바닥에 떨어진 바늘을 쉽게 찾을 수 있습니다.

• 좁은 틈이나 손이 닿지 않는 곳에 떨어진 철로 된 물체를 쉽게 찾을 수 있습니다.

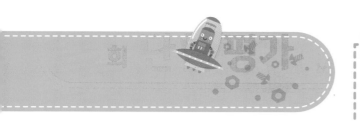

### 자석의 힘

- 자석의 힘이 작용하는 범위는 자석의 세기에 따라 다릅니다.
- 자석의 세기가 강한 자석은 좀더 멀리 떨어져 있는 클립까지 끌어당기고, 자석의 세기가 약한 자석은 가까이에 있는 클립만 끌어당깁니다.
- 자석의 힘이 작용하는 범위를 '자기장'이라고 합니다.

### 자석이 철로 된 물체와 약간 떨어져 있어도 철로 된 물체를 끌어당기는 까닭

- 자석의 힘은 철로 된 물체와 접촉하지 않아도 작용합니다.
- 자석과 철로 된 물체 사이에 거리가 조금 있더라도 자석의 힘이 철로 된 물체에 작용할 수 있습니다.
- 자석과 철로 된 물체가 너무 멀리 떨어질 경우 자석의 힘이 미치지 못하게 됩니다.

### 자석만 철을 끌어당기나요? 철이 자석을 끌어당기지는 않나요?

자석을 실에 매달아 자석보다 훨씬 더 무거운 물체에 가까이 가져가면 자석이 철로 된 물체에 끌려가서 붙는 모습을 볼 수 있습니다.

## 개념을 확인해요

**1** 빵 끈 조각을 여러 개 넣은 투명한 통에 막대자석을 가까이 가져가면 빵 끈 조각은 ☐ ☐ ☐ ☐ 쪽으로 끌려옵니다.

**2** 막대자석으로 빵 끈 조각을 투명한 통의 윗부분까지 끌고 가면 빵 끈 조각은 ☐ ☐ ☐ ☐ 을 따라 움직입니다.

**3** 자석을 ☐ 로 된 물체에 가까이 가져가면 물체는 자석에 끌려옵니다.

**4** ☐ 로 된 물체와 자석이 약간 떨어져 있어도 자석은 이 물체를 끌어당길 수 있습니다.

**5** 철로 된 물체와 자석 사이에 얇은 플라스틱이 있어도 자석은 철로 된 물체를 ☐ ☐ ☐ ☐ 수 있습니다.

**6** 철로 된 물체와 자석 사이에 종이가 있어도 자석은 철로 된 물체를 ☐ ☐ ☐ ☐ 수 있습니다.

**7** 자석 드라이버의 끝부분은 ☐ ☐ 으로 되어 있습니다.

**8** 자석 드라이버의 끝부분을 나사에 가까이 가져가면 나사가 ☐ ☐ ☐ ☐ .

4 단원

# 4. 자석의 이용

## 물에 띄운 자석은 어느 방향을 가리킬까요?

(1) 물에 띄운 막대자석이 가리키는 방향 관찰하기 <실험1>

① 실험 준비물: 막대자석, 플라스틱 접시, 원형 수조, 물, 나침반

② 실험 방법
→ 플라스틱 접시가 없으면 막대자석은 물에 가라앉아 실험을 할 수 없습니다. 플라스틱 접시는 자석을 물에 띄우는 역할을 합니다.

• 교실에서 동서남북의 방향을 확인합니다.
→ 나침반을 이용합니다.

• 원형 수조에 물을 반쯤 담습니다.

• 플라스틱 접시의 가운데에 막대자석을 올려놓고 물에 띄웁니다.

• 시간이 조금 지나 플라스틱 접시가 움직이지 않을 때 막대자석이
→ 막대자석의 길이와 지름이 비슷한 것을 사용합니다.
어느 방향을 가리키는지 관찰해 봅니다.

(2) 막대자석이 다른 방향을 가리키도록 놓기

① 플라스틱 접시를 돌려서 막대자석이 다른 방향을 가리키도록 놓습니다.

② 시간이 조금 지나 플라스틱 접시가 움직이지 않을 때 막대자석이 어느 방향을 가리키는지 다시 관찰합니다.

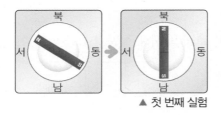
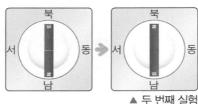

▲ 첫 번째 실험　　　　　▲ 두 번째 실험

③ 반복 실험을 통해 물에 띄운 자석은 항상 북쪽과 남쪽을 가리키는 것을 알 수 있습니다.

④ 물에 띄운 자석이 가리키는 방향이 의미하는 것

• 막대자석을 물에 띄웠을 때 북쪽을 가리키는 자석의 극을 ✦N극이라고 합니다.

• 막대자석을 물에 띄웠을 때 남쪽을 가리키는 자석의 극을 ✦S극이라고 합니다.

(3) ✦나침반 <탐구1>

① 나침반을 ✦편평한 곳에 놓으면 나침반 바늘은 항상 북쪽과 남쪽을 가리킵니다.

② 나침반 바늘이 일정한 방향을 가리키는 것은 바늘을 자석으로 만들었기 때문입니다.

③ 나침반 바늘에서 북쪽을 가리키는 부분은 빨간색으로 표시되어 있습니다.

---

<실험1> 물에 띄운 자석이 가리키는 방향

실험 방법

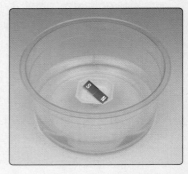

실험 결과: 막대자석은 항상 북쪽과 남쪽을 가리킵니다.

<탐구1> 나침반의 원리

▲ 나침반

• 자석의 성질을 지닌 바늘로 방향을 알아 내는 장치입니다.

• 지구가 하나의 큰 자석이라는 점과 자석끼리 서로 밀거나 끌어당기는 힘이 작용한다는 원리를 이용하여 방향을 찾습니다.

• 나침반을 사용할 때 나침반 근처에 자석을 놓거나 쇠붙이가 있으면 방향이 달라질 수 있으므로 나침반을 사용할 때에는 자석과 쇠붙이를 나침반으로부터 멀리 떨어뜨려 놓아야 합니다.

## 자석의 N극과 S극

- 자석의 N극은 주로 빨간색으로 표시합니다. N은 영어로 north(북쪽)를 의미합니다.
- 자석의 S극은 주로 파란색으로 표시합니다. S는 영어로 south(남쪽)를 의미합니다.

## 자석을 실에 매달아서 자석이 가리키는 방향 알아보기

- 자석이 가리키는 방향을 알아보기 위해 자석이 자유롭게 움직일 수 있도록 자석을 실에 매달아 공중에 띄울 수도 있습니다.
- 연필, 나무젓가락, 나무 막대에 작은 막대자석을 실로 매단 후 빈 비커에 올려놓으면 막대자석은 항상 북쪽과 남쪽을 가리킵니다.
- 이때 실을 한 가닥으로 매달면 꼬여서 수평을 유지하기 어려우므로 실을 두 가닥으로 매다는 것이 좋습니다.

### 용어풀이

| | |
|---|---|
| ✹ N극 | 막대자석을 물에 띄웠을 때 북쪽을 가리키는 자석의 극 |
| ✹ S극 | 막대자석을 물에 띄웠을 때 남쪽을 가리키는 자석의 극 |
| ✹ 나침반 | 방위를 찾을 때 쓰는 도구. 나침반 끝의 빨간색 바늘이 향하는 곳이 북쪽임. |
| ✹ 편평 | 납작한 모양. 어느 쪽에도 기울지 않은 모양 |

## 개념을 확인해요

1 막대자석을 물에 띄우기 위해서 ☐ ☐ ☐ ☐ ☐ ☐ 가 필요합니다.

2 물에 띄운 막대자석은 시간이 지나면 ☐ ☐ 과 ☐ ☐ 을 가리킵니다.

3 플라스틱 접시를 돌려서 막대자석이 다른 방향을 가리키도록 놓아도 막대자석이 가리키는 방향은 항상 ☐ ☐ ☐ ☐ .

4 막대자석을 물에 띄웠을 때 북쪽을 가리키는 자석의 극을 ☐ 극이라고 합니다.

5 막대자석을 물에 띄웠을 때 남쪽을 가리키는 자석의 극을 ☐ 극이라고 합니다.

6 막대자석을 물에 띄우거나 공중에 매달면 막대자석은 항상 일정한 방향을 가리킵니다. 자석의 이런 성질을 이용하여 만든 도구가 ☐ ☐ ☐ 입니다.

7 나침반을 편평한 곳에 놓았을 때 나침반 바늘이 일정한 방향을 가리키는 까닭은 나침반 바늘도 ☐ ☐ 이기 때문입니다.

8 나침반 바늘에서 ☐ 쪽을 가리키는 부분은 빨간색으로 표시되어 있습니다.

# 4. 자석의 이용

● 철로 된 물체로 나침반을 만들어 볼까요?

(1) 머리핀을 클립에 대 보기 실험1

 ① 실험 준비물: 막대자석, 머리핀, 클립

 ② 실험 방법

  • 머리핀을 클립에 대어 머리핀에 클립이 붙는지 확인합니다. → 머리핀에 클립이 붙지 않습니다.

  • 막대자석의 극에 머리핀을 1분 동안 붙여 놓습니다.

  • 막대자석에 붙여 놓았던 머리핀을 클립에 대 보면서 머리핀에 클립이 붙는지 확인합니다. → 머리핀에 클립이 붙습니다.

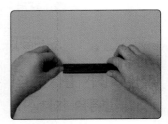

 ③ 머리핀에 클립이 붙는 까닭: 머리핀이 자석이 되어 클립을 끌어당겼기 때문입니다.
  └• 머리핀을 가열하거나 망치로 충격을 가하면 자석의 성질을 잃어버립니다.

(2) 철로 된 물체로 나침반 만들기 실험2

 ① 실험 준비물: 막대자석, 머리핀, 클립, ★수수깡 조각, 원형 수조, 물, 나침반, 초시계, N극과 S극 붙임딱지
  └• 머리핀을 물에 띄우는 역할을 합니다. 우드록으로 대신할 수 있습니다.

 ② 실험 방법

  • 막대자석에 붙여 놓았던 머리핀을 수수깡 조각에 꽂습니다.

  • 머리핀을 꽂은 수수깡 조각을 물이 담긴 원형 수조에 살며시 띄웁니다.
   └• 근처에 자석이나 나침반을 가까이 두지 않습니다.

  • 나침반 바늘이 가리키는 방향과 머리핀이 가리키는 방향을 비교합니다.

 ③ 실험 결과: 나침반 바늘이 가리키는 방향과 막대자석에 붙여 놓았던 머리핀이 가리키는 방향이 같습니다.

(3) 내가 만든 나침반이 잘 만들어졌는지 확인하는 방법

 ① 내가 만든 나침반을 물에 띄웠을 때 항상 북쪽과 남쪽을 가리키는지 확인합니다.

 ② 실제 나침반이 가리키는 방향과 비교하여 봅니다.

(4) 나침반을 만드는 데 이용할 수 있는 물체

 ① 자석의 성질을 띠게 할 수 있는 물체는 철로 된 물체입니다.

 ② 철로 된 바늘, 못핀으로 나침반을 만들 수 있습니다.

---

실험1 머리핀을 클립에 대 보기

실험 방법

▲ 머리핀을 클립에 대 봅니다.

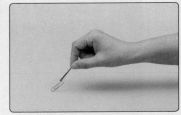

▲ 막대자석의 극에 붙여 놓았던 머리핀을 클립에 대 봅니다.

실험 결과: 머리핀을 자석에 붙여 놓으면 머리핀이 자석의 성질을 띠게 됩니다.

실험2 나침반 바늘이 가리키는 방향과 자석의 성질을 띠는 머리핀이 가리키는 방향 비교

• 머리핀을 꽂은 수수깡은 북쪽과 남쪽을 가리킵니다.

• 나침반은 북쪽과 남쪽을 가리킵니다.

자석에 붙여 놓았던 머리핀은 계속 자석의 성질을 갖게 될까?
- 자석의 성질을 띠게 된 물체는 시간이 흐르면서 자석의 성질을 잃어버리게 됩니다.
- 짧은 시간에 자석의 성질을 잃게 하려면 머리핀에 강한 충격을 주거나 가열을 하면 됩니다. 충격이나 가열은 머리핀 속 자석의 성질을 띤 ✹원자들을 움직이게 하여 자석의 성질을 잃게 만듭니다.

머리핀이 자석의 성질을 띠게 하는 다른 방법
- 막대자석의 한쪽 극으로 한쪽 방향으로만 머리핀을 문질러 머리핀이 자석의 성질을 띠게 할 수 있습니다.
- 막대자석의 N극으로 왼쪽에서 오른쪽으로 머리핀을 여러 번 문지르면 머리핀이 자석의 성질을 띠게 됩니다.

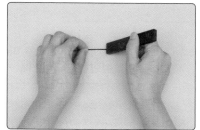

▲ 자석의 한쪽 극으로 한 방향으로만 머리핀을 문지릅니다.

자석의 성질을 띠는 머리핀의 극
머리핀의 둥근 머리 부분을 S극 쪽으로 향하게 자석에 붙여 놓을 경우 머리핀의 둥근 머리 부분은 N극의 성질을 띠고, 막대자석의 N극 쪽에 가깝게 붙여 놓았던 머리핀의 다른 쪽 극은 S극의 성질을 띱니다.

## 용어풀이

✹수수깡 곡식으로 먹는 수수의 줄기를 일컫는 말. 요즈음의 수수깡은 공장에서 스티로폼 소재로 만듦.
✹원자 물질의 기본적 구성 단위. 한 개 또는 여러 개가 모여 분자를 이룸.

## 개념을 확인해요

**1** 머리핀을 클립에 대 보면 머리핀에 클립이 □ □ □ □ □ □ .

**2** 막대자석의 극에 머리핀을 1분 동안 붙여 놓으면, 머리핀은 □ □ 의 성질을 띠게 됩니다.

**3** 막대자석에 1분 동안 붙여 놓았던 머리핀을 클립에 대 보면 머리핀에 클립이 □ □ □ □ .

**4** 철로 된 물체를 □ □ 에 붙여 놓으면 그 물체도 자석의 성질을 띠게 됩니다.

**5** 자석이 아니었던 물체를 자석의 성질을 띠게 하여 □ □ □ 을 만들 수 있습니다.

**6** 자석의 성질을 띠는 머리핀을 수수깡 조각에 꽂아 물에 띄우면 □ 쪽과 □ 쪽을 가리킵니다.

**7** 자석의 성질을 띠는 머리핀을 수수깡 조각에 꽂아 물이 담긴 수조에 띄우면 □ □ □ 의 역할을 합니다.

**8** 바늘, 못핀도 □ 로 된 물체이기 때문에 자석에 붙여 놓으면 자석의 성질을 띠게 됩니다.

# 4. 자석의 이용

**자석을 다른 자석에 가까이 가져가면 어떻게 될까요?**

(1) 막대자석 두 개를 마주 보게 하여 가까이 가져갈 때 〔실험1〕

① 실험 방법: 막대자석 두 개를 마주 보게 하여 가까이 가져갈 때 손에 어떤 느낌이 드는지 이야기해 봅니다.

② 실험 결과
- 같은 극끼리 마주 보게 하여 가까이 가져갈 때: 서로 밀어 내는 느낌
- 다른 극끼리 마주 보게 하여 가까이 가져갈 때: 서로 끌어당기는 느낌

(2) 막대자석 두 개를 마주 보게 나란히 놓고 밀 때 〔실험2〕

① 실험 방법: 책상 위에 막대자석 한 개를 올려놓고 다른 막대자석을 같은 극끼리 또는 다른 극끼리 마주 보게 나란히 놓고 밀 때 자석이 어떻게 되는지 관찰합니다.

② 실험 결과
- 같은 극끼리 마주 보게 나란히 놓고 밀면 서로 밀어 내어 붙지 않습니다.
- 다른 극끼리 마주 보게 나란히 놓고 밀면 서로 끌어당겨 붙습니다.

(3) 자석의 같은 극끼리, 다른 극끼리 작용하는 힘

| N극에 N극을 가까이 가져갈 때 | 서로 밀어 낸다. |
| S극에 S극을 가까이 가져갈 때 | 서로 밀어 낸다. |
| N극에 S극을 가까이 가져갈 때 | 서로 끌어당긴다. |
| S극에 N극을 가까이 가져갈 때 | 서로 끌어당긴다. |

(4) ★고리 자석의 극

① 막대자석으로 고리 자석의 극을 확인하는 방법: 고리 자석의 윗면에 막대자석의 N극을 가까이 가져갔을 때 <u>서로 끌어당기면</u> 고리 자석의 윗면이 S극이고, <u>서로 밀어 내면</u> 고리 자석의 윗면이 N극입니다.
  - → 서로 다른 극인 경우
  - → 서로 같은 극인 경우

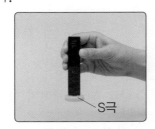 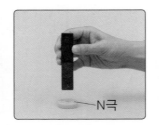

S극 　　　　N극

② 고리 자석을 이용해 ★탑을 높게 쌓는 방법: 서로 같은 극끼리 마주 보게 끼워 서로 밀어 내는 성질을 이용하여 탑을 쌓아 봅니다.

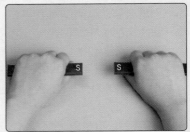

실험1 　막대자석 두 개를 마주 보게 하여 가까이 가져갈 때

▲ 같은 극을 마주 보게 하여 가까이 가져갈 때

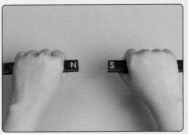

▲ 다른 극을 마주 보게 하여 가까이 가져갈 때

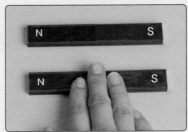

실험2 　막대자석 두 개를 마주 보게 나란히 놓고 밀 때

▲ 같은 극끼리 마주 보게 나란히 놓고 밀 때

▲ 다른 극끼리 마주 보게 나란히 놓고 밀 때

🪐 고리 자석으로 탑 쌓기
- 높은 탑: 서로 같은 극을 마주 보게 끼웁니다. 마주 보는 자석 사이에는 밀어 내는 힘이 작용하기 때문에 높은 탑이 만들어집니다.
- 낮은 탑: 서로 다른 극을 마주 보게 끼웁니다. 마주 보는 자석 사이에는 끌어당기는 힘이 작용하기 때문에 낮은 탑이 만들어집니다.

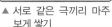

▲ 서로 같은 극끼리 마주 보게 쌓기

▲ 다른 극끼리 마주 보게 쌓기

🪐 고리 자석으로 탑을 쌓을 때 자석 사이의 빈 공간이 모두 다른 까닭
- 고리 자석 여러 개를 가장 높이 쌓으려면 고리 자석을 각각 서로 같은 극끼리 마주 보도록 ✷배열합니다. 예를 들어 아래부터 N-S, S-N, N-S, S-N의 순서로 배열하면 됩니다.
- 두 고리 자석이 같은 극끼리 마주 보게 배열할 때, 수직 기둥의 아래로 갈수록 자석 사이의 거리가 짧아집니다. 그 까닭은 아래로 갈수록 위에 있는 자석들로부터 무게를 받기 때문입니다.
- 떠 있는 고리 자석의 아래쪽으로는 ✷중력, 위쪽으로는 고리 자석으로부터 받는 반발력이 작용합니다. 이 두 힘이 평형을 이루는 곳에서 고리 자석이 멈추게 됩니다.

## 개념을 확인해요

1 막대자석의 S극에 또 다른 막대자석의 ☐ 극을 마주 보게 가까이 가져가면 서로 밀어 내는 힘을 느낄 수 있습니다.

2 막대자석의 N극에 또 다른 막대자석의 N극을 마주 보게 가까이 가져가면 서로 ☐☐☐☐ 힘을 느낄 수 있습니다.

3 책상 위에 막대자석 한 개를 올려놓고 다른 막대자석을 ☐☐ 극끼리 마주 보게 나란히 놓고 밀면 서로 끌어당겨 붙습니다.

4 두 개의 막대자석을 ☐☐ 극끼리 마주 보게 나란히 놓고 밀면 서로 밀어 내어 붙지 않습니다.

5 한 자석의 N극에 다른 자석의 ☐ 극을 가까이 가져가면 서로 밀어 냅니다.

6 한 자석의 N극에 다른 자석의 ☐ 극을 가까이 가져가면 서로 끌어당깁니다.

7 자석은 ☐☐ 극끼리는 서로 밀어 내고, ☐ 극끼리는 서로 끌어당깁니다.

8 고리 자석으로 탑을 높게 쌓을 때는 고리 자석의 서로 마주 보는 극이 ☐☐ 끼워야 합니다.

# 4. 자석의 이용

## ⚙ 자석 주위에 놓인 ★나침반은 어떻게 될까요?

(1) 자석 주위에 놓인 나침반 바늘의 움직임 관찰하기 실험1

　　　　　　　　┗▶ 자석의 일종입니다.

① 실험 방법

- 책상에 나침반을 올려놓고 나침반 바늘이 움직이지 않을 때까지 기다립니다.
　　　　　　　┗▶ 현재의 방위를 가리킵니다.
- 나침반의 동쪽으로 막대자석의 N극을 가까이 가져가면 나침반 바늘이 어떻게 움직이는지 관찰합니다.
- 나침반으로부터 막대자석의 N극을 멀어지게 하면 나침반 바늘이 어떻게 움직이는지 관찰합니다.
- 나침반의 동쪽으로 막대자석의 S극을 가까이 가져가면 나침반 바늘이 어떻게 움직이는지 관찰합니다.
- 나침반으로부터 막대자석의 S극을 멀어지게 하면 나침반 바늘이 어떻게 움직이는지 관찰합니다.

② 실험 결과

- 막대자석의 N극을 가까이 가져갈 때: 나침반 바늘이 돌아 자석의 극을 가리킵니다.
- 막대자석의 N극을 멀어지게 할 때: 나침반 바늘이 원래 가리키던 방향으로 되돌아갑니다.
- 막대자석의 S극을 가까이 가져갈 때: 나침반 바늘이 돌아 자석의 극을 가리킵니다.
- 막대자석의 S극을 멀어지게 할 때: 나침반 바늘이 원래 가리키던 방향으로 되돌아갑니다.

(2) 나침반을 막대자석 주위에 놓았을 때 나침반 바늘이 가리키는 방향

① 가운데에 막대자석을 놓고, 막대자석 주위에 나침반을 여섯 개 놓았습니다.

② 실험 결과

- 나침반 바늘이 자석의 극 쪽으로 끌려옵니다.
- 나침반 바늘이 모두 자석의 극을 가리킵니다.
- 나침반을 막대자석으로부터 멀어지게 하면 나침반의 바늘이 다시 돌아 원래 가리키던 방향으로 되돌아갑니다.

(3) 자석 주위에서 나침반 바늘이 움직이는 까닭: 나침반 바늘도 자석이기 때문에 막대자석 주위에 놓았을 때 나침반 바늘과 자석이 밀어내기도 하고 끌어당기기도 하기 때문입니다.

**실험1** 자석 주위에 놓인 나침반 바늘 관찰하기

▲ 나침반에 막대자석을 가까이 가져가기 전

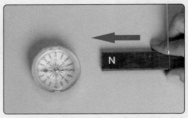

▲ 나침반에 막대자석의 N극을 가까이 가져갈 때

▲ 나침반에서 막대자석의 N극을 멀어지게 할 때

▲ 나침반에 막대자석의 S극을 가까이 가져갈 때

▲ 나침반에서 막대자석의 S극을 멀어지게 할 때

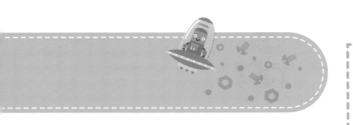

막대자석 근처에 있던 나침반 바늘이 막대자석과 멀어지면 원래 위치로 돌아가는 까닭

- 나침반은 지구의 자기성을 이용하여 방향을 찾을 때 사용합니다.
- 나침반의 N극은 항상 지구의 북쪽을 향하도록 되어 있습니다.
- 막대자석이 가까이 있을 경우, 나침반은 지구 자기장의 영향보다는 가까이에 있는 막대자석의 ★자기장에 더 큰 영향을 받게 됩니다.
- 그러나 막대자석과 멀어지게 되면 지구 자기장의 영향을 받게 되므로, 다시 원래의 방향을 표시하게 되는 것입니다.

지구보다 힘이 센 막대자석?

- 나침반 근처에 막대자석이 있을 경우, 나침반 바늘은 지구의 자기장대로 북쪽을 가리키는 것이 아니라 가까이에 있는 막대자석의 극을 가리키게 됩니다.
- 따라서 나침반을 이용할 때에는 주변에 자석과 같은 물체가 없어야 합니다.

고장난 나침반을 고치는 방법

- 나침반의 바늘은 자석의 성질이 약한 막대자석과 같습니다.
- 나침반 주변에 센 자석을 가까이 가져가면 나침반 바늘의 극이 반대로 되거나 자석의 성질이 없어질 수 있습니다.
- 나침반 바늘을 다시 자석으로 만들어 주려면 나침반 바늘이 자석의 성질을 띠게 해줍니다.
- 고장난 나침반 바늘의 S극에는 막대자석의 N극을 대고, 나침반 바늘의 N극에는 막대자석의 S극을 댑니다. 그리고 나서 막대자석을 좌우로 조금씩 5~6초간 움직이게 합니다.

## 개념을 확인해요

**1** ☐☐☐ 의 N극은 항상 북쪽을 가리킵니다.

**2** 나침반의 동쪽으로 막대자석의 N극을 가까이 가져가면 나침반 바늘이 돌아 자석의 ☐ 을 가리킵니다.

**3** 나침반으로부터 막대자석의 N극을 멀어지게 하면 나침반의 바늘은 ☐☐ 방향을 가리킵니다.

**4** 나침반의 동쪽으로 막대자석의 S극을 가까이 가져가면 나침반 바늘이 돌아 자석의 ☐ 을 가리킵니다.

**5** 나침반으로부터 막대자석의 S극을 멀어지게 하면 나침반 바늘은 ☐☐ 방향을 가리킵니다.

**6** 막대자석에 다른 막대자석을 가까이 가져가면 서로 끌어당기거나 밀어 내는 것처럼 ☐☐☐ 주변에 막대자석을 가까이 가져가도 비슷한 현상을 볼 수 있습니다.

**7** 나침반 여섯 개를 막대자석 주위에 놓았을 때 나침반 바늘이 자석의 ☐ 을 가리킵니다.

**8** 나침반의 바늘은 ☐☐ 의 성질을 가지고 있습니다.

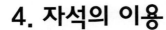

# 4. 자석의 이용

## 우리 생활에서 자석은 어떻게 이용될까요?

### (1) 자석을 이용한 생활용품 탐구1

| 자석 필통 | 필통 뚜껑이 잘 닫힌다. |
|---|---|
| 가방 자석 단추 | 가방에 있는 단추에 자석이 달려 있어서 가방을 쉽게 여닫을 수 있다. |
| 자석 팔목 밴드 | 작업 도중에 나사를 잃어버리지 않게 보관할 수 있다. |
| 자석 클립 통 | 클립 통이 뒤집어지거나 바닥에 떨어져도 클립이 잘 흩어지지 않는다. |
| 칠판 자석 | 칠판에 자석을 붙여서 종이를 고정할 수 있다. |
| 자석 드라이버 | 드라이버의 끝에 자석이 달려 있어서 나사못을 떨어뜨리지 않고 작업할 수 있다. |
| 자석을 이용한 스마트폰 ★거치대 | 스마트폰을 쉽게 고정할 수 있다. |
| 자석 집게 | 종이를 자석을 이용하여 철판에 붙일 수 있다. |
| 자석 다트 | 다트를 과녁에 안전하게 붙일 수 있다. |
| 자석 정리함 | 냉장고, 현관문 등 철로 만든 제품에 정리함을 붙여서 생활용품을 정리한다. |

▲ 자석 필통

▲ 자석 클립 통

▲ 자석 집게

## 자석을 이용한 장난감 만들기 탐구2

### (1) 자석을 이용한 장난감을 만드는 방법 계획하기

① 장난감을 만들 때 생각해야 할 점: 이용할 자석의 성질, 장난감의 모양, 필요한 준비물, 만드는 방법, 역할 등

② 자석의 어떤 성질을 이용할 것인지 생각해 봅니다.

③ 어떤 장난감을 만들 것인지 그림으로 그려 봅니다.

### (2) 자석을 이용한 장난감 만들기: 계획한 대로 장난감을 만듭니다.

### (3) 자석 장난감 소개하기: 우리 모둠이 만든 장난감을 친구들에게 소개합니다.

---

**탐구1** 자석을 이용한 생활용품

▲ 자석 비누 걸이

▲ 자석 병따개 앞면

▲ 자석 병따개 뒷면

**탐구2** 자석을 이용한 장난감

• 종이 접시에 자동차가 지나갈 길과 배경을 꾸밉니다.

• 두꺼운 종이에 자동차 그림을 그려서 오려 낸 다음, 뒷면에 동전 모양 자석을 붙입니다.

• 나무 막대기에 동전 모양 자석을 붙입니다.

• 나무 막대기로 자동차를 움직입니다.

### 🛸 시끄러운 소리를 내는 자석

▲ 매미 자석

- ⭐매미 자석은 두 자석의 다른 극끼리 서로 달라붙으려는 성질과 같은 극끼리 서로 밀어 내는 성질을 이용하여 만든 장난감입니다.
- 자석이 서로 밀거나 붙으려는 성질의 중심을 일부러 흩어지게 하여 놓았다 떨어지면서 시끄러운 소리가 나게 됩니다.
- 이때 나는 소리가 매미가 우는 소리와 같다고 하여 매미 자석이라는 이름이 붙었습니다.

### 🪐 자석 팽이

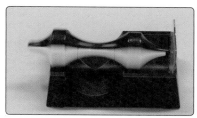

▲ 자석 팽이

- 자석을 이용하여 공중에 떠서 돌아가도록 만든 장난감입니다.
- 클립을 이용하여 자석 팽이에서 자석이 있는 곳을 찾을 수 있습니다.
- 막대자석을 이용하여 자석 팽이의 극을 찾을 수 있습니다.
- 자석이 같은 극끼리 서로 밀어 내는 힘에 의해 팽이가 공중에 떠서 돌아갑니다.

### 용어풀이

⭐ **거치대** 물건을 올려놓는 기구
⭐ **매미** 몸의 길이는 1.2~8 cm이며, 머리는 크고 더듬이는 털처럼 가늘고 짧으며 입은 긴 대롱 모양인 곤충

**1** 자석 클립 통은 □로 된 클립이 자석에 붙는 성질을 이용한 것입니다.

**2** 자석 필통에서 자석이 서로 닿는 부분은 서로 □□ 극으로 되어 있습니다.

**3** 자석 드라이버의 □ 부분에는 자석이 있어서 나사가 떨어지지 않습니다.

**4** 자석 팔목 밴드는 밴드 안에 □□이 들어 있어서 나사를 잃어버리지 않게 보관할 수 있습니다.

**5** 자석 병따개는 자석이 병따개의 □□에 있어서 냉장고에 병따개를 붙여 놓을 수 있습니다.

**6** 교과서 89쪽 자석을 이용한 자동차를 만들 때 종이 접시, 그림 도구, □□□□□, □, 두꺼운 종이, 가위, 나무 막대기, 셀로판테이프 등이 필요합니다.

**7** 교과서 89쪽 자석을 이용한 자동차는 □□ 극끼리 서로 끌어당기는 성질을 이용한 것입니다.

**8** 자석 낚시와 자석 팽이 중 자석이 철로 된 물체를 끌어당기는 성질을 이용하여 만든 장난감은 □□□□입니다.

### 핵심 1

철로 된 물체는 자석에 붙습니다.

**1** 자석에 붙는 물체는 무엇입니까? (     )

① 자          ② 클립
③ 연필        ④ 지우개
⑤ 나무젓가락

**2** 다음 물체는 어떤 공통점이 있습니까? (     )

> 철 못, 철사, 철 용수철

① 둥근 모양이다.
② 자석에 붙는다.
③ 자석의 한 종류이다.
④ 교실에서 쉽게 볼 수 있다.
⑤ 플라스틱으로 만든 물건이다.

**3** 다음과 같은 물체를 무엇이라고 하는지 쓰시오.

(          )

**4** 가위에서 자석에 붙는 부분을 찾아 ○표 하시오.

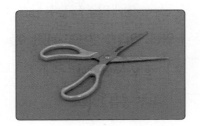

### 핵심 2

막대자석에서 클립이 많이 붙는 부분을 자석의 극이라고 합니다. 자석의 극은 자석의 양쪽 끝부분에 있습니다.

[5~6] 집게로 막대자석의 가운데를 집고 클립이 든 종이 상자에 넣었다가 천천히 들어 올렸습니다.

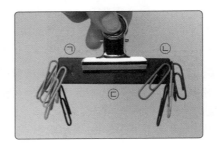

**5** 위 실험에서 클립이 가장 많이 붙는 곳은 어디인지 모두 기호를 쓰시오.

(          )

**6** 위 실험에서 자석에 클립이 많이 붙는 부분을 무엇이라고 합니까? (     )

① 자석의 극
② 자석의 중간
③ 자석의 가운데
④ 자석의 가장자리
⑤ 막대자석의 중심

**7** 다음과 같은 동전 모양 자석은 극이 모두 몇 개인지 쓰시오.

(          )

철로 된 물체에 자석을 가까이 가져가면 철로 된 물체가 자석에 끌려옵니다.

[8~9] 투명한 통에 빵 끈 조각을 넣고 막대자석을 가까이 가져가 보았습니다.

**8** 위 실험에서 오른쪽에 있는 빵 끈 조각을 왼쪽 부분에 붙게 하려면 어떻게 해야 합니까? (          )

① 자석을 통에서 떼어낸다.
② 막대자석의 극을 바꾸어 준다.
③ 막대자석으로 빵 끈 조각을 문지른다.
④ 막대자석으로 빵 끈 조각을 끌어올린다.
⑤ 막대자석으로 빵 끈 조각을 통의 왼쪽 부분까지 끌고 간다.

**9** 위 실험으로 알 수 있는 사실입니다. (   ) 안에 알맞은 말을 쓰시오.

> 철로 된 물체와 자석 사이에 얇은 (          )
> 이 있어도 자석은 철로 된 물체를 끌어당길 수 있다.

(          )

**10** 자석 드라이버를 나사에 가까이 가져가면 어떻게 되는지 쓰시오.

_____

막대자석을 물에 띄웠을 때 북쪽을 가리키는 자석의 극을 N극이라고 하고, 남쪽을 가리키는 자석의 극을 S극이라고 합니다.

[11~12] 막대자석을 플라스틱 접시에 올려놓고 물이 든 원형 수조에 띄웠습니다.

**11** 위 실험 내용을 잘못 말한 사람은 누구인지 쓰시오.

> 진경: 시간이 조금 지난 뒤 물에 띄운 막대자석을 살펴보면 일정한 방향을 가리키고 있어.
> 준수: 막대자석은 일정한 방향을 가리키는 것이 아니라 뱅글뱅글 돌고 있어.
> 미나: 플라스틱 접시는 막대자석을 물에 띄우는 역할을 해.

(          )

**12** 위 실험에서 플라스틱 접시를 돌려서 막대자석이 다른 방향을 가리키도록 놓으면 어떻게 됩니까?
(          )

① 막대자석이 물에 가라앉는다.
② 막대자석이 물 위에서 뱅글뱅글 움직인다.
③ 막대자석은 처음과 다른 방향으로 움직인다.
④ 막대자석은 처음과 반대 방향을 가리키며 멈춘다.
⑤ 막대자석이 처음과 같은 방향을 가리키면서 멈춘다.

**13** (   ) 안에 알맞은 말을 쓰시오.

> 물에 띄운 막대자석에서 북쪽을 가리키는 자석의 극을 (   ㉠   )극이라고 하고, 남쪽을 가리키는 자석의 극을 (   ㉡   )극이라고 한다.

㉠: (          )
㉡: (          )

**14** 자석이 일정한 방향을 가리키는 성질을 이용하여 만든 도구는 무엇인지 쓰시오.

(          )

**핵심 5**

철로 된 물체를 자석에 붙여 놓으면 그 물체도 자석의 성질을 띠게 됩니다.

**15** 머리핀을 클립에 대 보면 어떻게 됩니까? (      )

① 클립이 움직이지 않는다.
② 머리핀이 클립에 끌려온다.
③ 클립이 머리핀에 끌려온다.
④ 클립이 머리핀 위로 올라온다.
⑤ 머리핀이 휘어지며 구부러진다.

**16** 자석의 극에 머리핀을 1분 동안 붙여 놓은 뒤 클립에 대 보면 어떻게 되는지 쓰시오.

**17** 자석에 붙여 놓았던 머리핀을 꽂은 수수깡 조각을 물이 담긴 수조에 띄웠습니다. 이때 머리핀의 모습으로 바른 것은 어느 것입니까? (      )

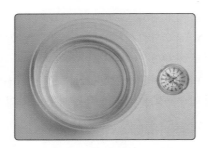

① ② ③
④ ⑤

**18** 자석이 아니었던 물체를 자석의 성질을 띠게 하여 만들 수 있는 것은 무엇인지 쓰시오.

(      )

**핵심 6**

자석은 서로 다른 극끼리는 끌어당기고, 서로 같은 극끼리는 밀어 냅니다.

[19~20] 막대자석 두 개를 같은 극끼리 마주 보게 하여 가까이 가져가 보았습니다.

**19** 막대자석 두 개를 같은 극끼리 마주 보게 하여 가까이 가져가면 어떻게 됩니까? (      )

① 자석이 흔들린다.
② 자석이 서로 밀어 낸다.
③ 자석이 서로 끌어당긴다.
④ 자석에 별다른 변화가 없다.
⑤ 자석의 극이 반대로 바뀐다.

**20** 위 실험 내용을 정리한 것입니다. 잘못된 것의 기호를 쓰시오.

┌─────────────────────────────┐
│ ㉠ 막대자석 두 개를 같은 극끼리 마주 보게 하 │
│   여 가까이 가져가면 서로 끌어당긴다. │
│ ㉡ 자석을 힘주어 붙이려고 해도 자석이 서로 │
│   밀어 내는 힘이 느껴진다. │
└─────────────────────────────┘

(      )

[21~22] 고리 자석으로 탑을 높게 쌓으려고 합니다.

**21** 파란색 고리 자석의 윗면이 N극일 때, 분홍색 고리 자석의 아랫면은 어떤 극인지 쓰시오.

(      )

**22** (   ) 안의 알맞은 말에 ○표 하시오.

┌─────────────────────────────┐
│   고리 자석으로 탑을 쌓을 때, 높게 쌓으려면 │
│ 마주 보는 고리 자석이 서로 (같은, 다른) 극이 │
│ 어야 한다. │
└─────────────────────────────┘

**핵심 7**

나침반 바늘도 자석이기 때문에 막대자석과 나침반 바늘도 서로 끌어당기기도 하고 밀어내기도 합니다.

**23** 나침반의 동쪽으로 막대자석을 가까이 가져가면 나침반 바늘은 어떻게 됩니까? (          )

① 나침반 바늘이 빙글빙글 돈다.
② 나침반 바늘이 튕겨져 나온다.
③ 나침반 바늘이 자석에 끌려온다.
④ 나침반 바늘이 수직으로 세워진다.
⑤ 나침반 바늘의 극이 반대로 바뀐다.

**24** 나침반으로부터 막대자석을 멀어지게 하면 나침반 바늘은 어떻게 됩니까? (          )

① 나침반 바늘이 원래 방향을 가리킨다.
② 나침반 바늘은 계속 그 방향을 유지한다.
③ 막대자석의 방향과 반대 방향을 가리킨다.
④ 나침반 바늘이 방향을 가리키지 않고 돈다.
⑤ 방금 전에 가리킨 방향과 반대인 방향을 가리킨다.

**25** 다음과 같이 나침반에 막대자석의 S극을 가까이 가져 갈 때, 나침반 바늘의 움직임이 맞도록 색칠하시오.

**26** 위 실험의 결과입니다. (    ) 안에 알맞은 말을 쓰시오.

> 나침반의 동쪽으로 막대자석을 가까이 가져가면 나침반 바늘이 자석의 (          )을 가리키고, 막대자석을 멀어지게 하면 나침반 바늘이 원래 가리키던 방향으로 되돌아간다.

(                    )

**핵심 8**

자석이 다른 극끼리 서로 당기는 성질, 자석이 철로 된 물체를 끌어당기는 성질을 이용하여 우리 생활에 필요한 여러 가지 도구를 만들 수 있습니다.

[27~28] 다음 도구를 보고 물음에 답하시오.

**27** 위 도구는 자석의 어떤 성질을 이용한 것인지 쓰시오.

**4**
단원

**28** 위 도구처럼 자석의 성질을 이용한 것은 어느 것입니까? (          )

① 리모컨
② 드라이버
③ 태엽 인형
④ 실체 현미경
⑤ 건전지로 가는 장난감 자동차

**29** 다음 장난감에 대한 설명입니다. (    ) 안에 알맞은 말을 쓰시오.

> (          )로 된 물체가 자석에 붙는 성질을 이용한 장난감이다.

(                    )

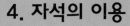
**1** 재미있는 자석 인형을 만들 때 공예용 철끈 조각 대신 자석 인형의 머리카락으로 적당한 것은 무엇입니까?
( )

① 클립      ② 색연필
③ 털실      ④ 수수깡
⑤ 종이끈

**2** 보기 의 물체를 아래 기준에 따라 분류하시오.

보기
못핀, 플라스틱 빨대, 철 못, 철사, 유리컵

| 자석에 붙는 물체 | 자석에 붙지 않는 물체 |
| --- | --- |
| | |

**3** 다음 물체의 공통점은 무엇입니까? ( )

▲ 철 못

▲ 철 용수철

① 철로 된 물체이다.
② 가위로 자를 수 있다.
③ 여러 가지 색깔로 되어 있다.
④ 교실에서 쉽게 찾을 수 있다.
⑤ 유리를 가까이 가져가면 달라붙는다.

**4** ( ) 안에 들어갈 말로 알맞지 않은 것은 무엇입니까? ( )

철로 된 물체는 자석에 붙지만 ( )
(으)로 된 물체는 자석에 붙지 않는다.

① 쇠      ② 유리
③ 나무      ④ 고무
⑤ 플라스틱

**5** 집게로 막대자석의 가운데를 집고 클립이 든 상자에 넣었다가 들어 올렸습니다. 바르지 않은 것을 모두 고르시오. ( , )

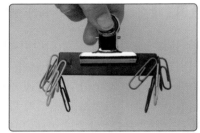

① 클립이 자석에 붙는다.
② 클립이 다른 클립에 같이 붙기도 한다.
③ 자석의 모든 부분에 클립이 골고루 붙는다.
④ 자석의 양쪽 끝부분에 클립이 많이 붙는다.
⑤ 자석의 양쪽 끝부분에 붙은 클립의 개수가 같다.

**6** 막대자석에서 클립이 많이 붙는 부분을 무엇이라고 하는지 쓰시오.

( )

**7** 집게로 둥근기둥 모양 자석의 가운데를 집고 클립이 든 상자에 넣으려고 합니다. 클립이 가장 많이 붙는 두 곳을 찾아 ○표 하시오.

**8** 빵 끈 조각이 든 투명한 통에 막대자석을 가까이 가져 갔을 때 모습으로 바른 것에 ○표 하시오.

(1)

(  　　　　)

(2)

(  　　　　)

**응용**
**9** 막대자석을 빵 끈 조각에 가까이 가져갈 때와 비슷한 원리를 이용한 물체는 무엇입니까? (　　　)

① 빨대　　　　　② 손전등
③ 돋보기　　　　④ 셀로판테이프
⑤ 자석 드라이버

[10~11] 자석이 가리키는 방향을 알아보기 위하여 자석을 물에 띄웠습니다.

**10** 위 실험을 할 때 필요한 준비물이 <u>아닌</u> 것은 무엇입니 까? (　　　)

① 물　　　　　　② 막대자석
③ 수수깡　　　　④ 원형 수조
⑤ 플라스틱 접시

**중요**
**11** 앞 10번 실험을 여러 번 했을 때 막대자석이 항상 가 리키는 방향은 어디인지 쓰시오.

(　　　　　　　　　)

[12~14] 막대자석의 극에 머리핀을 1분 동안 붙여 놓았습 니다.

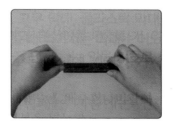

**12** 위 머리핀을 클립에 대 보면 어떻게 됩니까?
(　　　)

① 별다른 변화가 없다.
② 클립이 머리핀에 붙는다.
③ 클립이 머리핀을 밀어 낸다.
④ 머리핀이 클립을 밀어 낸다.
⑤ 머리핀과 클립이 공중에 뜬다.

**주의**
**13** 위 머리핀을 꽂은 수수깡 조각을 물이 담긴 수조에 띄 우면 어떻게 됩니까? (　　　)

① 수조 바닥으로 가라앉는다.
② 수조 속에서 빙글빙글 돈다.
③ 물 위에 떠서 남북 방향을 가리킨다.
④ 물 위에 떠서 동서 방향을 가리킨다.
⑤ 수수깡과 머리핀이 분리되어 떠다닌다.

**14** 위 실험에서 머리핀 대신 쓸 수 있는 물체는 무엇입니 까? (　　　)

① 못핀　　　　　② 우드록
③ 사인펜　　　　④ 색연필
⑤ 플라스틱 자

**4**
**단원**

[15~16] 자석을 다른 자석에 가까이 가져가 보았습니다.

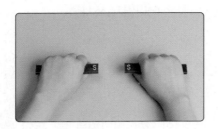

**서술형**

**15** 위 실험에서 막대자석 두 개를 같은 극끼리 마주 보게 하여 가까이 가져가면 손에 어떤 느낌이 드는지 쓰시오.

**16** 위 실험 결과를 다음과 같이 정리하였습니다. 알맞은 말에 ○표 하시오.

> 막대자석 두 개를 같은 극끼리 마주 보게 하여 가까이 가져가면 서로 (밀어 내고, 끌어당기고), 다른 극끼리 마주 보게 하여 가까이 가져가면 서로 (밀어 낸다, 끌어당긴다).

**서술형**

**17** 고리 자석을 이용하여 탑을 쌓았습니다. 다음과 같이 고리 자석과 고리 자석 사이가 비어 있는 까닭은 무엇인지 쓰시오.

**18** 나침반의 동쪽으로 자석의 S극을 가까이 가져갈 때 나침반 바늘이 가리키는 방향을 바르게 나타낸 것은 어느 것인지 기호를 쓰시오.

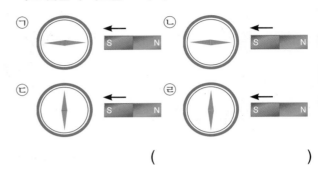

(                    )

**19** 위 **18**번 실험을 관찰한 내용을 잘못 말한 사람은 누구인지 쓰시오.

> 현준: 나침반의 동쪽으로 막대자석을 가까이 가져가면 막대자석의 극과 반대의 극을 가진 나침반 바늘이 자석의 극을 가리켜.
> 재우: 맞아. 나침반에 막대자석의 S극을 가까이하면 나침반 바늘의 S극이 자석의 극을 가리켜.
> 민수: 나침반에 막대자석을 가까이했다 멀어지게 하면 나침반 바늘이 다시 돌아 원래 방향을 가리키게 돼.

(                    )

**서술형**

**20** 오른쪽 도구는 자석의 어떤 성질을 이용한 것인지 쓰시오.

**1** 오른쪽 자석 인형의 머리카락은 무엇으로 만들었습니까? (　　　　)

① 클립
② 옷핀
③ 빵 끈
④ 용수철
⑤ 공예용 철끈

서술형

**2** 자석을 클립에 대 보면 어떻게 되는지 쓰시오.

_____

**3** 다음 물체를 보고 관련이 있는 것끼리 선으로 연결하시오.

(1) 철사 •

(2) 색연필 •

(3) 지우개 •

(4) 철 용수철 •

• ㉠ 자석에 붙는다.

• ㉡ 자석에 붙지 않는다.

**4** 민주가 물체를 다음과 같이 나눈 기준은 무엇입니까? (　　　　)

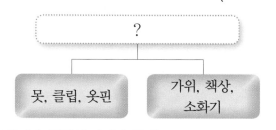

? 

못, 클립, 옷핀 ｜ 가위, 책상, 소화기

① 무거운 물체와 가벼운 물체
② 색깔이 있는 물체와 없는 물체
③ 철로 된 물체와 고무로 된 물체
④ 자석에 붙는 물체와 붙지 않는 물체
⑤ 물체의 모든 부분이 자석에 붙는 물체와 일부분만 자석에 붙는 물체

[5~6] 다음 대화를 읽고 물음에 답하시오.

> 성연: 자석의 극은 철로 된 물체를 강하게 끌어당기는 부분이야.
> 누리: 맞아. 그래서 클립이 든 종이 상자에 막대자석을 넣었다가 들어 올리면 자석의 극에 가장 많은 클립이 붙어.
> 진우: 막대자석의 극은 자석의 한가운데에 있어.

**5** 자석의 극에 대해 잘못 말한 사람은 누구인지 쓰시오.

(　　　　　　)

주의

**6** 위 5번 정답의 사람이 말한 내용을 바르게 고쳐 쓰시오.

_____

**7** 다음 실험을 바르게 설명한 것은 어느 것입니까?

(　　　　)

① 플라스틱 통은 자석의 힘을 없애준다.
② 플라스틱 통은 자석의 힘을 더 크게 만든다.
③ 플라스틱 통의 윗부분은 빵 끈 조각을 끌어당긴다.
④ 자석을 플라스틱 통의 윗부분에서 조금씩 더 떨어뜨려도 빵 끈 조각은 그대로 위에 있다.
⑤ 철로 된 물체와 자석 사이에 얇은 플라스틱이 있어도 자석은 철로 된 물체를 끌어당긴다.

**8** 다음과 같이 플라스틱 통의 오른쪽에 있는 빵 끈 조각을 왼쪽으로 옮기려면 어떻게 해야 하는지 쓰시오.

**9** 막대자석을 물에 띄웠을 때 막대자석이 가리키는 방향으로 바른 것은 어느 것입니까? (          )

① 북쪽과 남쪽
② 서쪽과 동쪽
③ 서쪽과 북쪽
④ 남쪽과 동쪽
⑤ 남쪽과 서쪽

응용

**10** 막대자석을 물에 띄웠을 때 다음과 같은 모습을 보였습니다. 이때 나침반의 바늘이 가리키는 방향을 그림으로 나타내시오.

서술형

**11** 머리핀을 막대자석의 극에 1분 동안 붙여 놓으면 머리핀에 어떤 변화가 생기는지 쓰시오.

**12** 막대자석에 붙여 놓았던 머리핀이 나침반이 되었는지 확인하는 방법으로 알맞은 것은 무엇입니까?

(          )

① 뜨거운 물속에 넣어 본다.
② 망치로 쳐서 충격을 준다.
③ 머리핀을 펴서 일자로 만든다.
④ 수수깡 조각을 이용하여 물에 띄운다.
⑤ 머리핀을 자석이 많이 든 통에 넣는다.

**13** 막대자석 두 개를 마주 보게 하여 가까이 가져갈 때 관찰한 내용을 정리한 표입니다. 빈칸에 들어갈 말을 쓰시오.

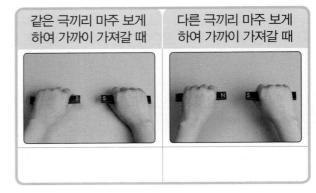

| 같은 극끼리 마주 보게 하여 가까이 가져갈 때 | 다른 극끼리 마주 보게 하여 가까이 가져갈 때 |
|---|---|
| | |

**14** (          ) 안에 알맞은 말을 쓰시오.

극을 알 수 없는 고리 자석의 윗면에 막대자석의 N극을 가까이 가져갔더니 고리 자석과 막대자석이 서로 밀어 내는 힘이 느껴졌다. 따라서 고리 자석의 윗면은 (          )극이다.

(          )

**15** 고리 자석으로 탑을 쌓았습니다. 파란색 고리 자석의 윗면이 N극일 때, 분홍색 고리 자석의 윗면은 무슨 극입니까?

(                )

[16~18] 나침반의 동쪽으로 막대자석의 S극을 가까이 가져 갈 때와 멀어지게 할 때 나침반 바늘을 관찰하였습니다.

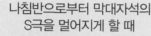

| 나침반에 막대자석의 S극을<br>가까이 가져갈 때 | 나침반으로부터 막대자석의<br>S극을 멀어지게 할 때 |
|---|---|
|  |  |

**16** 위 실험에서 나침반에 막대자석의 S극을 가까이 가져 갈 때 볼 수 있는 현상은 무엇입니까? (       )

① 막대자석의 극이 바뀐다.
② 나침반이 남북방향을 가리킨다.
③ 나침반이 동서방향을 가리킨다.
④ 나침반의 S극이 막대자석 쪽으로 끌려온다.
⑤ 나침반의 N극이 막대자석 쪽으로 끌려온다.

**17** 위 실험에서 나침반으로부터 막대자석의 S극을 멀어지게 하면 어떻게 됩니까? (       )

① 나침반 바늘이 휘어진다.
② 나침반 바늘이 자기화된다.
③ 나침반 바늘이 빙글빙글 돈다.
④ 나침반 바늘이 원래 방향을 가리킨다.
⑤ 나침반 바늘이 자석의 성질을 잃는다.

**18** 앞 **16**번 실험으로 알 수 있는 사실입니다. 알맞은 말에 ○표 하시오.

> 동서남북의 방위를 찾을 때 나침반 주변에 막대자석이 있으면 (된다, 안 된다). 왜냐하면 나침반 바늘도 자석이므로 주변에 자석이 있으면 서로 끌어당기거나 밀어 내는 힘이 (작용하기, 작용하지 않기) 때문이다.

**19** 다음 생활용품의 공통점은 무엇입니까? (         )

**4단원**

> 자석 클립 통, 칠판 자석,
> 자석 팔목 밴드, 자석 필통

① 자석이 철로 된 물체를 끌어당긴다.
② 자석은 서로 다른 극끼리 밀어 낸다.
③ 자석은 서로 같은 극끼리 끌어당긴다.
④ 물에 띄운 자석은 남북 방향을 가리킨다.
⑤ 철로 된 물체를 자석에 붙여 놓으면 자석의 성질을 띤다.

**20** 다음은 자석을 이용한 생활용품입니다. 공통으로 이용된 성질은 무엇인지 보기 에서 골라 기호를 쓰시오.

보기
㉠ 자석은 다른 극끼리 밀어 낸다.
㉡ 자석은 철로 된 물체를 끌어당긴다.

(                )

**1** 오른쪽은 색종이를 감싼 막대자석에 눈 모양 붙임딱지를 붙인 것입니다. 이때 자석 인형의 머리카락으로 알맞지 <u>않은</u> 재료는 무엇입니까? ( )

① 빨대
② 옷핀
③ 클립
④ 머리핀
⑤ 공예용 철끈

**2** 위 **1**번 정답의 물체가 알맞지 <u>않은</u> 까닭은 무엇입니까? ( )

① 너무 길기 때문에
② 자석에 붙기 때문에
③ 너무 무겁기 때문에
④ 단단하지 않기 때문에
⑤ 자석에 붙지 않기 때문에

**3** 민수는 여러 가지 물체를 다음과 같이 나누었습니다. 물체를 나눈 기준은 무엇입니까? ( )

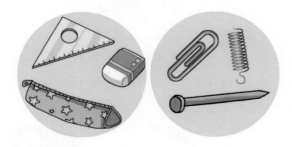

① 길쭉한 것과 넓적한 것
② 크기가 큰 것과 작은 것
③ 자석에 붙는 것과 붙지 않는 것
④ 유리로 된 것과 금속으로 된 것
⑤ 집에서 쓰는 것과 학교에서 쓰는 것

**4** 자석을 가위에 대 보았을 때 관찰한 내용을 잘 적은 사람은 누구인지 쓰시오.

> 정아: 가위의 모든 부분이 자석에 잘 붙었어.
> 민주: 가위의 날 부분은 자석에 잘 붙었어.
> 유림: 가위는 자석에 붙지 않는 부분이 없어.

( )

**5** 위 **4**번 실험에서 가위의 손잡이 부분에 자석을 대 보았을 때와 비슷한 결과를 볼 수 있는 것은 무엇입니까? ( )

① 못          ② 클립
③ 옷핀          ④ 유리컵
⑤ 철 용수철

**6** 다음 실험을 통해 알 수 있는 것은 무엇입니까?

( )

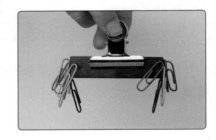

① 자석의 극은 위와 아래에 있다.
② 자석의 극은 자석의 가운데에 있다.
③ 자석의 극은 자석의 여러 곳에 있다.
④ 자석의 힘은 같은 자석 안에서 모두 같다
⑤ 자석의 양쪽 끝부분은 클립을 끌어당기는 힘이 세다.

**7** 자석에서 ○로 표시한 부분을 무엇이라고 하는지 쓰시오.

( )

[8~9] 투명한 통에 빵 끈 조각을 넣고 막대자석을 가까이 가져가 보았습니다.

**8** ( ) 안에 알맞은 말은 무엇입니까? ( )

> 빵 끈 조각이 든 통에 막대자석을 가까이 가져가면 빵 끈 조각은 ( )

① 색깔이 변한다.
② 모양이 변한다.
③ 움직이지 않는다.
④ 막대자석 주변으로 모인다.
⑤ 막대자석과 반대 방향으로 모인다.

서술형

**9** 위 실험에서 막대자석을 플라스틱 통의 윗부분까지 끌고 가 보았을 때 빵 끈 조각은 어떻게 되는지 쓰시오.

_____

_____

**10** ( ) 안에 들어갈 말을 쓰시오.

> 막대자석을 물에 띄웠을 때 북쪽을 가리키는 자석의 극을 ( )극이라고 한다.

( )

**11** 물에 자석을 띄워서 방향을 알 수 있는 방법 대신 알맞은 다른 방법은 무엇입니까? ( )

① 철로 된 물체와 아닌 물체를 구분한다.
② 머리핀을 오랫동안 자석에 붙여 놓는다.
③ 자석의 가운데를 실에 매달아 공중에 띄운다.
④ 자석에 붙는 물체와 붙지 않는 물체를 찾는다.
⑤ 클립이 가득 든 통에 자석을 넣었다가 들어 올린다.

서술형

**12** 머리핀을 클립에 대 보면 클립이 붙지 않습니다. 머리핀에 클립이 붙게 하려면 어떻게 해야 하는지 한 가지 쓰시오.

_____

_____

**13** 막대자석에 붙여 놓았던 머리핀을 꽂은 수수깡 조각을 물이 담긴 수조에 띄웠더니 다음과 같았습니다. 이때 옆에 놓아둔 나침반 바늘이 가리키는 방향은 무엇입니까? ( )

① → ② → ③ ↗ ④ ↓ ⑤ ↕

**14** 막대자석 두 개를 마주 보게 하여 가까이 가져갈 때 서로 밀어 내는 힘이 느껴지려면 또 다른 막대자석의 극을 어떻게 놓아야 하는지 ○표 하시오.

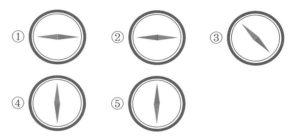

| S | N |
|---|---|
|   |   |

(1)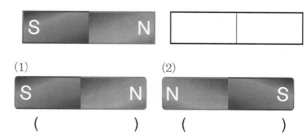

S  N          N  S

( )          ( )

**15** 고리 자석을 이용하여 탑을 쌓으려고 합니다. 탑을 높게 쌓는 방법은 무엇입니까? (        )

① 가장 무거운 고리 자석을 먼저 끼운다.
② 같은 극끼리 서로 마주 보도록 끼운다.
③ 다른 극끼리 서로 마주 보도록 끼운다.
④ 같은 색깔끼리 서로 마주 보도록 끼운다.
⑤ 다른 색깔끼리 서로 마주 보도록 끼운다.

[16~17] 막대자석을 책상 위에 올려놓고 주위에 나침반을 놓았습니다.

**16** 위 실험에서 나침반 ㉠의 모습으로 바른 것은 어느 것입니까? (        )

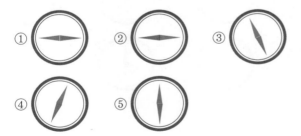

**17** 위 실험으로 볼 때, 자석 주위에서 나침반 바늘이 가리키는 방향이 달라지는 까닭은 어떤 성질 때문입니까? (        )

① 철로 된 물체가 자석에 붙는 성질
② 자석의 다른 극끼리 서로 밀어 내는 성질
③ 자석의 같은 극끼리 서로 끌어당기는 성질
④ 자석의 다른 극끼리 서로 끌어당기는 성질
⑤ 주변에 다른 막대자석의 위치에 따라 막대자석의 극이 바뀌는 성질

**18** 오른쪽 물체의 특징은 무엇입니까? (        )

① 자석을 이용한 것이다.
② 자석의 성질을 띠게 만드는 것이다.
③ N극과 S극이 서로 밀어 내는 성질을 이용했다.
④ 공중에 뜬 자석이 일정한 방향을 가리키는 것과 관련 있다.
⑤ 물에 띄운 자석이 남북 방향을 가리키는 것을 이용하여 만들었다.

**서술형**

**19** 칠판 자석을 사용했을 때 편리한 점을 한 가지 쓰시오.

_____

**20** 다음 자석 장난감은 자동차 그림 뒷면에 동전 모양 자석이 붙어 있고 나무 막대기에도 동전 모양 자석이 붙어 있어 나무 막대기로 자동차를 움직이게 하는 것입니다. 자석의 어떤 성질을 이용한 것입니까?

(        )

① 자석이 철로 된 물체를 밀어 내는 성질
② 자석이 다른 극끼리 서로 끌어당기는 성질
③ 철로 된 물체가 자석의 성질을 띠게 되는 성질
④ 종이나 플라스틱이 있으면 자석의 힘이 작용하지 않는 성질
⑤ 자석 주변에 나침반이 있으면 나침반의 바늘이 움직이는 성질

**1** ( ) 안에 알맞은 말을 쓰시오.

자석 인형의 머리카락을 클립으로 만들었다. 클립은 ( )로 되어 있어서 자석에 붙기 때문이다.

( )

**2** 자석에 붙는 물체는 무엇입니까? ( )

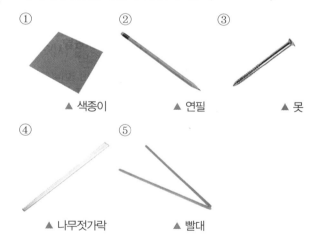

① ▲ 색종이  ② ▲ 연필  ③ ▲ 못
④ ▲ 나무젓가락  ⑤ ▲ 빨대

**3** ( ) 안에 알맞은 말을 쓰시오.

( )로 된 물체는 자석에 붙는다. 유리, 나무, 고무, 플라스틱 등으로 된 물체는 자석에 붙지 않는다.

( )

**4** 책상의 여러 부분에 자석을 대 보았을 때 자석에 붙는 부분은 어디인지 기호를 쓰시오.

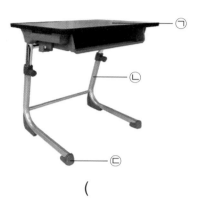

( )

[5~6] 다음은 둥근기둥 모양 자석에 클립이 붙은 모습입니다.

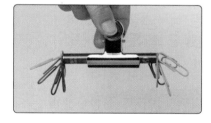

**5** 위 실험에서 자석이 많이 붙는 부분을 무엇이라고 하는지 쓰시오.

( )

**6** 위 실험을 통해 알 수 있는 것은 무엇입니까?
( )

① 한 자석에서 자석의 힘은 비슷하다.
② 막대자석에서 자석의 극은 두 개이다.
③ 동전 모양 자석에는 자석의 극이 없다.
④ 자석의 양쪽 끝부분의 힘이 가장 약하다.
⑤ 자석의 힘은 자석의 가운데 부분이 가장 세다.

4 단원

[7~8] 투명한 통에 빵 끈 조각을 넣고 막대자석을 가까이 가져가 보았습니다.

(가)　　　　　　　(나)

**7** 위 실험에서 (가)에 있던 빵 끈 조각을 (나)와 같이 위치를 바꿀 수 있는 방법을 쓰시오.

_____

_____

**8** (나)에서 막대자석을 투명한 통의 윗부분에서 조금씩 더 떨어뜨리면 빵 끈 조각은 어떻게 됩니까? (　　　　)

① 색깔이 변한다.
② 모양이 변한다.
③ 바닥에 떨어진다.
④ 그대로 달라붙어 있다.
⑤ 바닥에 떨어졌다 다시 붙는다.

**9** (　　) 안의 알맞은 말에 ○표 하시오.

막대자석을 물에 띄웠을 때 북쪽을 가리키는 자석의 극을 (N, S)극이라고 하고, (파란색, 빨간색)으로 표시한다.

**10** 막대자석을 물에 띄웠을 때, 북쪽과 남쪽을 찾을 수 있는 성질을 이용해 만든 도구는 무엇인지 쓰시오.

(　　　　　　　　　)

**11** 자석의 성질을 띠게 할 수 있는 물체는 어느 것입니까? (　　　　)

① 클립　　　　　② 지우개
③ 연필　　　　　④ 색연필
⑤ 사인펜

**12** 머리핀을 이용하여 나침반을 만들려고 합니다. ㉠에 알맞은 내용은 무엇인지 쓰시오.

㉠ _____
㉡ 머리핀을 수수깡 조각에 꽂는다.
㉢ 머리핀을 꽂은 수수깡 조각을 물이 담긴 원형 수조에 살며시 띄운다.

**13** 막대자석 두 개를 마주 보게 나란히 놓고 한 자석을 다른 자석 쪽으로 밀 때 끌어당기게 하려면 어떻게 놓아야 하는지 기호를 쓰시오.

㉠　　　　　　　　㉡

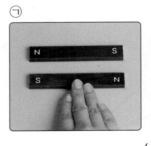 

(　　　　　　　　)

**14** 막대자석 두 개를 마주 보게 나란히 놓고 밀었을 때 서로 밀어 내어 붙지 않았습니다. ㉠과 ㉡의 극을 쓰시오.

| N | S |
|---|---|

| ㉠ | ㉡ |
|---|---|

㉠: (　　　　　　　)
㉡: (　　　　　　　)

**15** 고리 자석으로 탑을 쌓으려고 합니다. 이때 주의할 점을 바르게 말한 사람은 누구인지 쓰시오.

> 현아: 고리 자석으로 탑을 높게 쌓으려면 자석의 극을 모두 같은 극으로 만들어야 해.
> 준희: 고리 자석으로 탑을 높게 쌓으려면 서로 같은 극끼리 마주 보아야 해.
> 민서: 고리 자석으로 탑을 높게 쌓으려면 자석이 서로 끌어당기는 힘을 이용해야 해.

(           )

**16** 고리 자석으로 만든 탑에서 S극인 면을 찾아 모두 기호를 쓰시오.

(      )

[17~18] 나침반의 동쪽으로 막대자석을 가까이 가져갔습니다.

**17** 막대자석의 N극을 가까이 가져갔을 때의 변화로 바른 것은 무엇입니까? (     )

① 나침반의 극이 반대로 바뀐다.
② 막대자석의 극이 반대로 바뀐다.
③ 나침반 바늘이 원래 방향을 가리키며 변화 없다.
④ 나침반 바늘의 N극이 막대자석의 극을 가리킨다.
⑤ 나침반 바늘의 S극이 막대자석의 극을 가리킨다.

**18** 앞 17번에서 나침반으로부터 막대자석을 멀어지게 하면 나침반 바늘이 가리키는 방향은 어떻게 됩니까?

(       )

① 원래 방향을 가리킨다.
② 원래 방향과 반대의 방향을 가리킨다.
③ 나침반 바늘이 계속 움직여서 방향을 알 수 없다.
④ 나침반 바늘이 자기화되어 자석의 성질을 띠게 된다.
⑤ 막대자석을 멀어지게 한 후에도 나침반 바늘이 그대로 있다.

**4** 단원

**19** 막대자석을 책상 위에 올려놓고 막대자석 주위에 나침반을 놓았습니다. 바늘의 방향이 잘못된 것은 어느 것인지 기호를 쓰시오.

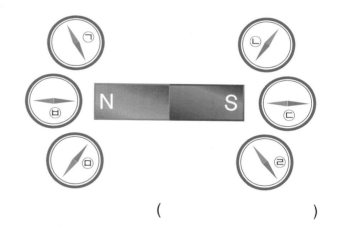

(          )

**20** 오른쪽은 자석의 성질을 이용하여 만든 자석 드라이버입니다. 자석이 있는 곳은 어디인지 ○표 하시오.

**1** 다음과 같은 물체에 막대자석을 대 보았습니다.

(1) 책상에서 자석에 붙는 부분을 찾아 파란색 색연필로 표시하시오.

(2) 가위에서 자석에 붙지 않는 부분을 찾아 **빨간색** 색연필로 표시하시오.

(3) 책상과 가위에서 자석에 붙는 부분과 붙지 않는 부분이 있는 까닭은 무엇인지 쓰시오.

_____

_____

**자석에 붙는 물질**

• 자석에 붙는 물질은 철로 된 물질입니다.

• 클립, 못핀, 스테이플러 심 등은 철로 된 물체이기 때문에 자석에 붙습니다.

• 가위의 손잡이는 플라스틱이므로 자석에 붙지 않지만, 날 부분은 철이기 때문에 자석에 붙습니다.

• 한 물체 안에서도 자석에 붙는 곳과 붙지 않는 곳이 있습니다.

**2** 막대자석과 둥근기둥 모양 자석을 집게로 집고 클립이 든 상자에 넣었다가 천천히 들어 올린 것입니다. 두 실험에서 공통점은 무엇인지 한 가지 쓰시오.

 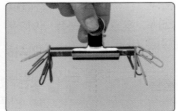

_____

_____

**자석의 극**

• 막대자석에서 클립이 가장 많이 붙는 곳을 자석의 극이라고 합니다.

• 자석의 극은 자석의 힘이 가장 센 부분이기 때문에 클립이 가장 많이 붙습니다.

**3** 자석 드라이버는 자석의 성질 중 어떤 성질을 이용하는 것인지 두 가지 쓰시오.

(1) _____

_____

(2) _____

_____

**4**
**단원**

**자석이 끌어당기는 힘**

• 자석은 철로 된 물체를 끌어당깁니다.
• 자석과 철로 된 물체는 조금 떨어져 있어도 자석이 철로 된 물체를 끌어당깁니다.

**4** 자석을 실에 매달아 공중에 띄우고 잠시 기다린 뒤 자석을 관찰하였습니다.

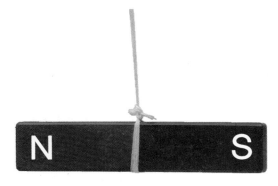

(1) 자석을 공중에 띄운 뒤 잠시 기다리면 자석은 어떻게 되는지 쓰시오.

_____

(2) 위와 같은 자석의 성질을 이용한 도구를 한 가지 쓰시오.

(             )

**자석이 가리키는 방향**

• 자석이 자유롭게 움직일 수 있도록 물에 띄우거나 공중에 매달면 자석의 N극은 북쪽을 가리킵니다.
• 지구는 커다란 자석과 같이 자기장을 가지고 있어서 막대자석은 항상 남북 방향을 가리킵니다.

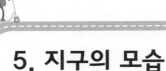

### 지구와 달의 모습을 몸으로 표현하기

(1) 지구와 달의 여러 가지 모습 예

▲ 산은 편평한 땅에서 높이 솟아 있습니다.(지구)

▲ 들은 편평하고 넓게 펼쳐져 있습니다.(지구)

▲ 표면에는 구덩이가 동그랗게 파여 있습니다.(달)

(2) 지구와 달의 여러 모습을 몸으로 표현하기 탐구1

① 모둠별로 한 명씩 나와서 카드를 뽑습니다.

② 카드를 뽑은 친구는 카드에 있는 모습을 몸으로 표현합니다.

③ 다른 친구들은 어떤 모습을 표현하는지 맞혀 봅니다.

④ 가장 높은 점수를 얻은 모둠이 우승합니다.

### 지구의 표면에서는 어떤 모습을 볼 수 있을까요?

(1) 지구 표면의 모습 표현하기 ┌─ 산, 들, 강, 바다, 호수 등으로 검색합니다.

① 스마트 기기를 사용하여 지구 표면의 모습을 찾아봅니다. 탐구2

② 지구 표면의 모습 중 하나를 선택하여 종이에 표현합니다.

③ 내가 표현한 지구 표면의 모습을 친구들에게 설명합니다.

| 지구 표면의 모습 | 친구들에게 설명할 내용 |
|---|---|
| 산 | 나무와 풀을 표현하기 위해 초록색을 주로 사용하였고, 높고 낮은 곳을 표현하였다. |
| 들 | 노란색과 초록색을 사용하였고, 곡식이 자라는 모습을 표현하였다. |
| 강 | 파란색을 사용하였고, 넓은 땅에서 물줄기가 길게 흐르는 모습을 표현하였다. |
| 계곡 | 초록색과 파란색을 사용하였고 산에서 움푹 들어간 곳에 물이 흐르는 모습을 표현하였다. |
| 호수 | 파란색을 사용하였고 땅에 오목하게 패여 있는 곳에 물이 고여 있는 모습을 표현하였다. |
| 갯벌 | 검은색을 사용하였고, 바다에서 밀물이 빠져나가면 드러나는 땅의 모습을 표현하였다. |
| 사막 | 노란색을 사용하였고, 모래와 낙타 등을 표현하였다. |
| 빙하 | 흰색을 사용하였고 눈과 얼음으로 덮여 있는 모습을 표현하였다. |

└─ 눈이 오랫동안 쌓여 단단하게 굳어진 곳

---

탐구1 지구와 달의 모습을 몸으로 표현하기 예

▲ 들(나무)

▲ 바다(파도)

탐구2 스마트 기기로 지구의 모습 관찰하기 예

▲ 구글 어스(Google Earth)를 인터넷에서 내려받아 컴퓨터에 설치하고 실행합니다.

▲ 검색창에 관찰하고 싶은 곳을 입력하거나, 관찰하고 싶은 곳을 확대하여 지구 표면의 모습을 관찰합니다.

📡 **달이 생기게 된 까닭**

• 현재 가장 유력한 것은 '대충돌설'입니다.
• 원시지구가 만들어지고 1억년 후(지금으로부터 45억 년 전)에 화성만한 크기의 미행성이 원시지구에 충돌하면서 튀어나간 물질들이 뭉쳐서 달이 되었다는 것입니다.

📡 **지구의 표면**

• 지구의 표면에는 산, 들, 강, 호수, 사막, 빙하, 화산, 산맥 등과 같은 다양한 ⭐지형이 있습니다.
• 이러한 지형은 지구 내부의 에너지와 지구 외부의 에너지가 끊임없이 상호 작용하여 만들어집니다.

▲ 사막: 연강수량이 250 mm보다 적어서 식물이 적거나 없는 지역

▲ 빙하: 땅 위에서 눈의 압축과 재결정으로 만들어진 두꺼운 얼음 덩어리

**용어풀이**

⭐**구글 어스** 세계 최대의 인터넷 검색 회사에서 만든 위성사진 프로그램
⭐**지형** 땅의 모습이나 생김새

---

## 개념을 확인해요

**1** 편평하고 넓게 펼쳐져 있는 들의 모습은 지구와 달 중 ☐☐ 의 모습입니다.

**2** 파란 하늘에 구름이 떠 있는 모습은 지구와 달 중 ☐☐ 의 모습입니다.

**3** '몸으로 말해요!' 놀이를 할 때 가장 ☐☐ 점수를 얻은 모둠이 우승합니다.

**4** ☐☐ 표면을 관찰하면 산, 들, 강, 호수, 바다 등 여러 가지 모습을 볼 수 있습니다.

**5** 우리나라의 바다에서는 ☐☐ , 바닷물, 모래사장 등을 볼 수 있습니다.

**6** 빙하는 우리나라에서 볼 수 ☐☐ 지구 표면의 모습입니다.

**7** 지구 표면의 모습 중 ☐ 을 표현할 때 나무와 풀을 표현하기 위해서 초록색을 주로 사용하고 높은 곳과 낮은 곳을 표현합니다.

**8** 모래와 낙타를 그려서 표현한 것은 지구 표면의 모습중 ☐☐ 을 표현한 것입니다.

# 5. 지구의 모습

🌐 **지구의 육지와 바다에는 어떤 특징이 있을까요?**

**(1) 육지와 바다의 넓이 비교하기**

① ⭐지구의를 돌려 보면서 육지와 바다 중 어디가 더 넓은지 생각해 봅니다. └→ 전체 50칸으로 이루어져 있습니다.

② 아래 지도에서 육지 칸의 수와 바다 칸의 수를 셉니다. **탐구1**

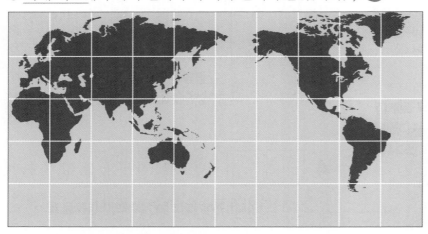

③ 육지보다 바다가 더 넓습니다.

| 지도의 전체 칸 수 | 육지 칸의 수 | 바다 칸의 수 |
|---|---|---|
| 50칸 | 14칸 | 36칸 |

**(2) 육지의 물맛과 바닷물 맛 비교하기** 맛을 보는 데 지장이 없도록 스테인리 • 스강 젓가락을 이용합니다.

① 실험 준비물: 육지의 물, 바닷물, 투명한 유리컵 두 개, 젓가락

② 실험 방법 └→되도록 지하수 또는 생수를 이용합니다.

- 투명한 유리컵 두 개에 육지의 물과 바닷물을 각각 반쯤 담습니다.
- 젓가락 끝부분에 육지의 물을 묻혀 살짝 맛을 봅니다.
- 젓가락 끝부분에 바닷물을 묻혀 살짝 맛을 봅니다.

③ 실험 결과

- 육지의 물은 아무 맛이 나지 않습니다.
- 바닷물은 짭니다. →소금 성분 때문입니다.

**(3) 육지와 바다의 다른 점** **탐구2**

① 바다는 육지보다 넓습니다.

② 바닷물은 짠맛이 납니다.

③ 바닷물은 사람이 마시기에 적당하지 않습니다.

④ 바닷물은 육지의 물과는 다르게 ⭐밀물과 ⭐썰물이 발생합니다.

⑤ 바다와 육지에 사는 생물이 다릅니다.

---

**탐구1** **지도의 한 칸에서 육지와 바다를 구분하는 방법**

- 지도의 한 칸에서 육지(바다)의 크기가 절반을 넘으면 한 칸을 육지(바다)로 셉니다.

▲ 육지

▲ 바다

**탐구2** **바다와 육지에 사는 동물의 종류와 특징**

| | |
|---|---|
| 바다에 사는 생물 | • 고래, 조개, 물고기, 해파리, 미역, 바다거북, 오징어, 다시마, 소라, 산호 등<br>• 대부분 헤엄을 치는 지느러미가 발달했다.<br>• 짠 바닷물 속의 염분을 처리할 수 있다.<br>• 바닷물 속 산소를 이용하여 호흡한다. |
| 육지에 사는 생물 | • 소, 토끼, 닭, 지렁이, 개구리, 말, 개, 나비, 벼, 나무, 풀, 꽃 등<br>• 땅 위에서 걷는 다리가 발달하였다.<br>• 민물을 먹고 생활한다.<br>• 공기 중의 산소를 이용하여 호흡한다. |

## 천일염

- 바닷물을 염전으로 끌어들여 바람과 햇빛을 이용하여 수분을 증발시켜 만든 소금입니다.
- 바닷물에 있는 수분을 없애서 바닷물에 있던 성분을 고체로 만든 것입니다.

▲ 염전

## 바닷물이 짠 이유

- 바닷물 속에는 염소, 나트륨, 황산, 마그네슘 등 여러 가지 물질이 녹아 있습니다. 바닷물이 짠 까닭은 짠 맛을 내는 염화 나트륨이 많이 녹아 있기 때문입니다.
- 바닷물에는 쓴 맛도 조금 나는데 그 이유는 염화 마그네슘이라는 물질 때문입니다.
- 바닷물 1kg에는 소금 성분이 약 35g 정도 들어 있습니다.

## 용어풀이

- ★ 지구의  지구 표면의 상태를 나타낸 공 모양의 구
- ★ 밀물  해안가로 바닷물이 밀려들어오는 현상
- ★ 썰물  해안가에 있던 바닷물이 빠져나가 물높이가 낮아지는 현상

## 개념을 확인해요

**1** 지구 표면을 살펴보면 육지와 ☐☐로 되어 있는 것을 알 수 있습니다.

**2** ☐☐는 강이나 바다와 같이 물이 있는 곳을 제외한 지구의 표면입니다.

**3** 바다는 지구 표면에서 ☐☐를 제외한 부분입니다.

**4** 지구 표면의 많은 부분은 ☐☐로 덮여 있습니다.

**5** ☐☐☐을 맛보면 짭니다.

**6** ☐☐의 물은 짜지 않습니다.

**7** 바닷물에는 짠맛이 나는 ☐☐ 등 여러 가지 물질이 많이 녹아 있습니다.

**8** 바닷물과 육지의 물 중 사람이 마시기에 적당하지 않은 것은 ☐☐☐입니다.

# 5. 지구의 모습

## 지구의 공기는 어떤 역할을 할까요?

→ 항상 우리 주변을 둘러싸고 있습니다.

(1) 생활 속에서 공기를 느껴 본 경우

① 손바람이나 입김 등으로 공기를 느낄 수 있습니다.

② 코 앞에 손을 대보면 공기를 느낄 수 있습니다.

③ 선풍기에서 나오는 바람을 느낄 수 있습니다.

④ 공기가 들어 있는 풍선의 입구를 열면 바람을 느낄 수 있습니다.

(2) 공기를 느껴 보기

① 실험 준비물: 지퍼 백

② 실험 방법

→ 입으로 불어 넣거나 풍선 공기 주입기를 이용합니다.

• 지퍼 백에 공기를 담은 다음에 입구를 닫아 봅니다.

• 공기가 담긴 지퍼 백을 손으로 만져 보고 느낌을 이야기해 봅니다.

③ 실험 결과

• 지퍼 백 입구를 살짝 열어서 손이나 얼굴을 가져다 대고 지퍼 백을 눌렀을 때 지퍼 백 안에 있던 공기가 밖으로 나오는 것을 느낄 수 있습니다.

• 공기는 항상 우리 주위를 둘러싸고 있습니다.

(3) 공기의 역할 **탐구1**

① 공기는 눈에 보이지 않지만 지구를 둘러싸고 있습니다.

② 육지에 사는 동물과 식물이 숨을 쉴 수 있게 해줍니다.

③ 사람이 숨을 쉬게 해줍니다.

→ 공기가 있어야 호흡이 됩니다.

④ 생물이 살 수 있도록 알맞은 온도를 유지해 줍니다.

(4) 지구에 공기가 없다면 어떤 일이 일어날까요?

① 바람이 불지 않을 것입니다.

② 사람이 숨을 쉴 수 없을 것입니다.

③ 지구에 있는 동식물이 숨을 쉴 수 없기 때문에 모두 죽을 것입니다.

④ 구름이 없고 비가 오지 않을 것입니다.

⑤ 태양에서 오는 빛, 열 때문에 낮에는 덥고, 밤에는 추울 것입니다.

⑥ 태양에서 오는 자외선을 막을 수 없어서 피부암, 백내장 등의 병에 걸릴 것입니다.

⑦ 리코더와 같은 악기를 불 수 없을 것입니다.

⑧ 바람개비나 종이비행기 같은 장난감을 가지고 놀 수 없을 것입니다.

**탐구1** 공기를 이용하는 다양한 방법

▲ 연날리기

▲ 요트: 공기의 힘으로 돛을 밀어서 배를 앞으로 나아가게 합니다.

▲ 튜브: 튜브에 공기를 넣으면 물 위에 뜹니다.

▲ 풍력 발전소

▲ 비행기

## 공기의 역할

- 산소 공급: 생물이 살아가는 데 필요한 산소를 공급해 주는 역할을 합니다.
- 식물의 호흡: 식물이 호흡을 하는 데도 공기가 필요합니다. 식물이 광합성을 할 때 빛과 이산화 탄소를 이용하여 양분을 만들고 산소를 배출합니다.
- ★자외선 차단: 태양 빛 중에서 인체에 해로운 자외선을 막아 줍니다. 공기 중의 오존은 자외선을 흡수하여 동식물을 보호해 줍니다. 자외선이 그대로 지구에 들어오면 피부가 노화되고 피부암, 백내장에 걸리기 쉽습니다.
- 에너지 순환: 공기가 지구 전체를 돌면서 에너지를 교환합니다. 지구는 태양으로부터 열을 받기도 하지만, 지표면이 열을 내보내기도 합니다.

## 별똥별

- 별똥별은 지구 밖에 있는 작은 고체 물질(유성체)이 지구의 중력에 이끌려 지구로 들어오는 것입니다.
- 작은 고체 물질이 지구에 들어올 때, 지구의 대기에 의해 마찰열이 발생하게 되고, 이 마찰열은 밤하늘에 빛나는 것이 떨어지는 것처럼 보입니다.
- 별똥별을 볼 수 있는 것도 공기 때문입니다.

## 용어풀이

| ★지퍼 백 | 입구를 닫을 수 있는 장치가 있는 비닐 봉투 |
| ★숨 | 사람이나 동물이 코나 입으로 공기를 들이마시고 내쉬는 것 |
| ★생물 | 생명을 가지고 스스로 생활을 유지하며 살아가는 것 |
| ★자외선 | 태양빛의 일부분으로 사람의 피부를 태우거나 살균 작용을 함. |

## 개념을 확인해요

**1** 선풍기에서 나오는 바람에서 ☐☐ 를 느낄 수 있습니다.

**2** 공기가 담긴 지퍼 백 입구를 열면 ☐☐ 가 빠져나옵니다.

**3** 공기는 눈에 보이지 않지만 ☐☐ 주위를 둘러싸고 있습니다.

**4** 공기가 있어서 생물이 ☐ 을 쉬고 살 수 있습니다.

**5** 지구의 동물과 식물은 ☐☐ 를 이용하여 숨을 쉽니다.

**6** 튜브 안에는 ☐☐ 가 들어 있어서 물 위에 뜹니다.

**7** 연날리기, 풍력 발전소, 열기구, 요트 등은 ☐☐ 를 이용하는 경우입니다.

**8** 지구에 공기가 없다면 ☐☐ 이 불지 않을 것입니다.

# 5. 지구의 모습

교과서
104~105쪽

## 지구는 어떤 모양일까요?

(1) ★마젤란 탐험대가 세계 일주를 한 뱃길

① 마젤란 탐험대가 세계 일주를 한 뱃길을 살펴봅니다.

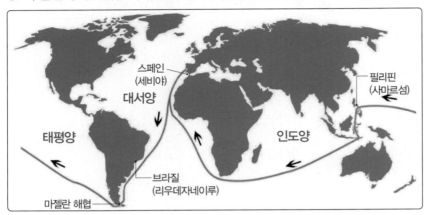

② 지구의와 인형을 이용하여 마젤란 탐험대의 세계 일주를 따라가 봅니다. 탐구1
→ 인류 최초로 지구를 일주한 사람

(2) 마젤란 탐험대가 한 세계 일주의 특징

① 한 방향(서쪽)으로 계속 갔습니다.

② 출발한 곳으로 되돌아왔습니다.

(3) 마젤란 탐험대가 세계 일주에서 알아낸 사실

① 한 방향으로 계속 가면 지구를 한 바퀴 돌 수 있습니다.

② 지구는 공처럼 둥근 모양입니다. → 출발한 곳과 도착한 곳이 같습니다.

(4) 지구가 둥글지 않았다면 마젤란의 탐험대는 어떻게 되었을지 생각해 보기

① 세계 일주를 하지 못했을 것입니다.

② 출발한 곳으로 되돌아오지 못했을 것입니다.

③ 지구 아래로 떨어졌을 것입니다.

(5) 지구는 공처럼 둥글다고 하는데 지구에 사는 우리에게는 편평하게 보이는 까닭 탐구2

① 지구는 매우 크기 때문에 사람의 시선으로 보게 되면 편평하게 보이게 됩니다.

② 지구의 둥근 모습을 전체적으로 보려면 지구 밖에 나가 우주에서 지구를 관찰해야 합니다.

③ 우주에서 지구를 바라 본 사진을 보면 지구가 둥근 것을 알 수 있습니다.

---

### 탐구1 마젤란 탐험대의 세계 일주

마젤란 탐험대는 스페인의 세비야 근처의 산루카 항구에서 출발했습니다.

↓

대서양을 지나 남아메리카의 브라질(리우데자네이루)을 방문한 뒤, 마젤란 해협으로 들어섭니다.

↓

마젤란 해협을 빠져나와 ★태평양으로 들어섭니다.

↓

태평양을 지나 아시아의 필리핀(사마르섬)에 도착합니다.

↓

★인도양을 가로질러 아프리카의 희망봉 근처를 지나갑니다.

↓

★대서양을 지나 마젤란 탐험대가 출발한 곳으로 돌아옵니다.

### 탐구2 우주에서 본 지구

• 둥근 모양입니다.
• 구름이 있는 곳은 하얗게 보입니다.
• 육지와 바다가 있습니다.

## 지구의 모양

* 우주에서 본 지구의 모양은 둥근 공 모양입니다. 하지만 지구의 반지름은 약 6400 km로 매우 크기 때문에 지구의 표면 위에 있는 사람이 볼 때는 지구가 편평하게 보입니다.
* 공 위에 있는 개미의 눈에는 공이 편평하게 보이는 것과 같은 원리입니다.

## 옛날 사람들이 생각한 지구의 모습

* 편평한 모양이라고 생각하였습니다.
* 코끼리나 뱀과 같은 동물이 떠받치고 있다고 생각하였습니다.
* 지구의 끝에는 낭떠러지가 있어서 아래로 떨어진다고 생각하였습니다.

## 지구가 둥글다는 증거

* 월식 때 달에 비친 지구의 그림자는 둥글게 보입니다.
* 항구로 들어오는 배는 돛대(배의 윗부분)부터 보입니다. 만약 지구가 편평하다면 항구로 들어오는 배는 전체적인 모습이 보이면서 점점 크기가 커질 것입니다.
* 항구로부터 멀어질 때는 먼저 배의 아랫부분부터 사라지고 마지막으로 윗부분이 사라지게 됩니다.
* 높은 곳에 올라갈수록 더 멀리 보입니다. 지구가 편평하다면 높은 곳이나 낮은 곳 모두 시야의 폭이 같을 것입니다.

## 용어풀이

* **마젤란** 포르투갈 출신의 항해자(1408~1521). 최초로 지구를 한 바퀴 돌아서 지구가 둥글다는 것을 증명함.
* **태평양** 세계 바다 면적의 반을 차지하고 아메리카, 오스트레일리아 따위의 대륙에 둘러싸인 큰 바다
* **인도양** 남아시아 · 아프리카 · 오스트레일리아에 접하면서 남쪽으로 남극대륙까지 뻗어 있는 큰 바다
* **대서양** 유럽 및 아프리카 대륙과 남 · 북아메리카 대륙 사이에 있는 큰 바다

## 개념을 확인해요

**1** ☐☐☐ 은 지구를 한 바퀴 돌아오는 항해를 하였습니다.

**2** 마젤란은 항해를 할 때 계속 ☐ 쪽으로만 움직였습니다.

**3** 마젤란은 항해를 시작한 뒤 지구를 한 바퀴 돌아 ☐☐ 한 곳으로 되돌아왔습니다.

**4** 마젤란이 지구를 한 바퀴 돌 수 있었던 이유는 지구가 ☐☐☐ 때문입니다.

**5** 지구는 ☐☐☐ 때문에 한 방향으로 계속 나아가면 출발한 곳으로 되돌아올 수 있습니다.

**6** 지구가 둥근 공 모양이지만, 우리 눈에 편평하게 보이는 이유는 지구가 사람의 크기에 비해 매우 ☐ ☐ 때문입니다.

**7** ☐☐ 에서 지구를 바라보면 둥근 공 모양인 것을 알 수 있습니다.

**8** 우리가 사는 지구의 모양은 둥근 ☐ 모양입니다.

교과서
106~107쪽

### 달은 어떤 모습일까요?

(1) 달의 모습 관찰하기 탐구1 탐구2

① 둥근 공 모양입니다.
② 색깔은 회색빛이고 밝은 부분과 어두운 부분이 있습니다.
③ 달 표면에는 매끈매끈한 면도 있고 울퉁불퉁한 면도 있습니다.
④ 달 표면에는 ★충돌 구덩이가 많습니다.
⑤ 구덩이의 크기가 다양합니다.
┗━•달 표면에는 돌이 있습니다.

(2) 달의 바다에는 물이 없는데 바다라고 부르는 까닭
① 옛날 사람들은 달의 표면에서 어두운 부분이 있는 이유가 그 곳에 물이 있기 때문이라고 생각했기 때문입니다.
② 어두운 부분을 '달의 바다'라고 부르지만 이곳에는 물이 없습니다.

(3) 달 표면에 있는 크고 작은 구덩이는 어떻게 만들어졌을까요?
① 우주 공간을 떠돌던 돌덩이가 달 표면에 충돌하여 만들어졌습니다.
② 이 구덩이를 충돌 구덩이라고 합니다.

---

탐구1 **충돌 구덩이와 달의 바다**

▲ 충돌 구덩이

▲ 달의 바다

탐구2 **달의 특징**

달은 지구 두레를 돌고 있는 위성으로, 태양계의 해성 중 가장 큰 위성입니다. 달의 반지름은 약 1,700 km로 지구 반지름의 약 $\frac{1}{4}$에 해당하고, 평균 밀도는 약 3.37 g/cm³입니다. 달에는 물도 없고 생명체도 없으며 공기도 거의 없습니다. 지구로부터 평균 384,405 km 정도 떨어져 있으며, 타원 궤도를 공전하므로 가장 가까운 지점에서 363,263 km 떨어져 있고 가장 먼 지점에서는 405,547 km 떨어져 있습니다.

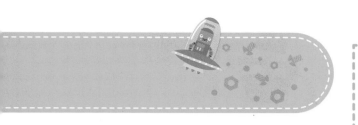

## 달 표면에 나타나는 여러 가지 무늬

옛날 사람들은 달 표면의 밝고 어두운 부분에 따라 사람의 얼굴, 게, 방아 찧는 토끼 등 여러 가지 모양으로 상상하였습니다.

▲ 게 　▲ 방아 찧는 토끼 　▲ 목걸이를 하고 있는 귀부인

## 지구보다 달에 충돌한 자국이 더 많은 까닭

• 충돌 구덩이의 크기는 매우 작은 것에서부터 지름 240 km에 이르는 거대한 것까지 다양합니다.
• 지구에 떨어지는 ☀운석은 대부분 공기와의 ☀마찰로 타버려서 지구의 표면까지 도달하는 것이 더 적습니다.
• 지구 땅에 운석이 흔적을 남기더라도 바람이나 물의 영향으로 흔적이 지워지게 됩니다.
• 달에서는 바람이 불지 않고 물이 흐르지 않으므로 충돌 구덩이가 오랫동안 보존됩니다.

### 용어풀이

☀충돌 　움직이는 물체가 부딪히는 것
☀운석 　대기 중에 들어온 유성(빛을 내며 떨어지는 작은 물체)이 다 타버리지 않고 땅에 떨어진 것
☀마찰 　두 물체가 서로 닿아 비벼짐.

## 개념을 확인해요

1 달의 전체적인 모양은 둥근 ☐ 모양입니다.

2 달의 표면에는 ☐ 이 있습니다.

3 달에는 크고 작은 충돌 ☐☐☐ 가 있습니다.

4 달의 표면은 매끈매끈한 면도 있고, ☐☐ ☐☐ 한 면도 있습니다.

5 달의 표면은 ☐☐ 부분과 어두운 부분이 있습니다.

6 달 표면에서 어둡게 보이는 곳을 달의 ☐☐ 라고 부릅니다.

7 '달의 바다'에는 실제로 ☐ 이 없습니다.

8 달 표면에 있는 크고 작은 충돌 구덩이는 우주 공간을 떠돌던 돌덩이가 달의 표면에 ☐☐ 해서 생긴 자국입니다.

5
단원

## 5. 지구의 모습

### 🔵 지구와 달은 어떻게 다를까요?

(1) 지구와 달의 모습 비교하기 <sup>탐구1</sup>

| 구분 | 지구 | 달 |
|---|---|---|
| 하늘 | • 구름이 있다.<br>• 새가 날아다닌다.<br>• 공기가 있다. | • 구름이 없다.<br>• 새가 날아다니지 않는다.<br>• 공기가 없다. |
| 바다 | ▲ 지구의 바다<br>• 물이 있다.<br>• 생물이 있다. | ▲ 달의 바다<br>• 물이 없다.<br>• 생물이 없다. |

(2) **지구의 온도와 달의 온도의 차이점**: 지구는 생물이 살기에 알맞은 온도지만, 달은 생물이 살기에 알맞은 온도가 아닙니다.

(3) **지구와 달의 크기 비교**: 지구의 ★지름은 달의 지름보다 4배 정도 더 큽니다. <sup>실험1</sup>

### 🔵 소중한 지구 보존하기 <sup>탐구2</sup>

(1) 지구를 보존하기 위하여 할 수 있는 일
   ① 나무를 심고 물을 아껴 씁니다.
   ② 쓰레기를 분리해서 ★배출합니다.
   ③ 대중 교통을 이용하거나 자전거를 탑니다.
   ④ 손수건을 사용하여 휴지 사용 횟수를 줄입니다.

(2) 지구를 보호하기 위해 실천할 수 있는 일 표현하기
   ① 땅, 물, 공기 중에서 보존하고 싶은 것을 선택하고, 그 까닭을 이야기해 봅니다.
   <sub>학교, 가정 등에서 실천할 수 있는 일들을 생각해 봅니다.</sub>
   ② 선택한 것을 보존하려면 어떤 일들을 실천해야 하는지 이야기해 봅니다.
   ③ 자신이 실천할 수 있는 일들을 여러 가지 방법으로 표현해 봅니다.

---

**탐구1** 지구와 달의 차이점, 공통점

| 구분 | 지구 | 달 |
|---|---|---|
| 차이점 | • 물과 공기가 있다.<br>• 다양한 종류의 생물이 산다. | • 물과 공기가 없다.<br>• 생물이 살지 않는다. |
| 공통점 | • 둥근 공 모양이다. | |

**실험1** 지구와 달 ★모형 만들기

• 지구와 달을 모두 둥근 공 모양으로 만듭니다.
• 지구를 달보다 크게 만듭니다.(달의 지름은 지구 지름의 $\frac{1}{4}$ 정도입니다.)
• 모형 안에 다른 재료(신문지 등)를 넣으면 사용되는 지점토의 양을 줄일 수 있습니다.

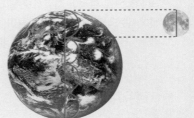

▲ 비율에 맞추어 나타낸 지구와 달

**탐구2** 지구의 날

• '지구의 날'은 갈수록 심각해지는 ★환경 오염으로부터 지구를 보호하기 위해 환경 운동가들이 만든 날입니다.
• 매년 4월 22일에 개최되는 '지구의 날'에 많은 나라들이 참여하여 환경 오염의 심각성을 세계에 알리고 지구를 보호하기 위해 노력하고 있습니다.

📡 지구에 생물이 살 수 있는 이유

- 지구의 물은 액체, 기체, 고체로 존재합니다.
- 지구는 태양으로부터 적당한 거리에 있기 때문에 태양의 에너지를 받을 수 있습니다.
- 지구는 적당히 크기 때문에 중력에 의해 공기가 우주 밖으로 날아가지 않고, 지구의 표면에 있을 수 있습니다.

📡 달의 뒷면

- 달은 지구를 서쪽에서 동쪽으로 한 바퀴 공전하면서 같은 주기로 자전하기 때문에 지구에서는 달의 뒷면을 볼 수 없습니다.
- 만일 달이 자전하지 않고 공전만 한다면 달의 앞, 옆, 뒤의 면을 모두 다 볼 수 있을 것입니다. 그러나 한 지점에서 지구를 돌아 다시 그 지점으로 돌아오면서 동시에 달도 스스로 한 바퀴를 돌기 때문에 지구에서는 한 면만 보입니다.
- 사람들이 우주선을 타고 달에 가게 되면서 달의 뒷면도 볼 수 있게 되었습니다.
- 달의 뒷면은 ⭐용암 분출이 달의 앞면에 비해 적은 편이어서 크고 작은 충돌 구덩이가 달의 앞면에 비해 많다고 합니다.

용어풀이

- ⭐지름  원이나 구 따위에서, 중심을 지나는 직선으로 그 둘레 위의 두 점을 이은 선분
- ⭐배출  안에서 밖으로 밀어 내보냄.
- ⭐모형  실물과 비슷한 모양으로 만드는 것
- ⭐환경  자신의 주위를 둘러싸고 있는 모든 것
- ⭐용암  화산의 분화구에서 분출된 마그마

## 개념을 확인해요

**1** 지구와 달 중 ☐☐ 에는 육지와 바다, 공기가 있습니다.

**2** 지구에서 ☐☐ 이 살 수 있는 이유는 물과 공기가 있기 때문입니다.

**3** ☐ 은 지구와 달 표면 모두에서 볼 수 있습니다.

**4** 달에 생물에 살지 못하는 까닭은 ☐ 과 ☐ ☐ 가 없기 때문입니다.

**5** 지구는 달보다 크기가 ☐ 니다.

**6** 야구공과 유리구슬로 지구와 달의 크기를 비교할 때 야구공은 ☐☐ , 유리구슬은 ☐ 을 나타냅니다.

**7** ☐☐☐ ☐ 은 갈수록 심각해지는 환경 오염으로부터 지구를 보호하기 위해 만들었습니다.

**8** 지구의 날은 매년 ☐ 월 22일입니다.

**핵심 1**

지구와 달에서 다양한 모습을 볼 수 있습니다.

**1** 다음 중 지구의 모습은 어느 것입니까? (          )

①    ②    ③

④    ⑤

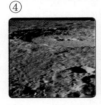 

**2** 다음 사진을 보고 잘못 설명한 사람은 누구인지 쓰시오.

> 다나: 들판에 소가 새끼와 함께 있어.
> 준서: 지구에서 쉽게 볼 수 있는 풍경이 아니야.
> 미린: 넓은 들판이 펼쳐져 있어.

(                    )

**3** 큰 파도가 출렁이는 모습을 몸으로 알맞게 표현한 동작은 어느 것인지 기호를 쓰시오.

ㄱ    ㄴ    ㄷ

(                    )

**핵심 2**

지구 표면에서는 산, 들, 강, 계곡, 호수, 갯벌, 바다, 사막, 빙하 등 다양한 모습을 볼 수 있습니다.

**4** 관련 있는 것끼리 선으로 연결하시오.

(1) 산 •     • ㉠

(2) 강 •     • ㉡

(3) 빙하 •     • ㉢

**5** 지구 표면의 모습 중 우리나라에서 볼 수 없는 모습은 무엇입니까? (          )

① 강           ② 사막
③ 산           ④ 푸른 하늘
⑤ 구름

**6** 오른쪽은 지구 표면에서 볼 수 있는 모습 중 어떤 것을 표현한 것입니까? (          )

① 강           ② 사막
③ 빙하         ④ 갯벌
⑤ 바다

**7** 다음은 지구 표면의 어떤 모습인지 각각 쓰시오.

(1)       (2)

(                    )      (                    )

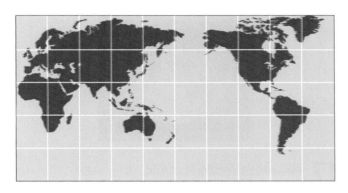

### 핵심 3

지구의 표면은 바다와 육지로 나눌 수 있고 바다가 육지보다 넓습니다. 바닷물은 짭니다.

**[8~9]** 다음 지도를 보고 물음에 답하시오.

**8** ( ) 안의 알맞은 말에 ○표 하시오.

> 위 지도에서 (바다, 육지)는 (바다, 육지)보다 훨씬 더 넓다.

**9** 위 지도에 대한 설명으로 바른 것은 무엇입니까?
( )

① 육지와 바다의 넓이는 비슷하다.
② 육지의 넓이는 바다의 2배 이상이다.
③ 육지는 지도의 아래쪽보다 위쪽에 더 많다.
④ 바다는 지구 표면에서 매우 적은 부분이다.
⑤ 육지는 지구 표면의 대부분을 차지하고 있다.

**10** 바닷물에 대한 설명으로 바른 것은 무엇입니까?
( )

① 밍밍한 맛이 난다.
② 시큼한 냄새가 난다
③ 별다른 맛이 나지 않는다.
④ 짠맛을 내는 물질이 있다.
⑤ 사람이 마시기에 적당하다.

### 핵심 4

지구의 공기는 지구 주변을 둘러싸고 있습니다. 지구의 공기로 동식물이 숨을 쉬고 살아갈 수 있습니다.

**11** 다음 중 공기를 느낄 수 있는 경우는 언제입니까?
( )

① 책을 읽을 때
② 비를 맞을 때
③ 눈을 감았을 때
④ 텔레비전을 볼 때
⑤ 선풍기 바람을 쐴 때

**12** 주변에 공기가 있어서 일어나는 현상은 무엇입니까?
( )

① 숨을 쉴 수 있다.
② 책을 읽을 수 있다.
③ 물감을 짜면 물감이 나온다.
④ 종이를 잡아당기면 찢어진다.
⑤ 수도꼭지를 틀면 물이 나온다.

**13** 공기의 특징으로 바른 것을 모두 고르시오.
( , )

① 여러 가지 맛이 난다.
② 항상 주위를 둘러싸고 있다.
③ 동식물이 숨을 쉬는 데 방해를 한다.
④ 다양한 색깔이 있어서 눈에 잘 보인다.
⑤ 생물이 살 수 있도록 알맞은 온도를 만들어 준다.

**5**
**단원**

## 핵심 5

지구는 매우 크기 때문에 우리에게는 편평하게 보이지만, 둥근 공 모양입니다.

[14~16] 다음은 마젤란 탐험대가 세계 일주를 한 뱃길을 표시한 지도입니다.

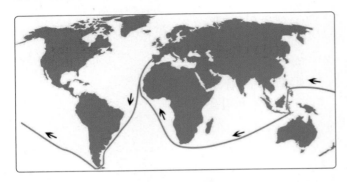

**14** 위의 지도에서 마젤란이 이동한 방향에 대한 설명으로 바른 것은 무엇입니까? (          )

① 남쪽으로 움직였다.
② 북쪽으로 움직였다.
③ 한 방향으로 움직였다.
④ 동서남북을 빙빙 돌았다.
⑤ 동서를 왔다갔다 움직였다.

**15** 마젤란 탐험대의 탐험 경로를 보았을 때 알 수 있는 사실은 무엇입니까? (          )

① 출발한 곳으로 돌아올 수 없다.
② 마젤란 탐험대는 세계 일주에 실패했다.
③ 마젤란은 탐험하다 지구 아래로 떨어졌다.
④ 마젤란은 세계 일주를 포기하고 돌아왔다.
⑤ 한 방향으로 가면 지구를 한 바퀴 돌 수 있다.

**16** 마젤란이 이동한 경로를 보았을 때, 짐작할 수 있는 지구의 모양은 어떠한지 쓰시오.

(                    )

## 핵심 6

달 표면에는 크고 작은 충돌 구덩이가 많습니다.

[17~19] 다음을 보고 물음에 답하시오.

**17** 위의 사진은 무엇인지 쓰시오.

(                    )

**18** 위 사진을 보고 알맞게 설명한 사람은 누구인지 쓰시오.

은주: 둥근 공 모양이다.
미혜: 토끼의 흔적을 쉽게 찾을 수 있다.
진수: 표면이 매끄럽고 윤기가 난다.
윤주: 표면에는 어두운 부분만 보인다.

(                    )

**19** 위 사진에서 어둡게 보이는 곳을 무엇이라고 하는지 쓰시오.

(                    )

**20** 달 표면에 크고 작은 충돌 구덩이가 많은 이유는 무엇입니까? (          )

① 바다가 폭발한 흔적이다.
② 빗방울이 떨어진 흔적이다.
③ 달에서 토끼가 굴을 팠기 때문이다.
④ 달 탐사를 했던 사람들이 터널을 뚫었기 때문이다.
⑤ 우주 공간을 떠돌던 돌덩이가 달 표면에 충돌한 자국이다.

**핵심 7**

지구에는 물과 공기가 있어서 다양한 생물이 살 수 있지만, 달에는 물과 공기가 없어서 생물이 살 수 없습니다.

**21** 지구의 특징에는 '지', 달의 특징에는 '달'이라고 쓰시오.

(1) 육지와 바다, 공기가 있습니다. ( )
(2) 표면에 크고 작은 충돌 구덩이가 많이 있습니다.
( )
(3) 여러 가지 동식물을 볼 수 있습니다. ( )

**22** 지구와 달의 공통점은 무엇입니까? ( )

① 물이 있다.
② 공기가 있다.
③ 식물이 산다.
④ 동물이 산다.
⑤ 표면에 돌이 있다.

**23** ( ) 안에 알맞은 말을 쓰시오.

지구는 달과는 다르게 ( )가/이 있어서 생물이 숨을 쉴 수 있다.

( )

**24** 달에 생물이 살 수 없는 까닭을 한 가지 쓰시오.

_____

**핵심 8**

지구의 날(4월 22일)은 환경 오염으로부터 지구를 보호하기 위해 만든 날입니다.

**25** 다음은 무엇에 대한 설명인지 쓰시오.

날로 심각해지는 환경 오염으로부터 지구를 보호하기 위해 환경 운동가들이 만든 날

( )

**26** 지구를 보호하기 위한 행동으로 알맞은 것을 모두 고르시오. ( , )

① 양치컵을 사용한다.
② 쓰지 않는 플러그는 뺀다.
③ 음식물을 많이 남겨서 버린다.
④ 쓰레기를 분리하지 않고 버린다.
⑤ 예쁜 나무는 꺾어서 집에 보관한다.

**27** 다은이가 쓰레기를 버린 모습입니다. 지구를 보호하기 위해 어떤 일을 한 것인지 쓰시오.

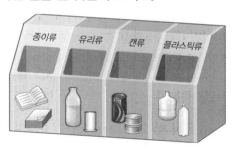

_____

**28** 지구의 환경을 보호하기 위해 내가 할 수 있는 일을 한 가지 쓰시오.

_____

**1** 지수는 여러 가지 모습이 담긴 카드를 다음과 같이 분류하였습니다. 분류한 기준은 무엇입니까?
( )

① 사람이 있는 카드와 없는 카드
② 구름이 있는 카드와 없는 카드
③ 나무가 있는 카드와 없는 카드
④ 지구의 모습 카드와 달의 모습 카드
⑤ 우리나라인 곳과 우리나라가 아닌 곳의 카드

**2** 그림을 보고 관련 있는 것끼리 선으로 연결하시오.

(1)  · · ㉠ 산

(2)  · · ㉡ 들

(3)  · · ㉢ 바다

**3** 연우는 스마트 기기로 오른쪽과 같은 곳을 찾아보았습니다. 연우가 찾은 곳은 어디입니까?
( )

① 산      ② 강
③ 호수    ④ 갯벌
⑤ 들판

**4** 지구 표면의 모습을 관찰하여 오른쪽과 같이 표현하였습니다. 어떤 곳을 표현한 것입니까? ( )

① 강
② 폭포
③ 화산
④ 호수
⑤ 빙하

**5**  지구의 육지와 바다에 대한 설명으로 바른 것은 무엇입니까? ( )

① 육지는 바다보다 넓다.
② 육지의 물은 짠맛이 난다.
③ 바닷물은 밍밍한 맛이 난다.
④ 육지의 대부분은 물로 덮여 있다.
⑤ 지구 표면의 대부분은 바다로 덮여 있다.

**6** 바다에 사는 생물이 <u>아닌</u> 것은 무엇입니까?
( )

①
▲ 고래

②
▲ 토끼

③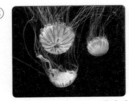
▲ 해파리

④
▲ 바다 거북

⑤
▲ 산호

**7** ( ) 안에 알맞은 말을 쓰시오.

> 바닷물에는 ( )맛을 내는 여러 가지 물질이 많이 녹아 있다.

( )

**서술형**

**8** 생활 속에서 공기를 느낄 수 있는 경우는 언제인지 한 가지 쓰시오.

_____

_____

**9** 지퍼 백 안에 공기를 가득 담은 뒤 손으로 만져 보거나 모습을 관찰했을 때 바른 것을 모두 고르시오.

( , )

① 손으로 지퍼 백을 치면 소리가 난다.
② 지퍼 백 입구를 살짝 열면 공기가 나온다.
③ 지퍼 백 안에서 고약한 냄새가 새어 나온다.
④ 입구를 막았던 지퍼 백을 열면 색깔이 변한다.
⑤ 지퍼 백 안에 아무것도 보이지 않으므로 지퍼 백 안에는 아무것도 없다.

**서술형**

**10** 지구에 공기가 없다면 어떤 일이 일어날지 한 가지 쓰시오.

_____

_____

**11** 세계 최초로 배를 이용하여 세계 일주를 한 사람은 누구인지 쓰시오.

( )

**중요**

**12** 지구는 공처럼 둥글다고 하는데 지구에 사는 우리가 본 지구의 모습이 둥글게 보이지 않고 편평하게 보이는 이유는 무엇입니까? ( )

① 지구와 달이 가까이 있기 때문이다.
② 지구가 실제로는 편평하기 때문이다.
③ 지구에는 바다와 육지가 있기 때문이다.
④ 사람의 크기에 비해 지구가 매우 크기 때문이다.
⑤ 바다의 넓이가 육지의 넓이보다 더 넓기 때문이다.

**5**
**단원**

**13** 우주에서 본 지구의 모습은 어떤 모양과 비슷합니까?

( )

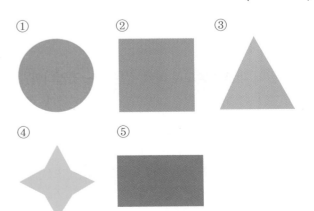

**14** 달을 관찰한 내용을 바르게 말한 사람은 누구인지 쓰시오.

> 진아: 달은 모두 밝은 부분으로만 되어 있어.
> 현수: 달에는 물이 있어서 바다도 있어.
> 준서: 달의 바다는 예전에 물이 흐르던 곳이야.
> 미나: 여기 저기 움푹 파인 곳이 많아.

(          )

**15** 달 사진에서 '달의 바다'인 곳의 기호를 쓰시오.

(          )

응용
**16** 달에 대한 설명으로 바른 것은 어느 것입니까?
(       )

① 전체적으로 붉은색이야.
② 달은 상자와 비슷하게 생겼어.
③ 지구에서 보았을 때 납작한 모양이야.
④ 토끼가 방아를 찧고 있는 모습이 보여.
⑤ 밝은 부분도 있고 어두운 부분도 있어.

서술형
**17** 달과 지구의 생김새에서 공통점을 한 가지 쓰시오.

_____

**18** 달에 대한 설명은 달, 지구에 대한 설명은 지구라고 쓰시오.

(1) 육지와 바다에는 다양한 종류의 생물이 살아갑니다. (      )

(2) 어둡게 보이는 곳을 '바다'라고 부르지만 이곳에는 실제로 물이 없습니다. (      )

(3) 공기가 없어서 태양이 뜬 낮에는 온도가 100℃ 이상 올라가고, 태양이 없는 밤에는 기온이 영하 150℃까지 떨어져 생물이 살기에 적합하지 않습니다. (      )

**19** 지구를 보호하기 위하여 환경 운동가들이 만든 날은 무엇입니까? (      )

① 미래의 날      ② 환경의 날
③ 지구의 날      ④ 우리들의 날
⑤ 자연 보존의 날

서술형
**20** 땅을 보존할 수 있는 방법 중에서 내가 실천할 수 있는 일을 한 가지 쓰시오.

_____

**1** 지구의 풍경을 보고 설명한 내용으로 알맞은 것은 무엇입니까? (          )

① 호수의 표면이 잔잔하다.
② 바다에 파도가 치고 있다.
③ 우주복을 입은 사람이 있다.
④ 표면이 흙과 돌로 덮여 있다.
⑤ 들판에 소들이 풀을 뜯어먹고 있다.

**2** 연우는 지구 표면의 모습 중 하나를 선택하여 종이에 표현하려고 합니다. 주제로 알맞지 <u>않은</u> 것은 어느 것입니까? (          )

① 강
② 산
③ 호수
④ 사막
⑤ 우주복을 입은 우주인

**3** 지구 표면의 모습을 스마트 기기를 활용하여 관찰하였습니다. 이 곳은 어떤 지역입니까? (          )

① 산          ② 바다
③ 호수        ④ 사막
⑤ 빙하

[4~5] 다음은 지구에서 육지와 바다를 나타낸 지도입니다.

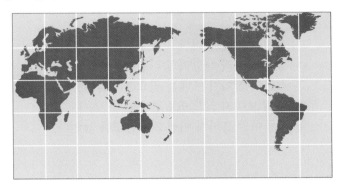

**4** 위 지도를 보고 내용을 정리한 것입니다. 알맞은 것에 ○표 하시오.

> 지도는 전체 50칸으로 되어 있다. 이 중에서 육지 칸의 수는 14칸이고, 바다 칸의 수는 36칸이다. 이것으로 볼 때 (바다, 육지)가 (바다, 육지)보다 더 넓다는 것을 알 수 있다.

**5**  위의 지도와 지구의를 비교해서 보려고 합니다. 지구의에서 관찰할 수 있는 것은 무엇입니까? (          )

① 바다가 육지보다 넓다.
② 육지가 바다보다 넓다.
③ 바다와 육지의 넓이는 비슷하다.
④ 지구의는 둥근 모양이어서 넓이를 비교할 수 없다.
⑤ 지구의와 지도에서 바다와 육지의 넓이는 반대이다.

**6** 바닷물에 대한 설명으로 바른 것은 무엇입니까?
(          )

① 짠맛이 난다.
② 밍밍한 맛이 난다.
③ 달고 쓴맛이 난다.
④ 육지에서 쉽게 구할 수 있다.
⑤ 사람이 식수로 사용하기 적당하다.

**5** 단원

중요
**7** 공기에 대한 설명으로 바른 것은 무엇입니까?
( )

① 우리 주변을 둘러싸고 있다.
② 장소에 따라 색깔이 달라진다.
③ 식물이 살아가는 데는 필요하지 않다.
④ 눈에 보이지 않으므로 존재하지 않는다.
⑤ 생물이 호흡하기 어렵도록 온도를 높인다.

**8** 공기를 이용하는 경우가 <u>아닌</u> 것은 무엇입니까?
( )

① 리코더를 불 때
② 부채질을 할 때
③ 바람개비를 날릴 때
④ 종이비행기를 날릴 때
⑤ 나침반으로 방향을 찾을 때

[9~10] 마젤란 탐험대가 움직인 뱃길을 나타낸 것입니다.

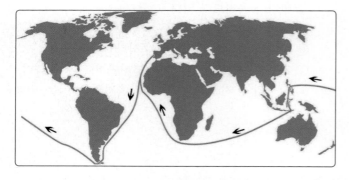

**9** 지구의와 인형을 이용하여 마젤란 탐험대가 움직인 뱃길을 따라서 움직이려고 합니다. 이때 주의할 점은 무엇입니까? ( )

① 동서남북 모두 움직인다.
② 바다는 무시하고 육지로만 움직인다.
③ 지도를 지구의 모양으로 둥글게 만든다.
④ 지구의를 펼쳐서 지도처럼 편평하게 만든다.
⑤ 탐험대의 경로를 따라 한 방향으로만 움직인다.

서술형
**10** 마젤란 탐험대의 세계 일주를 따라해 보고 알게 된 것을 한 가지 쓰시오.

_____

_____

[11~13] 달의 모습을 나타낸 것입니다.

**11** 달에 대한 설명으로 바른 것은 무엇입니까?
( )

① 편평한 모양이다.
② 곳곳에 움푹 파인 곳이 있다.
③ 모두 어두운 부분으로 되어 있다.
④ 어두운 부분은 물이 있는 곳이다.
⑤ 밝은 부분은 얼음이 있는 곳이다.

**12** ㉠을 무엇이라고 하는지 쓰시오.

( )

**13** ㉡이 어둡게 보이는 이유는 무엇입니까? ( )

① 바다이기 때문이다.
② 큰 호수가 있기 때문이다.
③ 우주인이 많이 살기 때문이다.
④ 밝은 색을 띠는 돌로 되어 있기 때문이다.
⑤ 어두운 색을 띠는 돌로 되어 있기 때문이다.

**응용**

**14** 달을 관찰하고 알게 된 사실을 바탕으로, 다음 동요에서 어색한 부분의 노랫말에 밑줄을 긋고 고쳐 쓰시오.

> 달달 무슨 달 쟁반 같이 둥근 달
> 어디어디 떴나, 남산 위에 떴지.

( )

**15** 달의 모습과 비슷한 형태를 가진 물건은 무엇입니까?

( )

① 지우개  ② 색연필
③ 테니스공  ④ 휴대전화
⑤ 네모 블록

**16** 달의 여러 가지 모습을 정리한 표입니다. ( ) 안에 들어갈 말을 쓰시오.

| 전체 모양 | | 둥근 공 모양이다. |
|---|---|---|
| 표면 | 모습 | • 표면에 돌이 있다.<br>• 표면에 움푹 파인 구덩이가 많다.<br>• 매끈매끈한 면도 있고 울퉁불퉁한 면도 있다.<br>• 산처럼 높이 솟은 곳도 있고 바다처럼 깊고 넓은 곳도 있다. |
| | 색깔 | • ( )이다.<br>• 밝은 부분과 어두운 부분이 있다. |

( )

**17** 다음은 지구와 달 중 어느 곳에 대한 설명인지 쓰시오.

> • 육지와 바다, 공기가 있다.
> • 녹색과 갈색의 육지, 파란 바다, 하얀 구름을 볼 수 있다.
> • 여러 가지 동식물을 볼 수 있다.

( )

**서술형**

**18** 지구와 달의 모습입니다. 지구와 달이 가지고 있는 가장 큰 차이점은 무엇인지 한 가지 쓰시오.

▲ 지구

▲ 달

_____

_____

**19** 다음은 달과 지구의 차이점입니다. 관련 있는 것끼리 선으로 연결하시오.

(1) •

(2) •

• ㉠ 물이 없다.

• ㉡ 공기가 없다.

• ㉢ 구름을 볼 수 있다.

• ㉣ 육지와 바다가 있다.

**5**
단원

**20** 다음과 같은 모습은 무엇을 하기 위한 행동입니까?

( )

▲ 양치 컵 사용하기

▲ 자전거 타기

① 운동  ② 다이어트
③ 환경 보호  ④ 부모님 돕기
⑤ 정원 가꾸기

**1** 지구의 모습과 달의 모습으로 나누어 바르게 선으로 연결하시오.

(1) ·

(2) ·

(3) ·

· ㉠ 지구

· ㉡ 달

**2** 오른쪽 그림은 지구 표면의 모습을 관찰하고 그린 것입니다. 표현한 곳은 어디입니까?
( )

① 강        ② 바다
③ 화산       ④ 빙하
⑤ 사막

**3** 지구 표면의 모습을 표현한 그림을 보고 알게 된 점이나 느낀 점을 바르게 말한 사람은 누구인지 쓰시오.

예나: 산골짜기 깊은 곳에 계곡이 있어.
준서: 이 주변에는 큰 강이 지나고 있어
수지: 화산이 폭발하는 모습을 나타냈어.

( )

**[4~5]** 다음은 지구에서 육지와 바다를 나타낸 지도입니다.

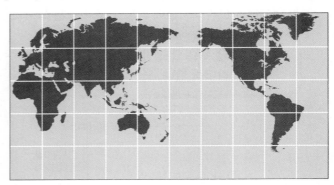

**4** 위 지도를 보고 육지와 바다에 해당하는 칸의 수를 세었습니다. 빈칸에 들어갈 숫자를 쓰시오.

| 육지 칸의 수 | 바다 칸의 수 | 지도의 전체 칸 수 |
|---|---|---|
| 14 |  | 50 |

**5** 위 지도에서 육지와 바다의 칸의 수를 세어 보고 알게 된 점을 한 가지 쓰시오.

_____

**6** 바닷물을 찍어서 맛을 보는 실험을 하려고 합니다. 물질을 맛보는 실험을 할 때에 주의할 점으로 바르지 **않은** 것은 무엇입니까? ( )

① 유리 막대 끝에 액체를 살짝 찍는다.
② 정확한 맛을 보기 위해 많이 먹는다.
③ 맛을 보기 전에 냄새나 색깔을 관찰한다.
④ 유리 막대에 묻힌 액체를 혀끝에 살짝 찍는다.
⑤ 안전한 실험을 위해 선생님의 주의사항을 따른다.

**7** 지구에서 공기의 역할이 **아닌** 것은 무엇입니까?
( )

① 식물이 숨을 쉴 수 있다.
② 동물이 숨을 쉴 수 있다.
③ 지구 주위를 둘러싸고 있다.
④ 우주선이 지구 밖으로 나갈 수 있게 해준다.
⑤ 생물이 살 수 있도록 알맞은 온도를 유지해 준다.

**8** 지구 주위에 공기가 있어서 일어나는 현상은 무엇입니까? (          )

① 바람이 분다.
② 낮과 밤이 있다.
③ 밀물과 썰물이 있다.
④ 계절의 변화가 생긴다.
⑤ 지구 근처에 달이 있다.

**9** 마젤란 탐험대가 세계 일주를 한 뱃길을 나타낸 것입니다. (      ) 안에 들어갈 말을 쓰시오.

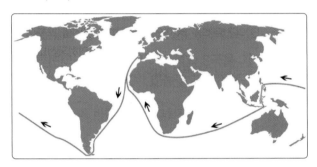

마젤란은 스페인을 출발하여 계속 서쪽을 향하여 (          ) 방향으로 나아갔다.

(                    )

**10** 마젤란이 배를 타고 세계를 한 바퀴 돌 수 있었던 이유와 관련이 있는 것의 기호를 쓰시오.

ㄱ                          ㄴ

ㄷ                          ㄹ

(                    )

**11** 달에 대한 설명으로 바른 것은 무엇입니까?
(          )

① 표면이 매끈하다.
② 토끼가 충돌한 구덩이가 있다.
③ 물과 공기가 없어 생물이 살 수 없다.
④ 바다에는 쓴맛을 내는 성분이 녹아 있다.
⑤ 바다에는 짠맛을 내는 성분이 녹아 있다.

**12** 달 표면에 대한 설명입니다. (      ) 안에 들어갈 말을 쓰시오.

달의 표면에는 크고 작은 (          )가 많이 있다.

(                    )

**5단원**

서술형
**13** 달의 표면에 생긴 충돌 구덩이는 어떻게 만들어졌는지 쓰시오.

_____

_____

**14** 달을 관찰할 때 필요한 준비물은 무엇입니까?
(          )

① 핀셋                ② 돋보기
③ 망원경              ④ 시험관
⑤ 페트리 접시

**15** 달의 모습에 대한 설명입니다. (     ) 안에 들어갈 알맞은 말은 무엇입니까? (          )

> 달의 (          )에는 물이 없다. 옛날 사람들은 이곳이 어둡게 보여서 물이 가득 차 있다고 생각해서 이름을 이렇게 지었다고 한다.

① 바다          ② 강
③ 공원          ④ 온천
⑤ 호수

**16** 지구와 달의 공통점으로 바른 것은 무엇입니까?

(          )

① 둥근 공 모양이다.
② 공기로 둘러싸여 있다.
③ 물과 흙으로 덮여 있다.
④ 바다가 육지보다 더 넓다.
⑤ 바람이 심하게 불기도 한다.

**17** 지구와 달 모형 중 다음과 같이 만든 모형은 무엇인지 쓰시오.

> 육지는 초록색, 바다는 파란색, 구름은 흰색으로 만들었다.

(                    )

**18** 지구와 달 모형을 만들었습니다. 지구 모형과 달 모형을 바르게 선으로 연결하시오.

(1) •          • ㉠   달

(2) •          • ㉡   지구

**서술형**

**19** 가정에서 환경을 위해 내가 할 수 있는 일을 한 가지 쓰시오.

_____

_____

**20** 지구의 날은 언제입니까? (          )

① 매년 3월 21일
② 매년 3월 22일
③ 매년 4월 20일
④ 매년 4월 21일
⑤ 매년 4월 22일

**1** 다음 사진에 대한 설명으로 바른 것은 무엇입니까?
( )

① 지구에서 흔하게 볼 수 있다.
② 표면이 물로 덮여 있는 곳이다.
③ 표면에서 돌을 볼 수 있는 곳이다.
④ 다닐 때 특별한 장비가 필요 없는 곳이다.
⑤ 다양한 동물과 식물을 볼 수 있는 곳이다.

**2** 다음 세 곳의 공통점은 무엇입니까? ( )

> 사막, 빙하, 화산

① 다양한 식물을 볼 수 있다.
② 서울 곳곳에 있는 풍경이다.
③ 지구에서 볼 수 있는 모습이다.
④ 우리나라에서 볼 수 있는 모습이다.
⑤ 크고 작은 충돌 구덩이들을 볼 수 있다.

**3** 스마트 기기에서 다음과 같은 사진을 보고 지구 표면의 모습을 표현하려고 합니다. 이 사진을 보고 알맞게 표현한 사람은 누구인지 쓰시오.

> 준희: 나무를 표현하기 위해 초록색을 많이 쓸 거야.
> 채원: 속에 숨어 있는 동물을 상상해서 그릴 거야.
> 승우: 높낮이를 비슷하게 해서 편평하게 그릴 거야.

( )

**4** 지구 표면의 모습 중 다음과 같은 곳을 설명하는 내용으로 알맞은 것은 무엇입니까? ( )

① 파도가 심하게 친다.
② 얼음으로 덮여 있다.
③ 표면의 물이 잔잔하다.
④ 높이 차이가 없이 편평하다.
⑤ 대부분 많은 모래로 되어 있다.

**서술형**

**5** 육지와 바다의 모습을 나타낸 지도입니다. 육지와 바다 중 어디가 더 넓은지 비교하여 쓰시오.

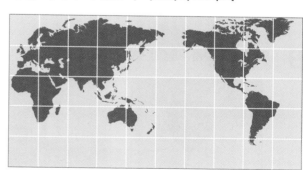

_____

_____

**서술형**

**6** 육지의 물맛과 바닷물 맛을 비교하면 어떤 맛이 나는지 한 가지 쓰시오.

_____

_____

5
단원

**7** 육지의 물맛과 바닷물 맛을 비교하는 실험에서 두 물이 다른 맛이 나는 이유를 적은 것입니다. ( ) 안에 알맞은 말은 무엇입니까? ( 　　　 )

> 바닷물은 육지의 물과 다르게 바닷물 속에 ( 　　　 )맛을 내는 여러 가지 물질이 녹아 있다.

① 단　　　　　　　② 짠
③ 매운　　　　　　④ 신
⑤ 달달한

**8** 지구에 있는 물에 대한 설명으로 바른 것은 무엇입니까? ( 　　　 )

① 지구 대부분의 물은 육지에 있다.
② 바닷물은 사람이 마시기에 적당하지 않다.
③ 바닷물에는 쓴맛을 내는 물질만 녹아 있다.
④ 육지의 물은 사람이 마시기에 적당하지 않다.
⑤ 육지의 물에는 짠맛을 내는 물질이 많이 녹아 있다.

**9** 다음은 무엇을 이용한 것인지 쓰시오.

　　　▲ 열기구　　　　　　　▲ 요트

( 　　　　　　　　 )

**10** 공기를 이용하는 방법 중 바른 것을 모두 고르시오.
( 　 , 　 , 　 )

① 식물은 공기가 있어야 숨을 쉴 수 있다.
② 비행기는 공기가 있어야 움직일 수 있다.
③ 동물은 소화를 시킬 때만 공기를 이용한다.
④ 공기는 눈에 보이지 않으므로 우리 주변에 없다.
⑤ 깃발이 날리는 것은 그 근처에 공기가 지나가기 때문이다.

[11~12] 다음은 마젤란 탐험대가 세계 일주를 한 뱃길을 나타낸 것입니다.

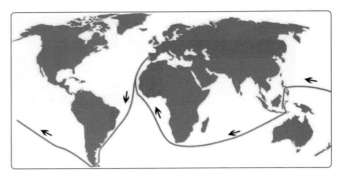

**11** 마젤란이 세계 일주를 한 뱃길을 통해 알 수 있는 것은 무엇입니까? ( 　 , 　 )

① 지구는 둥글다.
② 지구의 끝은 낭떠러지이다.
③ 세계 일주를 하는 데 오랜 시간이 걸렸다.
④ 한 방향으로 가면 출발한 곳으로 올 수 있다.
⑤ 지구는 편평해서 배를 타고 끝까지 갈 수 있다.

**12** 마젤란의 세계 일주와 관련된 노랫말을 쓰시오.

> 앞으로, 앞으로, 앞으로, 앞으로
> 지구는 둥그니까 자꾸 걸어 나가면
> 온 세상 어린이들 다 만나고 오겠네.

( 　　　　　　　　　 )

**13** 지구와 달 중 무엇을 관찰하고 정리한 내용인지 쓰시오.

| 전체 모양 | 둥근 공 모양이다. | |
|---|---|---|
| 표면 | 모습 | • 표면에 돌이 있다.<br>• 표면에 움푹 파인 구덩이가 많다.<br>• 매끈매끈한 면도 있고 울퉁불퉁한 면도 있다.<br>• 산처럼 높이 솟은 곳도 있고 바다처럼 깊고 넓은 곳도 있다. |
| | 색깔 | • 회색빛이다.<br>• 밝은 부분과 어두운 부분이 있다. |

( 　　　　　　　　 )

[14~15] 다음은 달 사진을 나타낸 것입니다.

**14** 위의 달 사진에서 어둡게 보이는 ㉠ 부분을 무엇이라고 하는지 쓰시오.

(                    )

**15** 달에는 물이 없는데 **14**번 정답과 같은 이름이 붙은 까닭은 무엇인지 한 가지 쓰시오.

_____

_____

**16** 지구와 달을 바르게 비교한 것에 ○표 하시오.

(1) 달은 지구보다 큽니다.                       (          )
(2) 달의 바다는 물의 깊이가 깊습니다.      (          )
(3) 지구에만 물과 공기가 있습니다.         (          )

**17** 지구를 야구공에 비교했을 때, 달을 비교하기에 적당한 것은 무엇입니까? (          )

**18** 자신이 만든 지구 모형을 <u>잘못</u> 설명한 사람은 누구인지 쓰시오.

> 지현: 지구 모형은 회색과 검정색으로 밝고 어둡게 만들었어.
> 준후: 지구 모형에서 바다를 나타내려고 파란색을 많이 사용했어.
> 미래: 지구 모형은 육지와 바다를 모두 표현하기 위해 육지는 초록색, 바다는 파란색을 사용했어.

(                    )

**5**
**단원**

**19** 맑은 공기를 위해 지구를 보호하는 행동이 <u>아닌</u> 것은 무엇입니까? (          )

① 자전거를 탄다.
② 나무를 심고 가꾼다.
③ 대중 교통을 이용한다.
④ 가까운 거리는 걸어 다닌다.
⑤ 공기가 시원하도록 에어컨을 자주 켠다.

**20** 4월 22일은 지구의 날입니다. 지구의 날이 만들어진 이유는 무엇입니까? (          )

① 지구를 달로부터 보호하기 위해서
② 지구와 달의 차이를 알리기 위해서
③ 지구에 사는 동식물을 기념하기 위해서
④ 환경 오염으로부터 지구를 보존하기 위해서
⑤ 외계인의 침략으로부터 지구를 지키기 위해서

**1** 다음을 보고 물음에 답하시오.

▲ 풍력 발전소

▲ 비행기

▲ 열기구

(1) 위의 그림에서 이용하는 것은 무엇인지 쓰시오.

(              )

(2) 위 (1)번 정답의 특징을 잘못 말한 사람의 이름을 쓰고, 잘못된 점을 고쳐 쓰시오.

> 승호: 우리 주변에는 이것으로 가득 차 있어.
> 민아: 눈에 보이지 않기 때문에 존재하지 않아.
> 우진: 코앞에 손가락을 대면 이것을 느낄 수 있어.

• 잘못 말한 사람: (           )

• 고쳐 쓰기: _____

**2** 다음은 마젤란 탐험대가 세계 일주를 한 뱃길을 나타낸 지도입니다.

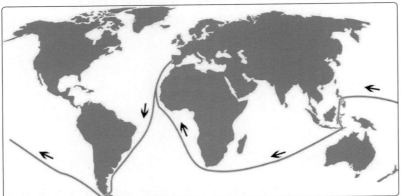

(1) 위 지도를 보고 마젤란 탐험대가 움직인 경로의 특징을 두 가지 쓰시오.

_____

(2) 마젤란 탐험대의 세계 일주로 알게 된 사실은 무엇인지 쓰시오.

**공기의 특징**

• 공기는 눈에 보이지는 않지만 지구 주위를 둘러싸고 있습니다.
• 공기는 동식물이 숨을 쉬고 살 수 있게 해 줍니다.

**마젤란의 세계 일주**

• 마젤란은 스페인 세비야 근처의 산루카 항에서 출발하여 서쪽 방향으로 움직였습니다.
• 마젤란이 한 방향으로만 움직였기 때문에 세계를 한 바퀴 돌 수 있었습니다.

**3** 다음은 달의 여러 가지 모습입니다.

ㄱ

▲ 달의 바다

ㄴ

▲ 충돌 구덩이

ㄷ

▲ 달 표면의 발자국

달의 표면 모습

• 표면에 돌이 있습니다.
• 표면에는 움푹 파인 구덩이가 많습니다.
• 매끈매끈한 면도 있고 울퉁불퉁한 면도 있
  습니다.
• 산처럼 높이 솟은 곳도 있고 바다처럼 깊
  고 넓은 곳도 있습니다.

(1) 다음 실험은 위에 있는 달의 여러 모습 중 무엇과 관련된 실험인지
ㄱ~ㄷ 중 기호를 쓰시오.

> • 신문지를 깔고 플라스틱 접시를 놓는다.
> • 접시에 약 3 cm 정도 높이까지 밀가루를 채운다.
> • 돌, 쇠구슬, 유리구슬, 고무찰흙으로 만든 공 등을 일정한 높
>   이에서 밀가루 위로 떨어뜨린다.
> • 떨어뜨린 공을 조심스럽게 꺼낸다.
> • 공을 떨어뜨린 곳이 어떻게 변했는지 관찰한다.

(             )

(2) 실제로 달에서 위 (1)번 정답과 같은 모습이 어떻게 만들어진 것인지
쓰시오.

_____

**4** 지구와 달의 공통점과 차이점을 한 가지씩 쓰시오.

| | |
|---|---|
| 공통점 | |
| 차이점 | |

지구에서 생물이 살 수 있는 이유

• 지구에는 물이 있습니다. 물은 생물이 살
  아가는 데 꼭 필요합니다.
• 물은 지구에서 기체 상태로도 존재합니다.
  기체 상태의 물은 태양의 열에너지가 지구
  밖으로 빠져나가지 못하도록 잡아 두는 역
  할을 합니다. 그래서 지구는 밤이 되어도
  온도가 급격하게 식지 않아 생물이 살기에
  적당한 온도를 유지합니다.

## 전기를 발생시키는 동물

### ❀ 전기뱀장어

동작이 느리고 완만하게 흐르는 맑은 물에 사는 전기뱀장어는 전기뱀장어과에 속하는 남아메리카에 살고 있는 물고기로, 먹잇감이 나타나면 몸에 전기를 일으켜 상대방을 마비시킨 뒤 잡아먹습니다. 전기뱀장어는 머리 쪽이 (+)극, 꼬리 쪽이 (−)극 역할을 해서 머리 부분에서 전기가 나옵니다. 전기뱀장어는 성장을 하면서 전기를 방전시켜 먹잇감을 찾고 상호 교신을 하며, 사물을 감지하므로 전기가 눈의 역할을 대신합니다.

▲ 전기뱀장어

### ❀ 전기가오리

전기가오리과에 속하며 대부분 얕은 물에서 살지만 어떤 종류는 수심이 1000m 이상이 되는 곳에서 살기도 합니다. 전기가오리는 바닥에서 천천히 움직이면서 생활하며, 작은 물고기가 지나가면 전기를 일으켜 먹이를 감전시켜서 잡아먹습니다. 전기가오리는 발전 기관의 등 쪽에서 (+)극, 배 쪽에서 (−)극 전기를 내어 외부의 공격을 막습니다. 큰 가오리가 일으키는 전기는 어른을 넘어뜨릴 정도로 강합니다.

▲ 전기가오리

### ❀ 전기메기

전기메기과에 속하며 입수염이 세 쌍 있습니다. 피부와 근육 사이에 원막이 있으며 그 속에는 발전기관이 불규칙적으로 흩어져 있습니다. 전기메기는 약 450V(볼트) 정도의 전기를 만들어 낼 수 있으며, 먹잇감을 잡거나 외부의 적에 대해 방어를 할 때 전기를 냅니다. 꼬리 쪽은 (+)극, 머리 쪽이 (−)극이 되고 전류는 꼬리에서 머리 쪽으로 흐릅니다.

▲ 전기메기

# 자석의 발견과 이용

자석의 발견에 관해서는 여러 가지 이야기가 전해지고 있습니다. 한 가지는 그리스 시대에 쇠붙이를 싣고 바다를 오가던 배들이 자석으로 된 마그네시아라는 섬 근처에 가면 그 섬으로 끌려갔다는 이야기이고, 또 다른 한 가지는 유럽의 한 신화 속에 나오는 이야기로 가축을 돌보던 소년이 신고 있던 신발과 지팡이가 땅에 붙어서 움직이지 못했다는 이야기입니다. 이러한 자석에 관한 이야기들은 실제 있었던 일인지는 확실하지 않습니다. 왜냐하면 자연 상태에 있는 천연 자석은 쇠붙이를 끌어당기는 힘이 약하기 때문에 사람이 그 힘을 잘 느끼지 못하는 경우가 많기 때문입니다.

인공 자석이 처음 만들어지기 시작한 것은 1820년대입니다. 이 때에는 주로 연철과 탄소강을 이용하여 자석을 만들었고, 주로 나침반을 만들기 위한 목적이었습니다. 하지만 시간이 지나면서 자석을 나침반뿐 아니라 다양한 분야에 이용하게 되었습니다.

오늘날 자석은 클립 통, 냉장고 문, 칠판, 필통 등 생활의 다양한 분야에 사용되고 있습니다. 자기 부상 열차를 만들 때에도 자석의 성질을 이용합니다. 바퀴로 달리는 열차의 경우 시속 300km가 넘으면 바퀴가 철로 위에서 미끄러지는 현상이 일어나기 때문에 속도를 계속 높일 수 없지만 자기 부상 열차의 경우는 자석의 힘으로 철로 위를 떠서 달리기 때문에 철로와의 마찰이 없어서 시속 300km 이상의 빠른 속도로 달릴 수 있습니다. 또한 자기공명장치 같은 의료기기에도 자석이 사용됩니다. 전류가 흐를 때만 자석의 성질을 갖는 전자석은 쇠붙이 수거 장치에 이용되고, 전자석의 성질을 이용하여 만든 전동기는 면도기, 세탁기, 자동차, 컴퓨터 등 생활의 다양한 분야에서 이용되고 있습니다.

▲ 클립 통

▲ 나침반

▲ 자기 부상 열차

# 100점
# 예상문제

# 과학 3-1

3~4 학년군

**1  과학자는 어떻게 탐구할까요?**

**1** 관찰에 대한 설명으로 바르지 않은 것은 어느 것입니까? (       )

① 이미 알고 있는 것을 말하는 것은 관찰이 아니다.
② 맨눈으로 관찰하기 어려울 때는 현미경을 사용한다.
③ 관찰할 때는 눈, 코, 입, 귀, 피부 등을 사용할 수 있다.
④ 소리가 명확하게 들리지 않을 때에는 청진기를 사용한다.
⑤ 탐구하고자 하는 대상의 길이, 무게, 시간, 온도 등을 재는 것이다.

**2** 탐구하고자 하는 대상을 정확하게 측정하려고 합니다. 알맞은 도구를 찾아 선으로 연결하시오.

(1) 길이 •            • ㉠ 시계
(2) 무게 •            • ㉡ 온도계
(3) 시간 •            • ㉢ 자
(4) 온도 •            • ㉣ 저울

**3** (       ) 안에 알맞은 말을 쓰시오.

> 앞으로 일어날 수 있는 일을 생각하는 것을 예상이라고 한다. 이미 관찰하거나 경험하여 알고 있는 것에서 (            )을 찾아내면 더 쉽게 예상할 수 있다.

(                        )

**4** 공룡 시대에 살았던 동물의 과학적인 분류 기준으로 알맞지 않은 것은 어느 것입니까? (       )

① 날개가 있는가?
② 머리에 뿔이 있는가?
③ 등에 돌기가 있는가?
④ 내 동생이 좋아하는가?
⑤ 땅을 딛고 있는 다리가 네 개인가?

서술형

**5** 다음 공룡 발자국의 표시한 부분을 보고 어떤 일이 일어났는지 추리를 해서 한 가지 쓰시오.

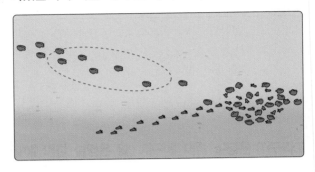

_____

_____

**6** 다른 사람과 의사소통을 할 때 사용할 수 있는 것으로 알맞지 않은 것을 보기 에서 골라 기호를 쓰시오.

> 보기
> ㉠ 표          ㉡ 그림
> ㉢ 혼잣말      ㉣ 몸짓

(                        )

**2  물질의 성질**

서술형

**7** 다음과 같은 말판을 이용하여 놀이를 할 때 물체 그림을 뒤집어 확인한 답이 틀리면 어떻게 해야 하는지 쓰시오.

**[8~9]** 네 가지 막대의 성질을 알아보았습니다.

▲ 금속 막대

▲ 플라스틱 막대

▲ 나무 막대

▲ 고무 막대

**8** 네 가지 막대를 서로 긁어 보는 것은 무엇을 알아보기 위한 실험입니까? (          )

① 색깔　　　　② 휘는 정도
③ 무게　　　　④ 단단한 정도
⑤ 물에 뜨는 것

**9** 위 네 가지 막대를 단단한 것부터 바르게 나열한 것은 어느 것입니까? (          )

① 금속 막대 > 플라스틱 막대 > 나무 막대 > 고무 막대
② 금속 막대 > 플라스틱 막대 > 고무 막대 > 나무 막대
③ 플라스틱 막대 > 금속 막대 > 나무 막대 > 고무 막대
④ 나무 막대 > 고무 막대 > 금속 막대 > 플라스틱 막대
⑤ 고무 막대 > 금속 막대 > 나무 막대 > 플라스틱 막대

**10** 오른쪽 물체를 금속으로 만들면 좋은 점은 무엇입니까?
(          )

① 가볍다.
② 잘 늘어난다.
③ 다른 물질보다 튼튼하다.
④ 다른 물체를 쉽게 묶을 수 있다.
⑤ 다양한 색깔로 만들어 사용할 수 있다.

**11** 한 가지 물질로 만들어진 물체가 아닌 것은 무엇입니까? (          )

① 풍선　　　　② 가위
③ 지우개　　　④ 색종이
⑤ 금속 고리

**12** 보기 는 어떤 컵의 좋은 점입니까? (          )

보기
• 매우 단단하다.
• 잘 깨지지 않는다.

①

▲ 유리컵

②
▲ 종이컵

③
▲ 플라스틱 컵

④

▲ 도자기 컵

⑤
▲ 금속 컵

**13** 탱탱볼을 만들때 필요하지 않은 것은 무엇입니까?
(          )

① 붕사
② 얼음물
③ 유리 막대
④ 실험용 장갑
⑤ 폴리비닐 알코올

**3　동물의 한살이**

**14** 암수가 쉽게 구별되는 동물에는 ○표, 쉽게 구별되지 않는 동물에는 ×표를 하시오.

(1)

(          )

(2)

(          )

**15** 알과 새끼를 암수가 함께 돌보는 동물은 어느 것입니까? ( )

① 꾀꼬리 　　　　② 산양
③ 물자라 　　　　④ 꺽지
⑤ 바다코끼리

**16** 다음은 배추흰나비를 기르면서 관찰 기록장을 기록한 것입니다. 무엇에 대해 기록한 것입니까? ( )

관찰 기록장
▾ 관찰 날짜: 20○○년 ○○월 ○○일~
　　　　　　 20○○년 ○○월 ○○일

▾ 관찰 제목:

▾ 관찰 내용

노란색이고 좁쌀보다 더 작아서
잘 보이지 않는다.

① 알 　　　　　　② 애벌레
③ 번데기 　　　　④ 배추흰나비

**17** 배추흰나비 애벌레에 대한 설명입니다. ( ) 안에 알맞은 말을 쓰시오.

• 알에서 나온 애벌레는 처음에는 연한 노란색이
지만 잎을 먹으면 ( ㉠ )으로 변한다.
• 애벌레의 몸은 여러 개의 ( ㉡ )로 되
어 있다.

㉠: ( )
㉡: ( )

**18** 배추흰나비 한살이에서 다음과 같이 애벌레가 자라는 모습을 볼 수 있는 기간은 며칠입니까? ( )

① 약 2~3일 　　　　② 약 3~5일
③ 약 7~10일 　　　　④ 약 15~20일
⑤ 약 24~28일

**19** 동물을 ⑺와 ⑷로 구분하였습니다. ⑺와 ⑷에 대한 설명으로 바른 것은 어느 것입니까? ( )

① ⑺는 곤충이고, ⑷는 곤충이 아니다.
② ⑺와 ⑷는 자라는 동안 허물을 벗는다.
③ ⑺는 애벌레와 어른벌레의 생김새가 비슷하다.
④ ⑺는 알-애벌레-어른벌레의 한살이를 거친다.
⑤ ⑷는 알-애벌레-번데기-어른벌레의 한살이를
거친다.

**20** 새끼를 낳는 동물의 특징으로 바르지 않은 것은 어느 것입니까? ( )

① 동물마다 임신 기간이 다르다.
② 새끼와 어미의 모습이 다르다.
③ 몸이 털이나 가죽으로 덮여 있다.
④ 다 자랄 때까지 어미의 보살핌을 받는다.
⑤ 짝짓기를 하고 일정한 시간이 지나면 새끼를 낳
는다.

**1** 과학자는 어떻게 탐구할까요?

**1** 탐구하고자 하는 대상을 관찰할 때 소리가 명확하게 들리지 않으면 무엇을 사용합니까? (          )

① 맨눈
② 돋보기
③ 청진기
④ 현미경
⑤ 온도계

**2** 탐구하고자 하는 대상을 측정할 때 측정한 값이 정확하려면 어떻게 해야 하는지 모두 고르시오.

(     ,     )

① 한 번만 측정한다.
② 어림한 측정값을 선택한다.
③ 측정 도구를 항상 새로 산다.
④ 측정 도구를 바르게 사용한다.
⑤ 여러 번 측정하여 결과를 비교한다.

**3** 두 가지 경우를 보고 쌀과 검은 콩을 넣었을 때는 어떻게 되는지 예상하여 쓰시오.

▲ 쌀과 땅콩을 넣고 흔들었을 때 / ▲ 쌀과 아몬드를 넣고 흔들었을 때 / ▲ 쌀과 검은콩을 넣고 흔들었을 때

_____

**4** 공룡 시대에 살았던 동물들을 등에 돌기가 있는 것과 없는 것으로 분류하여 기호를 쓰시오.

(1) 등에 돌기가 있는 것: (                    )
(2) 등에 돌기가 없는 것: (                    )

**5** 관찰 결과, 과거 경험, 이미 알고 있는 것 등을 바탕으로 하여 무슨 일이 일어났는지 생각하는 것을 무엇이라고 하는지 쓰시오.

(                    )

**6** 다른 사람에게 나의 생각을 더 정확하게 전달하기 위한 방법으로 알맞지 않은 것은 어느 것입니까?

(          )

① 글만 전달한다.
② 표를 사용하여 전달한다.
③ 몸짓을 사용하여 전달한다.
④ 그림을 사용하여 전달한다.
⑤ 정확한 용어를 사용하여 간단하게 전달한다.

**2** 물질의 성질

**7** 비밀 상자 속 물체를 알아맞히는 방법으로 알맞지 <u>않은</u> 것은 어느 것입니까? (       )

① 물체를 흔들어 소리를 들어 본다.
② 손으로 꼼꼼하게 물체를 만져 본다.
③ 어떤 모양일지 생각하며 만져 본다.
④ 냄새를 맡아 보는 것은 도움이 되지 않는다.
⑤ 어떤 재료로 되어 있는지 생각하며 만져 본다.

**8** 물체가 어떤 물질로 만들어져 있는지 바르게 연결하시오.

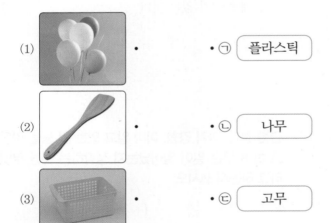

(1)   •          • ㉠ 플라스틱

(2)   •          • ㉡ 나무

(3)   •          • ㉢ 고무

**9** 다음과 같은 성질을 가진 물질은 무엇입니까?
(       )

- 다른 물질보다 단단하다.
- 광택이 있다.
- 딱딱하고 들어 보면 무겁다.

① 나무        ② 섬유
③ 고무        ④ 플라스틱
⑤ 금속

**10** 어떤 물질의 성질인지 보기 에서 골라 쓰시오.

> **보기**
> 금속          플라스틱
> 나무          고무

(1) 고유한 향과 무늬가 있습니다.
(                )

(2) 늘어났다가 다시 되돌아가는 성질이 있습니다.
(                )

(3) 다양한 모양의 물체를 다른 물질보다 쉽게 만들 수 있습니다.   (                )

**11** 자전거의 각 부분을 이루고 있는 물질을 바르게 짝지은 것은 어느 것입니까? (       )

① 몸체-고무          ② 손잡이-금속
③ 타이어-금속          ④ 체인-고무나 플라스틱
⑤ 안장-가죽이나 플라스틱

**12** 재경이는 질기고 미끄러지지 않으며, 물이 들어오지 않는 장갑을 사려고 합니다. 어떤 장갑을 사야 합니까? (       )

① 고무장갑          ② 털장갑
③ 비닐장갑          ④ 면장갑
⑤ 가죽 장갑

**13** 탱탱볼을 만드는 과정입니다. (       ) 안에 알맞은 실험 기구를 쓰시오.

- 따뜻한 물이 반쯤 담긴 투명한 플라스틱 컵에 붕사를 두 숟가락 넣는다.
- (          )로 저어 준 다음 폴리비닐 알코올을 다섯 숟가락 넣는다.
- (          )로 저어 준 뒤에 3분 정도 기다리며 나타나는 현상을 관찰한다.
- 엉긴 물질을 꺼내 손으로 주무르면서 공 모양을 만든다.

(                )

**14** 암수가 쉽게 구별되지 <u>않는</u> 동물은 어느 것입니까?

( )

①
▲ 사자

②
▲ 원앙

③
▲ 두루미

④
▲ 사슴벌레

⑤
▲ 꿩

**15** 암수 모두 알을 돌보지 <u>않는</u> 동물은 어느 것입니까?

( )

① 제비
② 곰
③ 거북
④ 가시고기
⑤ 황제펭귄

**16** 배추흰나비 번데기에서 어른벌레가 나오는 과정 중 가장 나중에 일어나는 것은 무엇입니까? ( )

① 등 부분이 갈라진다.
② 몸 전체가 빠져나온다.
③ 번데기의 색깔이 변한다.
④ 입에서 실을 뽑아 몸을 묶는다.
⑤ 날개를 늘어뜨리고 천천히 펼친다.

**17** 배추흰나비의 모습입니다. ⊙은 무엇인지 쓰시오.

( )

**18** 불완전 탈바꿈을 하는 곤충을 모두 고르시오.

( , )

① 잠자리
② 파리
③ 무당벌레
④ 노린재
⑤ 장수풍뎅이

**19** 닭의 한살이에 대한 설명으로 바르지 <u>않은</u> 것은 어느 것입니까? ( )

① 병아리는 몸이 솜털로 덮여 있다.
② 알은 단단한 껍데기에 싸여 있다.
③ 병아리는 발로 껍데기를 차서 깨고 나온다.
④ 수탉은 암탉보다 볏과 꽁지깃이 길고 화려하다.
⑤ 어미 닭이 알을 품은 지 약 21일이 지나면 병아리가 알에서 나온다.

**20** 갓 태어난 강아지에 대한 설명으로 바른 것은 어느 것입니까? ( )

① 사물을 볼 수 있다.
② 다리가 네 개 있다.
③ 귀로 소리를 들을 수 있다.
④ 고기, 사료 등을 먹을 수 있다.
⑤ 튼튼한 다리로 걷거나 달릴 수 있다.

**4 자석의 이용**

**1** 재미있는 얼굴을 한 자석 인형을 만들려고 합니다. 필요한 준비물이 <u>아닌</u> 것은 무엇입니까? ( )

① 색종이      ② 물
③ 막대자석      ④ 가위
⑤ 공예용 철끈

**2** 자석에 붙는 물체에는 ○표, 붙지 <u>않는</u> 물체에는 ×표를 하시오.

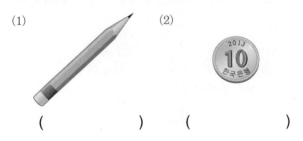

(1)            (2)

(      )    (      )

**3** ( ) 안에 알맞은 말을 한 가지 쓰시오.

> 철로 된 물체는 자석에 붙는다. 그러나 ( )로 된 물체는 자석에 붙지 않는다.

(        )

**4** 둥근기둥 모양 자석을 집게로 집고 클립이 든 종이 상자에 넣었다가 천천히 들어 올리면 어느 부분에 클립이 가장 많이 붙는지 모두 골라 기호를 쓰시오.

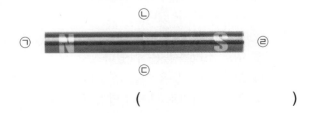

(        )

**5** 투명한 통에 물체를 넣고 자석을 가까이 가져갈 때 자석이 물체를 끌어당기는 실험을 하려고 합니다. 통에 넣을 물체로 알맞은 것은 무엇입니까?
( )

① 동전
② 빨대
③ 지우개
④ 빵 끈 조각
⑤ 나무젓가락

**6** 막대자석의 색깔을 보고 N극과 S극을 구분해서 쓰시오.

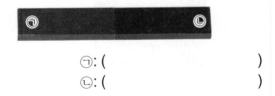

㉠: (        )
㉡: (        )

**7** 다음과 같은 실험을 통해 알 수 있는 사실로 바른 것은 어느 것입니까? ( )

| 막대자석에 머리핀을 붙여 놓기 전 | 막대자석에 머리핀을 붙여 놓은 후 |
|---|---|

① 머리핀은 자석으로 만든다.
② 머리핀과 클립은 자석에 붙는다.
③ 머리핀은 자석의 성질을 가지고 있다.
④ 머리핀은 자석이지만, 클립은 자석이 아니다.
⑤ 머리핀을 자석에 붙여 놓으면 머리핀이 자석의 성질을 띠게 된다.

**8** 다음과 같이 막대자석 두 개를 마주 보게 하여 가까이 가져가면 어떻게 됩니까? ( )

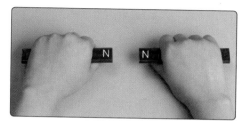

① 서로 밀어 낸다.
② 서로 끌어당긴다.
③ 아무런 움직임이 없다.
④ 자석이 앞뒤로 달라붙는다.
⑤ 자석의 가운데 부분이 달라붙는다.

**9** 위 **8**번 실험을 통해 알 수 있는 사실입니다. ( ) 안의 알맞은 말에 ○표 하시오.

막대자석은 (같은, 다른) 극끼리는 서로 (끌어당긴다, 밀어 낸다).

**10** 나침반에 막대자석을 가까이 자져갔을 때와 나침반만 두었을 때의 모습입니다. 실험에 대한 설명으로 바르지 <u>않은</u> 것은 어느 것입니까? ( )

▲ 나침반에 막대자석을 가까이 가져갈 때    ▲ 나침반만 두었을 때

① 자석은 나침반의 바늘을 끌어당긴다.
② 나침반 바늘은 언제나 동쪽을 가리킨다.
③ 나침반 근처에 자석이 있으면 제대로 방위를 가리킬 수 없다.
④ 자석의 N극을 가까이 가져가면 남쪽을 나타내는 나침반 바늘이 자석의 극을 가리킨다.
⑤ 자석의 S극을 가까이 가져가면 북쪽을 나타내는 나침반 바늘이 자석의 극을 가리킨다.

**11** 지구 표면에서 볼 수 있는 모습을 두 가지 이상 쓰시오.

**12** 오른쪽은 지구 표면에서 볼 수 있는 모습 중 어느 것을 표현한 것입니까? ( )

① 산
② 들
③ 갯벌
④ 화산
⑤ 사막

**13** 다음은 육지와 바다의 넓이를 비교하기 위한 지도입니다. 지도에서 의미하는 것은 육지와 바다 중 무엇인지 쓰시오.

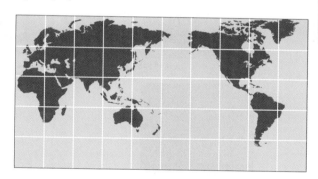

(1) ▇ : ( )
(2) ▇ : ( )

**14** 위 지도는 전체 50칸으로 이루어져 있습니다. 육지 칸의 수는 몇 칸입니까? ( )

① 5칸 ② 8칸
③ 14칸 ④ 25칸
⑤ 36칸

100점 예상 문제

**15** 공기의 역할이 <u>아닌</u> 것은 어느 것입니까?
(          )

① 지구가 태양 주위를 돌게 한다.
② 생물이 숨을 쉬고 살 수 있게 해 준다.
③ 지구를 순환하면서 에너지를 교환한다.
④ 연을 날리거나 튜브를 탈 수 있게 해 준다.
⑤ 태양빛 중에서 우리에게 해로운 빛의 일부를 막아
준다.

**16** 공기를 이용하는 경우를 모두 고르시오.
(      ,      )

①
▲ 체로 분리하기

②
▲ 가정용 저울

③
▲ 나침반

④
▲ 요트

⑤
▲ 풍력 발전소

**17** 스페인을 출발해 계속 서쪽으로 항해를 해서 세계 일
주를 한 사람은 누구입니까? (          )

① 링컨          ② 마젤란
③ 에디슨        ④ 콜럼버스
⑤ 모차르트

**18** 다음은 마젤란 탐험대가 세계 일주를 한 뱃길을 나타
낸 것입니다. 처음 출발한 곳의 기호를 쓰시오.

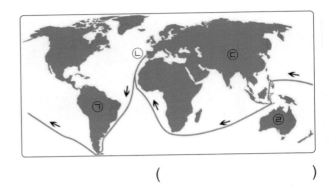

(                    )

**19** 오른쪽은 우주에서 본 지구 모
습입니다. 지구 모습에 대한 설
명으로 바른 것은 어느 것입니
까? (          )

① 네모난 모양이다.
② 편평한 모양이다.
③ 둥근 공 모양이다.
④ 지구 주변에 띠 모양을 볼 수 있다.
⑤ 밝은 부분과 어두운 부분을 볼 수 있다.

**20** 달에 대한 설명으로 바른 것을 보기 에서 골라 기호
를 쓰시오.

보기
㉠ 둥근 모양이다.
㉡ 지구보다 크기가 크다.
㉢ 편평한 모양이다.
㉣ 푸른 하늘을 볼 수 있다.

(                    )

**4** 자석의 이용

**1** 재미있는 얼굴을 한 자석 인형을 만드는 과정입니다. ( ) 안에 들어갈 말은 무엇입니까? (        )

- 색종이를 감싼 막대자석에 눈 모양 붙임딱지를 붙인다.
- 여러 가지 색깔의 공예용 철끈 조각을 많이 잘라 놓는다.
- 공예용 철끈 조각을 붙여 자석 인형의 (        )을 만든다.

① 손　　　　　　② 눈
③ 발　　　　　　④ 입
⑤ 머리카락

**2** 가위에서 자석에 붙는 부분과 붙지 않는 부분을 구분해서 기호를 쓰시오.

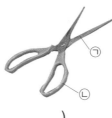

(1) 자석에 붙는 부분: (          )
(2) 자석에 붙지 않는 부분: (          )

**3** 다음 실험에 대한 설명으로 바른 것은 어느 것입니까? (        )

 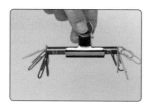

① 두 자석은 극의 위치가 다르다.
② 두 자석에 붙은 클립의 수는 모두 같다.
③ 모두 자석의 양쪽 끝부분에 클립이 많이 붙는다.
④ 둥근기둥 모양 자석은 가운데 부분에 클립이 많이 붙는다.
⑤ 막대자석은 극이 두 개이고, 둥근기둥 모양 자석은 극이 한 개다.

서술형

**4** 앞 3번 실험을 통해 알 수 있는 자석의 극의 특징을 한 가지 쓰시오.

_____

_____

[5~7] 막대자석의 극에 붙여 놓았던 머리핀을 수수깡에 꽂아 수조에 띄운 모습입니다.

서술형

**5** 위 실험에서 머리핀을 수수깡 조각에 꽂은 까닭은 무엇인지 쓰시오.

_____

**6** ( ) 안에 들어갈 알맞은 말은 어느 것입니까?
(        )

막대자석의 극에 1분 동안 붙여 놓았던 머리핀을 수수깡 조각에 꽂아 물에 띄우면 머리핀은 (        )을 가리킨다.

① 동쪽과 서쪽　　② 동쪽과 남쪽
③ 남쪽과 북쪽　　④ 남쪽과 서쪽
⑤ 북쪽과 동쪽

**7** 위 실험에서 머리핀을 띄운 수조 오른쪽에 놓은 나침반 바늘의 모양으로 바른 것은 어느 것입니까?
(        )

① 　② 　③

④ 　⑤

100점 예상문제

[8~9] 고리 자석을 이용해 탑을 쌓은 것입니다.

ㄱ          ㄴ

**8** 위 ㄱ과 ㄴ 중 자석이 서로 끌어당기는 힘을 이용하여 탑을 쌓은 것은 어느 것인지 기호를 쓰시오.

(                    )

**9** 위 ㄱ과 ㄴ 중 서로 같은 극을 마주 보게 탑을 쌓은 것은 어느 것인지 기호를 쓰시오.

(                    )

**10** 자석을 이용한 생활용품을 모두 고르시오.

(        ,        )

① ▲ 망치    ② ▲ 필통

③ ▲ 우산    ④ ▲ 클립 통

⑤ ▲ 열쇠

**5** 지구의 모습

**11** 다음은 지구와 달 중 어느 곳의 모습인지 쓰시오.

(                    )

**12** 지구 표면의 모습을 표현할 때 바다의 모습을 표현한 것은 어느 것입니까? (        )

①  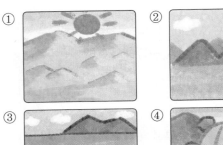      ②

③        ④

⑤

**13** (        ) 안에 들어갈 알맞은 말에 ○표 하시오.

(육지의 물, 바닷물)과 다르게 (육지의 물, 바닷물)에는 짠맛이 나는 소금 등 여러 가지 물질이 많이 녹아 있어서 사람이 마시기에 적당하지 않다.

**14** 지구에 공기가 없다면 어떤 일이 일어날지 모두 고르시오. (　,　)

① 비가 많이 온다.
② 동물이 살 수 없다.
③ 바람이 더 세게 분다.
④ 식물이 숨을 쉬지 못한다.
⑤ 하루 종일 구름이 많이 생긴다.

**15** 마젤란 탐험대의 세계 일주를 체험해 보려고 합니다. 필요한 준비물로 알맞은 것을 모두 고르시오.
(　,　)

① 배　　　　　② 현미경
③ 자석　　　　④ 지구의
⑤ 인형

**16** 달에 대한 설명으로 바른 것은 어느 것인지 기호를 쓰시오.

| 구분 | ㉠ | ㉡ | ㉢ | ㉣ |
|---|---|---|---|---|
| 모양 | 편평한 모양 | 둥근 모양 | 편평한 모양 | 둥근 모양 |
| 기타 | 충돌 구덩이가 많다. | 산과 강이 있다. | 산과 강이 있다. | 밝은 곳과 어두운 곳이 있다. |

(　　　　　)

**17** 달의 모습에서 '달의 바다'라고 부르는 곳은 어느 부분인지 기호를 쓰시오.

(　　　　　)

**18** 지구에서 볼 수 있는 모습과 달에서 볼 수 있는 모습을 바르게 연결하시오.

(1)  ・

(2)  ・

・㉠ 충돌 구덩이
・㉡ 파란 하늘
・㉢ 여러 가지 식물

**19** 야구공과 유리구슬을 이용하여 지구와 달의 크기를 비유한 것입니다. 야구공과 유리구슬은 무엇을 나타내는지 쓰시오.

| 물체 | 비유 |
|---|---|
|  |  |
|  |  |

**20** 지구와 달 모형을 만들어 표현할 때 잘못된 것은 어느 것입니까? (　　　　)

① 색점토를 이용한다.
② 지구가 달보다 약 4배 크다.
③ 달은 지구 지름의 $\frac{1}{6}$ 정도이다.
④ 지구와 달은 모두 둥근 모양으로 같다.
⑤ 지구 표면에서 바다 부분은 파란색으로 표현한다.

**1**  과학자는 어떻게 탐구할까요?

**1** 깍지를 까지 않은 땅콩을 관찰한 것입니다. 관찰이 아닌 것은 어느 것입니까? (     )

① 맛있게 보인다.
② 눈사람 모양이다.
③ 흔들면 소리가 난다.
④ 구수한 냄새가 난다.
⑤ 표면이 꺼칠꺼칠하다.

**2** 다음은 여러 가지 땅콩의 길이를 여러 번 잰 결과입니다. 빈칸에 알맞은 땅콩의 길이를 쓰시오.

| 구분 | | 가 | 나 | 다 | 라 |
|---|---|---|---|---|---|
| 땅콩의 길이 | 1회 | 약 5 cm | 약 4 cm | 약 3 cm | 약 4 cm |
| | 2회 | 약 4 cm | 약 3 cm | 약 3 cm | 약 4 cm |
| | 3회 | 약 4 cm | 약 3 cm | 약 3 cm | 약 3 cm |
| 내가 선택한 길이 | | 약 4 cm | 약 3 cm | 약 3 cm | |

(                    )

**3** 크기가 다른 알갱이를 플라스틱 통에 넣고 흔들었을 때 세 번째 통 안의 변화를 바르게 예상한 것을 보기 에서 골라 기호를 쓰시오.

▲ 쌀과 땅콩을 넣고 흔들었을 때

▲ 쌀과 아몬드를 넣고 흔들었을 때

▲ 쌀과 검은콩을 넣고 흔들었을 때

보기
㉠ 검은콩이 위로 올라갈 것이다.
㉡ 검은콩이 아래로 내려갈 것이다.
㉢ 쌀과 검은 콩이 골고루 섞일 것이다.

(                    )

**4** 탐구하는 과정에서 분류할 때의 유의점입니다. 바른 것은 ○표, 바르지 않은 것은 ×표를 하시오.

(1) 분류된 것은 서로 겹쳐도 됩니다.     (          )
(2) 분류의 기준은 객관이어야 합니다.     (          )
(3) 개인적인 생각도 분류 기준이 될 수 있습니다.
(          )
(4) 분류의 대상은 하나도 빠지지 않고 모두 분류되어야 합니다.     (          )

**2**  물질의 성질

[5~6] 보기 를 보고 물음에 답하시오.

보기
㉠ 빵          ㉡ 장갑          ㉢ 장난감 블록
㉣ 섬유        ㉤ 플라스틱      ㉥ 그릇

**5** 보기 에서 물체를 모두 골라 기호를 쓰시오.

(                    )

**6** 보기 에서 물질을 모두 골라 기호를 쓰시오.

(                    )

**7** 금속 막대, 나무 막대, 플라스틱 막대, 고무 막대를 물이 든 수조에 넣어 보는 것은 무엇을 알아보기 위한 것입니까? (     )

① 크기가 큰 막대와 작은 막대
② 잘 휘는 막대와 휘지 않는 막대
③ 촉감이 거친 막대와 매끈한 막대
④ 물에 뜨는 막대와 가라앉는 막대
⑤ 단단한 막대와 단단하지 않은 막대

**8** 물체를 다음과 같은 기준으로 분류할 때 ㉠에 알맞은 물체는 무엇입니까? (          )

| 한 가지 물질로 된 것 | 두 가지 이상의 물질로 된 것 |
|---|---|
| 색종이, 구슬, 자, ( ㉠ ) | 가위, 연필, 가방, 책상 |

① 풍선          ② 신발
③ 시계          ④ 자전거
⑤ 휴대 전화

---

**3  동물의 한살이**

**9** 다음은 사슴벌레의 모습입니다. 암컷과 수컷을 구별하여 쓰시오.

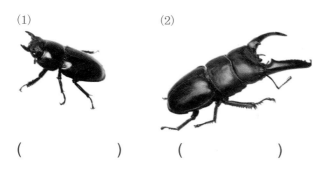

(1)          (2)

(          )     (          )

**10** 배추흰나비 애벌레의 모습에 대해 바르게 설명한 것은 어느 것입니까? (          )

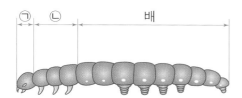

① ㉠은 배이다.
② ㉡은 머리이다.
③ 가슴에는 가슴발이 한 쌍 있다.
④ 배에는 숨구멍이 아홉 쌍 있다.
⑤ 배 끝에는 꼬리발이 네 쌍 있다.

---

**11** (          ) 안에 알맞은 말을 바르게 짝지은 것은 어느 것입니까? (          )

> 배추흰나비는 머리에 ( ㉠ ) 쌍의 겹눈, ( ㉡ ) 쌍의 더듬이가 있고, 가슴에는 ( ㉢ ) 쌍의 날개와 ( ㉣ ) 쌍의 다리가 있다.

| 구분 | ㉠ | ㉡ | ㉢ | ㉣ |
|---|---|---|---|---|
| ① | 한 | 한 | 두 | 세 |
| ② | 두 | 두 | 한 | 세 |
| ③ | 한 | 한 | 두 | 네 |
| ④ | 두 | 한 | 두 | 한 |
| ⑤ | 한 | 두 | 세 | 두 |

**12** 갓 태어난 강아지와 다 자란 개의 같은 점을 한 가지 쓰시오.

_____

_____

100점 예상 문제

---

**4  자석의 이용**

[13~14] 클립이 든 상자에 둥근기둥 모양 자석을 넣었다가 들어 올려 보았습니다.

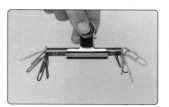

**13** 위와 같이 자석에서 클립 많이 붙는 부분을 무엇이라고 합니까? (          )

① 자석의 N극          ② 자석의 극
③ 자석의 S극          ④ 자석의 중심
⑤ 자석의 무게중심

**14** 앞 **13**번 실험에서 클립 대신 사용할 수 있는 것은 무 엇입니까? (          )

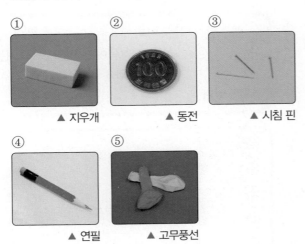

① ▲ 지우개
② ▲ 동전
③ ▲ 시침 핀
④ ▲ 연필
⑤ ▲ 고무풍선

서술형

**15** 막대자석의 극에 1분 동안 붙여 놓았던 머리핀을 수수 깡에 꽂아 물에 띄웠을 때 머리핀과 나침반 바늘이 가 리키는 방향을 비교하시오.

**16** 주황색 고리 자석의 아랫면이 S극일 때, 노란색 고리 자석의 윗면인 ㉠은 무슨 극인지 쓰시오.

S극
㉠

(          )

---

**5  지구의 모습**

**17** 지구 표면의 모습 빙고 게임을 하려고 합니다. 빙고판 의 빈칸에 알맞은 것을 한 가지 쓰시오.

| 산 | 들 | 강 |
|---|---|---|
| 사막 |  | 빙하 |
| 호수 | 바다 | 화산 |

(          )

**18** 공기의 역할에 대해 바르게 설명한 것은 ○표, 바르지 않은 것은 ×표 하시오.

⑴ 지구를 순환하면서 에너지를 교환합니다.
(          )
⑵ 지구가 태양 주위를 돌게 해 줍니다. (          )
⑶ 지구의 생물이 살아가는 데 필요한 산소를 공급해 줍니다.                                (          )

**19** 지구의 모양에 대한 설명으로 바른 것은 어느 것입니 까? (          )

① 편평하다.
② 윗면은 편평하지만 아래쪽은 둥글다.
③ 둥근 원반 모양을 한 지구가 넓은 바다에 떠 있다.
④ 둥근 모양이지만 사람은 지구의 위쪽에서만 살 수 있다.
⑤ 우주에서 본 지구 사진을 보면 지구가 둥근 모양 인 것을 알 수 있다.

**20** 야구공과 유리구슬로 지구와 달을 비유할 때 유리구 슬은 무엇을 나타내는지 쓰시오.

(          )

## 1 과학자는 어떻게 탐구할까요?

**1** 다음은 깍지를 까지 않는 땅콩을 어느 감각 기관으로 관찰한 것입니까? (        )

- 흔들면 '후두둑' 소리가 난다.
- 땅콩 깍지를 쪼개니 '와지직' 소리가 난다.

① 눈            ② 코
③ 입            ④ 귀
⑤ 피부

**2** 탐구 대상을 정확하게 측정하기 위한 방법을 모두 고르시오. (      ,      )

① 한 번만 측정한다.
② 알맞은 측정 도구를 선택한다.
③ 눈과 손만 이용하여 측정한다.
④ 측정한 뒤 숫자가 가장 큰 것을 선택한다.
⑤ 여러 번 반복해 측정하여 결과를 비교한다.

**서술형**

**3** 다음은 공룡 시대에 살았던 동물을 어떤 분류 기준으로 분류한 것인지 쓰시오.

**4** ( ) 안에 알맞은 말에 ○표 하시오.

의사소통은 정확한 용어를 사용하여 ( 복잡하게, 간단하게 )설명하고, ( 한 가지, 다양한 ) 방법을 사용하면 내 생각을 더 정확하게 전달할 수 있다.

## 2 물질의 성질

**5** 못을 이루고 있는 물질을 쓰고, 그 물질로 못을 만든 까닭은 무엇인지 쓰시오.

⑴ 못을 이루고 있는 물질: (                    )

⑵ 까닭: _____

**6** 자전거에서 금속으로 된 부분을 모두 고르시오.
(      ,      )

① 안장            ② 몸체
③ 손잡이          ④ 체인
⑤ 타이어

**7** 보연이는 아버지가 등산을 가서서 가볍고, 손쉽게 사용할 수 있는 컵을 사려고 합니다. 어떤 컵을 사면 좋은지 보기 에서 골라 쓰시오.

보기
종이컵, 유리컵, 도자기 컵

(                    )

**8** 탱탱볼을 만드는 과정입니다. ⊙, ⓒ에 알맞은 말을 바르게 짝지은 것은 어느 것입니까? ( )

> • 따뜻한 물이 반쯤 담긴 투명한 플라스틱 컵에 ( ⊙ )를 두 숟가락 넣는다.
> • 유리 막대로 저어 주면서 나타나는 현상을 관찰한다.
> • 폴리비닐 알코올을 다섯 숟가락 넣는다.
> • 유리 막대로 저어 준 뒤에 3분 정도 기다리며 나타나는 현상을 관찰한다.
> • 엉긴 물질을 꺼내 ( ⓒ ) 공 모양을 만든다.

① 붕사 – 물에 넣어서
② 붕사 – 프라이팬에 구워서
③ 붕사 – 손으로 주무르면서
④ 알코올 – 손으로 주무르면서
⑤ 폴리비닐 알코올 – 바닥에 굴려서

**3** 동물의 한살이

**9** 닭의 수컷은 어느 것인지 기호를 쓰시오.

⊙  ⓒ

( )

**10** 암수가 함께 알과 새끼를 돌보는 동물은 어느 것입니까? ( )

① 제비
② 개구리
③ 노린재
④ 가시고기
⑤ 바다코끼리

**11** 배추흰나비 애벌레가 자라는 동안 허물을 벗는 횟수는 몇 번인지 쓰시오.

( )

**12** 물과 땅에 알을 낳는 동물을 [보기] 에서 골라 기호를 쓰시오.

> **보기**
> ⊙ 거북 　 ⓒ 개구리 　 ⓒ 잠자리
> ⓔ 도롱뇽 　 ⓜ 사마귀 　 ⓑ 도마뱀

(1) 물에 알을 낳는 동물: ( )
(2) 땅에 알을 낳는 동물: ( )

**4** 자석의 이용

**13** 오른쪽과 같은 자석에서 극 부분을 모두 찾아 기호를 쓰시오.

( )

**14** ⊙은 빵 끈 조각을 투명한 통에 넣고 윗부분에 자석을 가까이 가져간 모습입니다. ⊙의 모습과 다른 것은 ⓒ과 ⓒ 중 어느 것인지 기호를 쓰시오.

⊙ ⓒ ⓒ

( )

**15** 나침반을 사용하는 방법으로 바르지 <u>않은</u> 것은 어느 것입니까? (           )

① 편평한 바닥에 놓고 사용한다.
② 나침반을 돌려 가며 북쪽을 찾는다.
③ 주변에 자석을 함께 두고 사용한다.
④ 자석의 성질을 잃어버리지 않도록 조심한다.
⑤ 나침반 바늘의 빨간색 부분이 바닥에 쓰여진 N에 일치하도록 놓는다.

**16** 자석에 1분 동안 붙여 놓았던 머리핀과 붙여 놓지 않았던 머리핀을 클립에 대 보았을 때 클립이 머리핀에 붙는 것에 ○표 하시오.

(1)

▲ 자석에 붙여 놓았던 머리핀
(           )

(2)
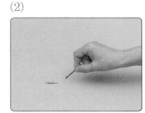
▲ 자석에 붙여 놓지 않았던 머리핀
(           )

**5 지구의 모습**

서술형

**17** 다음과 같은 지도에서 육지와 바다의 넓이는 어떻게 비교할 수 있는지 쓰시오.

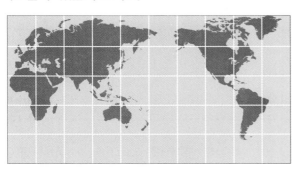

**18** 달에 대한 설명으로 바른 것은 어느 것입니까? (           )

① 지구보다 크다.
② 편평한 모양이다.
③ 표면에 돌이 있다.
④ 푸른 하늘을 볼 수 있다.
⑤ 달의 육지라고 부르는 부분이 있다.

**19** 지구와 달의 온도에 대한 설명 중 바른 것에 ○표 하시오.

(1) 지구에는 매우 춥거나 더운 곳이 있지만 대부분 생물이 살기에 적합한 온도를 유지하고 있습니다.
(           )
(2) 달에는 지구에서와 같이 생물이 살기에 적합한 온도를 유지하고 있습니다.
(           )

**20** 지점토와 색점토로 달 모형을 만들었을 때 달 모형의 특징을 바르게 표현한 것을 모두 고르시오.
(     ,     )

① 충돌 구덩이를 표현하였다.
② 구름은 흰색으로 색칠하였다.
③ 지구 모형보다 6배 크게 만들었다.
④ 육지 부분은 초록색으로 색칠하였다.
⑤ 표면에 밝고 어두운 부분을 나타냈다.

# MEMO

선생님이 강 력 추 천하는

개념+ PLUS
단원평가

# 완벽 분석
# 종합평가

과학

3-1

**1** ( ) 안에 알맞은 말은 무엇입니까? ( )

> • ( )은 탐구 대상의 특징을 자세히 살펴보는 것이다.

① 분류
② 관찰
③ 측정
④ 예상
⑤ 추리

**2** 탐구를 하면서 정확한 추리를 하기 위한 방법을 모두 고르시오. ( , )

① 탐구 대상을 주의 깊게 관찰한다.
② 탐구 대상에 대한 정보는 적을수록 좋다.
③ 이미 알고 있는 사실은 활용하지 않는다.
④ 탐구 대상에 대해 더 많은 정보를 얻는다.
⑤ 탐구 대상을 한 가지 방법으로만 관찰한다.

**3** 물질이 <u>아닌</u> 것은 어느 것입니까? ( )

① 종이
② 유리
③ 섬유
④ 가죽
⑤ 바구니

**4** 다음 물체들은 어떤 물질로 이루어져 있는지 ◦보기◦ 에서 찾아 기호를 쓰시오.

> ◦보기◦
> ㉠ 금속
> ㉡ 유리
> ㉢ 플라스틱
> ㉣ 나무

(1)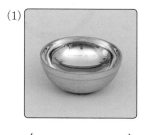

(2)

( )  ( )

**5** 밀가루로 만들어진 물체는 어느 것입니까?

( )

①
▲ 탁구공

② 
▲ 집게

③ 
▲ 나무 의자

④ 
▲ 타이어

⑤ 
▲ 빵

> 🔍 관련 교과서 돋보기
>
> 물체를 만드는 재료
> • 금속: 자물쇠, 열쇠, 손톱깎이, 집게 등
> • 나무: 책꽂이, 야구 방망이, 나무 의자 등
> • 플라스틱: 모양 자, 탁구공, 블록 등
> • 고무: 고무줄, 고무장갑, 자동차 타이어 등
> • 밀가루: 국수, 빵, 과자 등

[6~7] 금속 막대, 나무 막대, 고무 막대, 플라스틱 막대로 물질의 성질을 알아보았습니다.

**6** 네 가지 막대를 구부려 보았을 때 가장 잘 구부러지는 것은 어느 것입니까? ( )

① 금속 막대
② 나무 막대
③ 고무 막대
④ 플라스틱 막대

**7** 위 6번 정답의 막대를 이루고 있는 물질은 무엇인지 쓰시오.

( )

**8** 여러 가지 판을 서로 긁어 보았을 때 가장 단단한 것은 어느 것입니까? (          )

① 금속판                    ② 나무판
③ 고무판                    ④ 플라스틱판

🔍 관련 교과서 돋보기

여러 가지 방법으로 물질의 성질 알아보기
• 준비물: 금속판, 플라스틱판, 나무판, 고무판, 물이 든 수조, 면장갑, 보안경, 실험복 등
• 네 가지 판을 손으로 만지거나 문질러 느낌을 알아봅니다.
• 네 가지 판을 각각 구부려서 휘어지는 정도를 관찰합니다.
• 네 가지 판을 서로 긁어 보고 단단한 정도를 비교합니다.

**9** 다음과 같은 성질이 있는 물질은 어느 것입니까?
(          )

• 투명해서 안이 보인다.
• 다른 물체와 부딪치면 잘 깨진다.

① 금속                    ② 나무
③ 고무                    ④ 플라스틱
⑤ 유리

**10** 고무의 성질로 바른 것은 어느 것입니까? (          )

① 딱딱하다.
② 물에 잘 젖는다.
③ 쉽게 구부러진다.
④ 잘 긁히지 않는다.
⑤ 표면에 고유의 무늬가 있다.

📝 서술형

**11** 플라스틱으로 물체를 만들 때 좋은 점은 무엇인지 한 가지 쓰시오.

_____

_____

**12** 실내화를 고무로 만들 때 좋은 점은 무엇입니까?
(          )

① 무겁다.
② 단단하다.
③ 잘 깨진다.
④ 고유한 향이 있다.
⑤ 잘 미끄러지지 않는다.

📝 서술형

**13** 자전거의 각 부분 중 금속으로 만든 부분을 골라 기호를 쓰고, 금속으로 만들 때의 좋은 점을 한 가지 쓰시오.

(1) 금속으로 이루어진 부분: (          )

(2) 금속으로 만들 때의 좋은 점: _____

_____

**14** 킥보드와 안전 보호 장구의 여러 부분을 이루고 있는 물질을 바르게 짝 지은 것은 어느 것입니까? (      )

안전모
보호대 밴드
손잡이
몸체
발판

① 몸체-고무
② 안전모-금속
③ 손잡이-유리
④ 발판-플라스틱
⑤ 보호대 밴드-나무

**15** 여러 가지 모자를 이루고 있는 물질의 좋은 점을 바르게 선으로 연결하시오.

(1) 종이로 만든 모자  •   • ㉠ 부드럽고 따뜻하여 겨울철에 많이 사용한다.

(2) 섬유로 만든 털모자  •   • ㉡ 싸고 가볍다.

**16** 여러 가지 장갑을 이루고 있는 물질로 알맞지 않은 것은 어느 것입니까? (      )

① 금속          ② 면
③ 가죽          ④ 고무
⑤ 비닐(플라스틱)

**17** 따뜻한 차를 마실 때 주로 사용하는 컵은 어느 것인지 ○표 하시오.

(1)

▲ 유리컵

(      )

(2)

▲ 도자기 컵

(      )

[18~19] 서로 다른 물질을 섞었을 때의 변화를 알아보는 실험을 하였습니다.

- 비커에 물 200 mL를 넣고 알긴산 나트륨 두 숟가락을 넣어 알긴산 나트륨 녹인 물을 만든다.
- 비커에 물 200 mL를 넣고 젖산 칼슘 두 숟가락을 넣어 젖산 칼슘 녹인 물을 만든다.
- 알긴산 나트륨 녹인 물을 주사기에 넣어 젖산 칼슘 녹인 물에 눌러 짜고, 10분간 그대로 놓아둔다.

**18** 위 실험에서 사용한 실험 재료가 <u>아닌</u> 것은 어느 것입니까? (      )

① 비커          ② 약숟가락
③ 수조          ④ 젖산 칼슘
⑤ 알긴산 나트륨

**19** 위 실험 결과로 나타나는 현상은 무엇입니까?
(      )

① 아무 변화가 없다.
② 투명한 젤리 같은 것이 생긴다.
③ 젖산 칼슘 녹인 물이 노랗게 변한다.
④ 젖산 칼슘 녹인 물이 빨갛게 변한다.
⑤ 젖산 칼슘 녹인 물이 파랗게 변한다.

**20** 따뜻한 우유에 레몬즙을 섞었을 때의 변화로 바르지 않은 것은 어느 것입니까? (      )

① 흰색이다.
② 부드럽다.
③ 고소한 맛이 난다.
④ 손으로 잡을 수 있다.
⑤ 끈적끈적하며 흘러내린다.

🔍 관련 교과서 돋보기

레몬즙과 따뜻한 우유 섞기
- 레몬즙과 따뜻한 우유를 섞으면 서로 엉기면서 뭉쳐집니다.
- 섞기 전에 레몬즙과 우유가 가지고 있던 맛, 흐르는 성질 등이 변했습니다.

**1** 암컷과 수컷의 생김새가 쉽게 구별되는 동물은 어느 것입니까? (　　　)

①
②
③
④
⑤

〔서술형〕

**2** 암수가 쉽게 구별되는 동물 중 한 가지를 선택하여 암수 생김새의 특징을 쓰시오.

| 이름: | |
|---|---|
| 암컷의 특징 | 수컷의 특징 |
| | |

**3** 암수가 쉽게 구별되는 동물의 생김새에 대한 설명으로 바르지 <u>않은</u> 것은 어느 것입니까? (　　　)

① 사자의 수컷은 갈기가 있다.
② 원앙의 수컷은 몸 색깔이 화려하다.
③ 꿩의 암컷은 깃털의 색깔이 수수하다.
④ 붕어의 수컷은 등 쪽에 진한 줄무늬가 있다.
⑤ 사슴의 수컷은 뿔이 있고 암컷에 비해 몸이 크다.

**4** 암수가 함께 알이나 새끼를 돌보는 동물은 어느 것입니까? (　　　)

① 곰
② 꾀꼬리
③ 사슴
④ 물자라
⑤ 개구리

**5** 알이나 새끼를 돌보는 과정에서 암수의 역할에 대한 설명으로 바른 것을 모두 고르시오. (　　,　　)

① 소는 암컷이 새끼를 돌본다.
② 제비는 암컷이 새끼를 돌본다.
③ 가시고기는 암컷이 알을 돌본다.
④ 바다코끼리는 수컷이 새끼를 돌본다.
⑤ 거북은 암수 모두 알을 돌보지 않는다.

**6** 알이나 새끼를 돌보는 암수의 역할이 펭귄과 같은 동물은 어느 것입니까? (　　　)

① 산양
② 제비
③ 노린재
④ 가시고기
⑤ 바다거북

🔍 관련 교과서 돋보기

가시고기가 알을 낳고 돌보는 과정
• 수컷이 물풀을 이용해 집을 짓고, 수컷이 암컷을 집으로 안내합니다.
• 수컷이 만든 집에 암컷이 알을 낳습니다.
• 알을 낳은 후 암컷은 떠나고 수컷이 알을 돌봅니다.

[7~8] 배추흰나비의 한살이를 관찰하기 위해 사육 상자를 만들어 보았습니다.

**7** 사육 상자를 만들 때 케일 대신 이용할 수 있는 식물로 알맞지 않은 것은 어느 것입니까? (          )

① 무                    ② 배추
③ 양배추                ④ 무궁화

🔍 **관련 교과서 돋보기**

배추흰나비 사육 상자
• 케일: 케일 잎은 애벌레가 사는 곳이며 먹이이기도 합니다.
• 방충망: 애벌레나 어른벌레가 사육 상자 밖으로 나가지 못하게 합니다.
• 휴지: 휴지에 물을 뿌려 사육 상자 안이 마르지 않게 합니다.

**서술형**

**8** 위 **7**번에서 사육 상자에 방충망을 이용하는 까닭을 한 가지 쓰시오.

_____

_____

**9** 배추흰나비의 알의 생김새에 대한 설명으로 바른 것에 ○표 하시오.

(1) 초록색이다.                    (          )
(2) 크기는 약 10 mm 정도이다.       (          )
(3) 길쭉한 옥수수 모양이다.         (          )
(4) 표면에 줄무늬가 있다.           (          )

**10** 배추흰나비 애벌레를 자세히 관찰할 때 가장 알맞은 실험 도구를 모두 고르시오. (     ,     )

① 돋보기                ② 비커
③ 확대경                ④ 핀셋
⑤ 유리 막대

**11** 배추흰나비 애벌레가 자라는 모습으로 바른 것은 어느 것입니까? (          )

① 날개가 돋아난다.
② 꽃의 꿀을 먹는다.
③ 4회의 허물을 벗는다.
④ 몸의 크기가 점점 작아진다.
⑤ 몸 색깔이 붉은색으로 변한다.

**12** 배추흰나비 애벌레가 다음과 같은 행동을 하는 시기는 언제입니까? (          )

• 먹는 것을 중단한다.
• 몸의 색깔이 맑아진다.

① 애벌레가 된 직후
② 애벌레가 첫 허물을 벗은 후
③ 애벌레가 번데기로 변하기 전
④ 애벌레가 두 번째 허물을 벗은 후
⑤ 애벌레가 세 번째 허물을 벗은 후

**13** 배추흰나비 애벌레가 번데기로 변화는 과정을 순서대로 기호를 쓰시오.

| ㉠ | ㉡ |
|---|---|
|  |  |
| ㉢ | ㉣ |
| 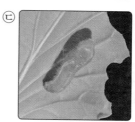 | 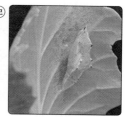 |

(                              )

•서술형•

**14** 배추흰나비 번데기와 어른벌레를 비교한 것입니다. 빈 칸에 알맞은 말을 쓰시오.

| 구분 | 배추흰나비 번데기 | 배추흰나비 어른벌레 |
|---|---|---|
| 생김새 | 가운데가 볼록하고 양쪽 끝은 뾰족하며 마디가 있다. | 날개가 있고 다리가 여섯 개다. |
| 움직임 | | 날개를 이용하여 날 아다닌다. |
| 먹이 | | |

**15** ㉠과 ㉡에 알맞은 말을 쓰시오.

- ( ㉠ ): 알 → 애벌레 → 번데기 → 어른벌레
- ( ㉡ ): 알 → 애벌레 → 어른벌레

㉠: ( )
㉡: ( )

**16** 불완전 탈바꿈을 하는 곤충을 한 가지 쓰시오.

( )

**17** 곤충의 한살이에 대한 설명으로 바른 것은 어느 것입니까? ( )

① 귀뚜라미는 완전 탈바꿈을 한다.
② 곤충은 모두 불완전 탈바꿈을 한다.
③ 사슴벌레는 한살이에서 번데기 단계를 거친다.
④ 무당벌레, 노린재, 사마귀는 불완전 탈바꿈을 한다.
⑤ 곤충의 한살이에서 번데기 단계를 거치지 않는 것을 완전 탈바꿈이라고 한다.

**18** 다음은 닭의 한살이 중 어느 과정을 나타낸 것인지 •보기•에서 찾아 쓰시오.

•보기•

| 알 | 부화 | 병아리 |
| 어린 닭 | 다 자란 닭 | |

( )

**19** 어떤 동물의 한살이에 대한 설명입니까? ( )

- 알은 투명한 우무질로 싸여 있다.
- 알에서 나온 새끼는 꼬리가 있다.
- 뒷다리가 나오고 앞다리가 나온다.
- 꼬리가 없어지고 물 밖에서도 살 수 있다.

① 닭
② 개구리
③ 개
④ 장수풍뎅이
⑤ 수달

**20** 개의 한살이에 대한 설명입니다. 알맞은 것끼리 선으로 연결하시오.

(1) 갓 태어난 강아지 · · ㉠ 암컷은 새끼를 낳을 수 있다.

(2) 큰 강아지 · · ㉡ 어미젖을 먹으며 자란다.

(3) 다 자란 개 · · ㉢ 이빨이 나고 먹이를 씹어 먹기 시작한다.

**1** 탬버린에서 자석에 붙는 부분과 붙지 않는 부분을 각각 기호로 쓰시오.

(1) 자석에 붙는 부분: (                    )
(2) 자석에 붙지 않는 부분: (                    )

**2** 자석에 붙는 물체의 공통점은 무엇입니까? (        )

① 철로 만들어졌다.
② 유리로 만들어졌다.
③ 나무로 만들어졌다.
④ 고무로 만들어졌다.
⑤ 플라스틱으로 만들어졌다.

**3** 짧게 자른 빵 끈을 투명한 상자 안에 담고 뚜껑을 닫은 다음 막대자석을 뚜껑 위에 올렸습니다. 막대자석과 상자를 흔들고 막대자석을 잡은 채로 상자의 뚜껑을 열면 어떻게 됩니까? (        )

① 막대자석의 극이 바뀐다.
② 막대자석의 무게가 달라진다.
③ 막대자석에 빵 끈이 붙지 않았다.
④ 빵 끈이 막대자석의 가운데 부분에 많이 붙었다.
⑤ 빵 끈이 막대자석의 양쪽 끝부분에 많이 붙었다.

**4** (        ) 안에 공통으로 들어갈 말을 쓰시오.

• 자석에서 철로 된 물체가 많이 붙는 부분을 (        )이라고 한다.
• (        )은 항상 두 개다.

(                    )

**5** 막대자석의 극은 몇 개입니까? (        )

① 한 개                ② 두 개
③ 세 개                ④ 네 개
⑤ 항상 변한다.

서술형

**6** 철 클립의 한쪽 끝에 실을 묶고 철 클립에 나비 모양 붙임딱지를 붙여 나비 클립을 만들어 보았습니다. 막대자석을 나비 클립에 가까이 가져가면 어떻게 됩니까?

**7** 위 **6**번 실험을 통해 알 수 있는 사실입니다. (        ) 안에 알맞은 말을 쓰시오.

• 자석과 철로 된 물체가 떨어져 있어도 자석은 철로 된 물체를 (        ).

(                    )

**8** 자석을 이용하여 철 클립을 공중에 띄웠습니다. 자석과 클립 사이에 색종이를 넣으면 어떻게 됩니까?
(        )

① 철 클립이 바닥으로 떨어진다.
② 철 클립이 색종이를 밀어 낸다.
③ 철 클립이 그대로 공중에 떠 있다.
④ 철 클립이 색종이를 따라 움직인다.
⑤ 철 클립이 위아래로 일정하게 계속 움직인다.

**9** 플라스틱 접시에 막대자석을 올려놓고 물에 띄웠을 때, 막대자석이 가리키는 방향은 어디인지 쓰시오.

(                    )

🔍 관련 교과서 돋보기

물에 띄운 자석이 가리키는 방향
• 준비물: 막대자석, 물, 원형 수조, 플라스틱 접시, 동서남북 붙임딱지, 나침반
• 실험 방법: 물이 담긴 원형 수조 윗부분에 동서남북 붙임딱지를 붙이고, 플라스틱 접시의 가운데에 막대자석을 올려놓고 물에 띄웁니다.

[10~11] 막대자석의 한쪽 극에 머리핀을 1분~2분 동안 붙여 놓았다가 나침반을 만들어 보았습니다.

•서술형

**10** 위 실험에서 1분~2분 동안 막대자석에 붙여 놓았던 머리핀은 어떻게 되는지 쓰시오.

_____

**11** 위 10번의 머리핀을 빨대에 꽂아 물이 담긴 수조에 띄웠습니다. (    ) 안에 알맞은 말을 쓰시오.

> 막대자석에 붙여 놓았던 머리핀을 물에 띄우면, 머리핀은 나침반 바늘이 가리키는 방향과 같은 방향인 (        )과 (        )을 가리킨다.

(                    )

**12** 자석을 매달아 자유롭게 움직일 수 있게 하면 항상 북쪽과 남쪽을 가리키는 성질을 이용하여 방향을 알 수 있도록 만든 도구는 무엇입니까? (        )

① 시계          ② 나침반
③ 동전 자석      ④ 둥근 자석
⑤ 자석 드라이버

**13** 손에 끌어당기는 느낌이 드는 경우는 어느 것인지 기호를 쓰시오.

㉠                          ㉡

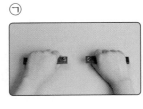          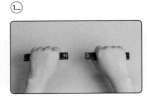

(                    )

**14** 막대자석 두 개를 마주 보게 하여 가까이 가져가면 손에 어떤 느낌이 드는지 바르게 말한 친구의 이름을 쓰시오.

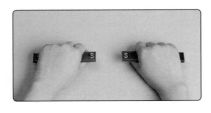

> • 대경: 아무런 느낌이 없어.
> • 승환: 서로 밀어 내는 느낌이 들어.
> • 경인: 서로 끌어당기는 느낌이 들어

(                    )

**15** 고리 자석의 윗면에 막대자석의 N극을 가까이 가져갔더니 고리 자석이 막대자석에 끌려와 붙었습니다. 고리 자석의 윗면은 어떤 극인지 쓰시오.

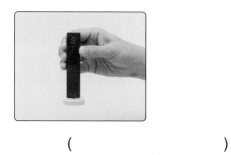

(             )

**16** 나침반에 막대자석을 가까이 가져갔을 때 나침반 바늘이 가리키는 방향으로 바른 것은 어느 것인지 쓰시오.

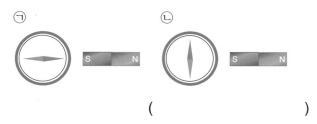

(             )

**17** 나침반을 막대자석 주위에 놓았을 때 나침반 바늘이 가리키는 방향으로 바르지 <u>않은</u> 것은 어느 것인지 모두 골라 기호를 쓰시오.

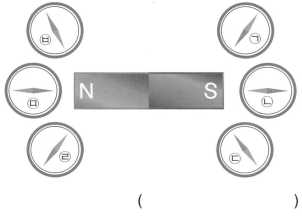

(             )

**관련 교과서 돋보기**

**자석 주변에서 나침반 바늘의 움직임**
- 자석 주변에서 나침반 바늘은 자석의 극 쪽을 가리킵니다.
- 나침반 바늘에서 자석의 S극에 끌어당겨진 부분은 나침반 바늘의 N극입니다.

**18** 자석 주위에 놓인 나침반에 대한 설명으로 바르지 <u>않</u>은 것은 어느 것입니까? (       )

① 나침반 바늘도 자석이다.
② 나침반 주위에 자석이 있으면 나침반 바늘이 움직인다.
③ 나침반에 막대자석을 가까이 가져가도 나침반 바늘은 움직이지 않는다.
④ 나침반에 막대자석의 N극을 가까이 가져가면 나침반 바늘의 S극이 자석에 끌려온다.
⑤ 나침반에 막대자석의 S극을 가까이 가져가면 나침반 바늘의 N극이 자석에 끌려온다.

**19** 자석의 성질과 그 성질을 이용한 물체를 선으로 연결하시오.

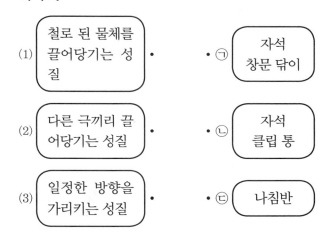

**20** 생활용품에서 자석이 하는 역할로 바르지 <u>않은</u> 것은 어느 것입니까? (       )

① 자석 필통-필통 뚜껑이 잘 닫힌다.
② 가방 자석 단추-쉽게 열고 닫을 수 있다.
③ 자석 다트-다트 끝에 자석이 있어 다트 판에 붙게 한다.
④ 냉장고 문 자석-냉장고 문과 냉장고를 서로 밀어내게 한다.
⑤ 자석 클립 통-클립 통을 바닥에 떨어뜨려도 클립이 많이 흩어지지 않게 한다.

**1** 오른쪽은 무엇을 인공위성에서 찍은 것입니까? (        )

① 달    ② 태양
③ 지구    ④ 화성
⑤ 금성

**2** 지구와 모양이 가장 비슷한 것은 어느 것입니까?
(        )

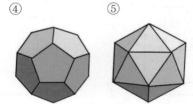

① ② ③
④ ⑤

[3~4] 종이배를 접어 가운데 부분에 이쑤시개를 꽂고 깃발을 셀로판테이프로 붙인 후 짐볼 위에서 움직여 보았습니다.

**3** 친구가 짐볼에서 종이배를 밀면 다른 친구에게 종이배가 어떻게 보입니까? (        )

① 배의 깃발부터 보인다.
② 배가 옆으로 떨어진다.
③ 배의 밑부분부터 보인다.
④ 항상 배의 전체 모습이 보인다.
⑤ 항상 배의 모습이 보이지 않는다.

**4** 앞 3번 실험 결과를 통해 알 수 있는 사실은 무엇입니까? (        )

① 지구는 편평한 모양이다.
② 지구는 둥근 공 모양이다.
③ 지구의 모양은 일정하지 않다.
④ 지구는 바다와 육지로 이루어져 있다.
⑤ 지구에서는 배가 멀리 나가면 돌아오지 않는다.

**5** 스마트 기기를 활용하여 찾은 지구 표면의 모습으로 알맞지 <u>않은</u> 것은 어느 것입니까? (        )

①   ②
③ 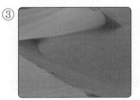  ④
⑤

**6** 색점토를 이용하여 지구 표면의 모습 중 무엇을 표현한 것입니까? (        )

- 파란색을 주로 사용했다.
- 파도가 치는 모습을 표현했다.

① 산    ② 강
③ 계곡    ④ 화산
⑤ 바다

**7** 지구 표면의 모습 중 갯벌을 친구에게 설명한 것은 어느 것입니까? (          )

① 얼음이 많이 보여.
② 대부분 파란색이야.
③ 게와 진흙을 많이 볼 수 있어.
④ 나무와 풀을 많이 볼 수 있어.
⑤ 물이 높은 곳에서 낮은 곳으로 떨어지고 있어.

**8** 지구의 육지와 바다를 비교한 것입니다. 바르면 ○표, 바르지 않으면 ×표를 하시오.

(1) 육지가 바다보다 넓다.          (          )
(2) 바닷물은 육지의 물보다 짜다.          (          )
(3) 육지와 바다에 사는 생물은 같다.          (          )

〈서술형〉

**9** 지구의의 육지와 바다에 각각 육지 붙임딱지와 바다 붙임딱지를 붙이는 활동을 통해 어떤 사실을 알 수 있는지 한 가지 쓰시오.

〈관련 교과서 돋보기〉

육지와 바다의 넓이 비교
• 지구의를 돌려 보면서 육지와 바다를 찾아봅니다.
• 지구의의 육지와 바다에 각각 육지 붙임딱지와 바다 붙임딱지를 붙이고 개수를 세어 봅니다.

**10** 앞 **9**번 활동에서 육지 붙임딱지와 바다 붙임딱지의 수를 비교하여 <, =, >로 나타내시오.

육지 붙임딱지 (                    ) 바다 붙임딱지

(                    )

**11** 다음에서 설명하는 것은 무엇인지 쓰시오.

• 눈에 보이지 않는다.
• 지구를 둘러싸고 있다.
• 생물이 숨을 쉬고 살 수 있게 해 준다.

(                    )

**12** 공기를 느낄 수 있는 방법으로 알맞은 것은 어느 것입니까? (          )

① 만져 본다.
② 맛을 본다.
③ 냄새를 맡아 본다.
④ 소리를 들어 본다.
⑤ 부채를 부쳐 본다.

**13** 공기의 역할로 바른 것은 무엇입니까? (          )

① 연이 날지 못하게 한다.
② 지구가 깨끗해지게 한다.
③ 생물이 천천히 자라게 한다.
④ 생물이 숨을 쉴 수 있게 한다.
⑤ 생물이 먹이를 먹을 수 있게 한다.

**14** 다음은 무엇인지 쓰시오.

( )

**15** 달 표면의 모습입니다. ㉠과 ㉡의 이름을 각각 쓰시오.

㉠: ( )
㉡: ( )

**16** 위 **15**번의 ㉠ 부분에 대한 설명으로 바른 것은 어느 것입니까? ( )

① 움푹 패인 곳이다.
② 물이 흐르는 곳이다.
③ 달의 표면에서 밝은 부분이다.
④ 달의 표면에서 돌이 많은 부분이다.
⑤ 달의 표면에서 어둡게 보이는 곳이다.

**17** 달의 모습으로 바르지 않은 것은 어느 것입니까?
( )

① 둥근 공 모양이다.
② 크고 작은 충돌 구덩이가 많다.
③ 표면이 전체적으로 매끈매끈하다.
④ 표면에 흙처럼 작은 알갱이들과 돌이 있다.
⑤ 밝게 보이는 부분도 있고 어둡게 보이는 부분도 있다.

**18** ㉠과 ㉡에 달과 지구 중 알맞은 말을 쓰시오.

• ( ㉠ )에는 물과 공기가 있어서 생물이 살 수 있다.
• ( ㉡ )에는 생물이 살지 않는다.

㉠: ( )
㉡: ( )

**19** 지구와 달의 공통적인 모습은 무엇입니까?
( )

① 파란빛이다. ② 회색빛이다.
③ 물이 흐른다. ④ 둥근 공 모양이다.
⑤ 생물이 살고 있다.

🔍 관련 교과서 돋보기

달의 특징
• 달은 공처럼 둥근 모양입니다.
• 달 표면에는 돌이 있으며 움푹 파인 곳이 많습니다.
• 달 표면의 충돌 구덩이는 가운데가 오목하고 가장자리는 담처럼 둘러싸여 있습니다.
• 달에는 물과 공기가 없어 생물이 살기에 알맞은 온도를 유지할 수 없습니다.
• 지금까지 달에서는 생명체의 흔적이 발견된 적이 없습니다.

• 서술형 •
**20** 달이 지구와 다른 점을 한 가지 쓰시오.

_____

**1** 측정의 뜻을 바르게 설명한 것은 어느 것입니까?
( )

① 감각 기관을 사용하여 살펴보는 것이다.
② 어떤 일이 일어난 까닭에 대해 설명하는 것이다.
④ 앞으로 일어날 수 있는 일을 생각해 보는 것이다.
③ 생각이나 정보 등을 다른 사람과 주고받는 것이다.
⑤ 탐구 대상의 길이, 무게, 시간, 온도 등을 재는 것이다.

◦서술형◦

**2** 1분, 2분 동안 나의 맥박 수를 세 번씩 측정하여 나의 맥박 수를 정한 것입니다. 3분 동안 내 맥박이 몇 번 뛸지 예상해 보고, 그렇게 생각한 까닭을 쓰시오.

| 시간(분) | | 1 | 2 |
|---|---|---|---|
| 맥박 수(번) | 첫 번째 측정 | 71 | 142 |
| | 두 번째 측정 | 76 | 152 |
| | 세 번째 측정 | 73 | 146 |
| 나의 맥박 수(번) | | 73 | 146 |

(1) 예상한 맥박 수: 약 ( )

(2) 그렇게 생각한 까닭: _____

_____

**3** 다음 물체들은 어떤 물질로 만드는지 ◦보기◦에서 찾아 기호를 쓰시오.

◦보기◦
ㄱ 유리　　　ㄴ 금속
ㄷ 고무　　　ㄹ 나무
ㅁ 플라스틱

(1) 풍선: ( )
(2) 페트병: ( )
(3) 못: ( )

**4** 물체를 만든 물질에 따라 분류한 것입니다. 만든 물질은 무엇인지 쓰시오.

| 물질 | 물체 |
|---|---|
| | 쇠고리, 금속 집게 |
| | 풍선, 고무장갑 |
| | 이쑤시개, 옻 |
| | 주사위, 자 |

**5** 장난감과 장난감을 만드는 물질을 바르게 짝 지은 것은 어느 것입니까? ( )

① 구슬 – 섬유
② 블록 – 금속
③ 자동차 – 유리
④ 공깃돌 – 가죽
⑤ 병원 놀이용 주사기 – 플라스틱

**6** 크기가 같은 금속 막대, 플라스틱 막대, 나무 막대, 고무 막대를 물이 담긴 수조에 넣어 보았을 때 알 수 있는 사실을 모두 고르시오. ( , )

① 고무 막대는 물에 뜬다.
② 금속 막대가 가장 단단하다.
③ 플라스틱 막대는 물에 가라앉는다.
④ 물에 뜨는 물질은 나무, 플라스틱이다.
⑤ 같은 크기일 때 금속은 나무보다 무겁다.

🔍 관련 교과서 돋보기

금속 막대, 나무 막대, 플라스틱 막대, 고무 막대의 성질
• 단단한 정도: 서로 긁어 봅니다.
• 휘는 정도: 막대를 각각 구부려 봅니다.
• 물에 뜨는 정도: 물이 담긴 수조에 넣어 봅니다.

**7** 여러 가지 막대를 구부려 보았습니다. 가장 잘 휘는 막대는 어떤 물질로 만든 것입니까? (          )

① 고무          ② 금속
③ 나무          ④ 유리
⑤ 플라스틱

**8** 유리의 성질에 해당하는 것은 어느 것입니까?

(          )

① 쉽게 휘어진다.
② 일반적으로 물에 잘 뜬다.
③ 표면이 매끄럽고 쉽게 깨진다.
④ 나무나 플라스틱에 비해 단단하다.
⑤ 색깔과 모양이 다양한 물체를 쉽게 만들 수 있다.

**9** 알맞은 말에 ○표 하시오.

> 물체를 이루고 있는 물질마다 색깔, 손으로 만졌을 때의 느낌, 긁히는 정도, 휘는 정도, 물에 뜨는 정도 등이 ( 같다 , 다르다 ).

**10** 물질이 가지고 있는 독특한 성질이 <u>아닌</u> 것은 어느 것입니까? (          )

① 예쁜 정도
② 단단한 정도
③ 휘어지는 정도
④ 물에 뜨는 정도
⑤ 손으로 만졌을 때의 느낌

**11** 쉽게 구부러지고, 늘어나거나 줄어들었다가 다시 원래대로 돌아오는 물질의 성질을 이용하여 만든 물체는 어느 것입니까? (          )

**12** 책상의 몸체와 받침을 만든 물질을 각각 쓰시오.

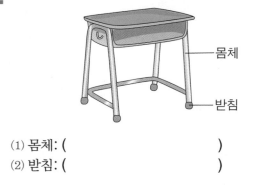

몸체

받침

(1) 몸체: (                    )
(2) 받침: (                    )

〔서술형〕

**13** 자전거의 ㉠ 부분은 어떤 물질로 만든 것인지 쓰고, ㉠ 부분을 그 물질로 만들면 좋은 점을 한 가지 쓰시오.

(1) 만든 물질: (                    )

(2) 좋은 점: _____

**14** 오른쪽 의자에 대한 설명으로 바르지 <u>않은</u> 것은 어느 것입니까? ( )

등받이
앉음판
다리

① 두 가지 물질로 만들어졌다.
② 다리는 금속의 단단한 성질이 이용되었다.
③ 앉음판은 플라스틱으로 만들어 가볍다.
④ 등받이는 고무로 만들어 쉽게 구부러진다.
⑤ 다리는 금속으로 만들어 부러지지 않는다.

**15** 오래 사용할 수 있는 튼튼한 숟가락을 만들 때 알맞은 물질을 ◦보기◦에서 찾아 기호를 쓰시오.

◦보기◦
㉠ 나무          ㉡ 금속
㉢ 도자기        ㉣ 플라스틱

( )

**서술형**

**16** 서로 성질이 다른 물질로 여러 가지 모자를 만들 때 좋은 점은 무엇인지 한 가지 쓰시오.

_____

**17** 싸고 가벼워 손쉽게 사용할 수 있지만, 물에 젖고 머리를 안전하게 보호해 줄 수 없는 것은 어느 것인지 ◦보기◦에서 찾아 쓰시오.

◦보기◦
플라스틱 안전모, 종이 모자,
수영모, 나무 모자

( )

[18~20] 물, 알긴산 나트륨, 젖산 칼슘을 섞었을 때 물질의 성질 변화를 알아보는 실험을 하였습니다.

**18** 물, 알긴산 나트륨, 젖산 칼슘에 대한 설명입니다. 바른 것에 ○표 하시오.

⑴ 알긴산 나트륨은 붉은색 가루이다. ( )
⑵ 젖산 칼슘은 흰색 가루이다. ( )
⑶ 물은 투명하고 흘러내린다. ( )
⑷ 알긴산 나트륨은 손으로 만져 보면 젖산 칼슘보다 까끌까끌하다. ( )

◦ **관련 교과서 돋보기**

서로 다른 물질을 섞었을 때 물질의 성질 변화
• 준비물: 따뜻한 물, 수조, 알긴산 나트륨, 젖산 칼슘, 약숟가락, 보안경 등
• 실험 방법
 – 알긴산 나트륨을 따뜻한 물에 녹입니다.
 – 젖산 칼슘을 물에 녹입니다.
 – 알긴산 나트륨을 녹인 물을 숟가락이나 국자를 이용해 떠서 젖산 칼슘을 녹인 물에 천천히 넣습니다.
 – 5분 정도 후에 생긴 물주머니를 관찰합니다.

**19** 위 실험에서 알긴산 나트륨과 따뜻한 물을 섞으면 어떤 현상이 나타납니까? ( )

① 물이 언다.
② 투명하고 미끈미끈하다.
③ 알긴산 나트륨이 물 위에 뜬다.
④ 물의 색깔이 붉은색으로 변한다.
⑤ 알긴산 나트륨이 바닥에 가라앉는다.

**20** 위 실험 결과를 통해 알 수 있는 사실은 무엇입니까? ( )

① 알긴산 나트륨은 물에 녹지 않는다.
② 이 실험을 할 때 알코올 램프도 꼭 필요하다.
③ 알긴산 나트륨과 젖산 칼슘은 서로 섞을 수 없다.
④ 서로 다른 물질을 섞으면 섞기 전과 섞은 후 각 물질의 성질이 변하기도 한다.
⑤ 서로 다른 물질을 섞으면 섞기 전과 섞은 후 각 물질의 성질이 항상 변하지 않는다.

**1** 다음 동물들을 암수의 구별이 쉬운 동물과 어려운 동물로 나누어 기호를 쓰시오.

▲ 다람쥐

▲ 꿩

▲ 사자

▲ 제비

| 암수의 구별이 쉬운 동물 | |
| --- | --- |
| 암수의 구별이 어려운 동물 | |

· 서술형 ·

**2** 꿩 암컷과 수컷의 특징을 비교하여 다른 점을 한 가지 쓰시오.

_____

_____

🔍 관련 교과서 돋보기

꿩

▲ 암컷      ▲ 수컷

**3** 수컷이 암컷보다 생김새가 더 화려한 동물을 모두 고르시오. (   ,   )

① 닭      ② 제비
③ 붕어      ④ 공작
⑤ 무당벌레

**4** 노루의 암수 역할에 대한 설명으로 바른 것은 어느 것입니까? (      )

① 수컷이 새끼를 돌본다.
② 암컷이 새끼를 돌본다.
③ 암수가 모두 새끼를 돌본다.
④ 암수가 모두 새끼를 돌보지 않는다.
⑤ 새끼를 낳는 계절에 따라 암수 역할이 달라진다.

**5** 동물이 알이나 새끼를 돌볼 때 암수가 하는 역할에 대한 설명으로 바르지 않은 것은 어느 것입니까?

(      )

① 소는 수컷이 새끼를 돌본다.
② 물자라는 수컷이 알을 돌본다.
③ 제비는 암수가 함께 알과 새끼를 돌본다.
④ 알을 낳고 암수가 모두 돌보지 않는 동물도 있다.
⑤ 동물에 따라 알이나 새끼를 돌볼 때 암수가 하는 역할은 다양하다.

· 서술형 ·

**6** 다음 동물들은 알을 낳으면 어떻게 하는지 암수 역할과 관련하여 쓰시오.

> 거북, 매미, 배추흰나비, 개구리

_____

**7** (   ) 안에 알맞은 말을 쓰시오.

> 알이나 새끼가 자라서 어미가 되면 다시 알이나 새끼를 낳는다. 이처럼 동물이 태어나고 자라고 자손을 남기는 과정을 (      )라고 한다.

(          )

**8** 사육 상자를 만들어 배추흰나비를 기를 때 주의할 점으로 바른 것은 어느 것입니까? (          )

① 알을 자세히 관찰하기 위해 손에 올려놓고 관찰한다.
② 알은 움직이지 않기 때문에 방충망을 씌울 필요가 없다.
③ 모기는 배추흰나비의 천적이므로 자주 모기약을 뿌린다.
④ 애벌레는 물이 닿으면 안 되기 때문에 식물에 물을 주지 않는다.
⑤ 애벌레가 떨어졌을 경우 손으로 만지지 말고 잎을 가까이 가져가 기어오르도록 한다.

**9** 배추흰나비 알에 대한 설명으로 바르지 <u>않은</u> 것은 어느 것입니까? (          )

① 움직이지 않는다.
② 옥수수 모양이다.
③ 연한 노란색이다.
④ 1 mm 정도로 작다.
⑤ 시간이 지나면 커진다.

**10** 배추흰나비 애벌레가 알에서 나와 가장 먼저 하는 일은 무엇입니까? (          )

① 허물을 벗는다.
② 색깔이 붉게 변한다.
③ 안전한 곳을 찾는다.
④ 잎사귀 뒤에 숨는다.
⑤ 알껍데기를 갉아 먹는다.

**11** 배추흰나비 애벌레가 자라는 모습으로 바른 것에 ○ 표 하시오.

(1) 기어서 움직인다.                    (          )
(2) 점차 연한 노란색으로 변한다.          (          )
(3) 자랄수록 몸의 털이 빠진다.           (          )
(4) 4회의 허물을 벗는다.                (          )

**12** 배추흰나비가 다음과 같은 과정일 때의 설명으로 바른 것은 어느 것입니까? (          )

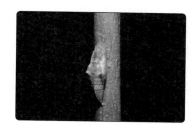

① 배춧잎을 먹는다.
② 배로 기어서 다닌다.
③ 주변의 색과 비슷하다.
④ 애벌레가 되기 전 과정이다.
⑤ 허물을 벗을 때마다 크기가 커진다.

**13** 배추흰나비 번데기에서 어른벌레가 나오는 과정을 나타낸 것입니다. 순서대로 기호를 쓰시오.

(                                    )

**14** 배추흰나비를 관찰한 내용으로 바르지 <u>않은</u> 것은 어느 것입니까? (          )

① 다리는 세 쌍이다.
② 더듬이는 한 쌍이다.
③ 두 쌍의 날개가 배에 붙어 있다.
④ 번데기에서 어른벌레가 나온다.
⑤ 몸이 머리, 가슴, 배로 구분된다.

**15** ( ) 안에 공통으로 들어갈 말을 쓰시오.

> • 완전 탈바꿈: 한살이에서 ( ) 단계를
> 거치는 한살이를 말한다.
> • 불완전 탈바꿈: 한살이에서 ( ) 단계
> 를 거치지 않는 한살이를 말한다.

( )

**16** 완전 탈바꿈과 불완전 탈바꿈을 하는 곤충을 구분하여 선으로 연결하시오.

(1)

(2)

(3)

• ㉠ 완전 탈바꿈

• ㉡ 불완전 탈바꿈

**17** 장수풍뎅이와 잠자리의 한살이에 대한 설명으로 바르지 <u>않은</u> 것은 어느 것입니까? ( )

① 잠자리는 물속에 알을 낳는다.
② 장수풍뎅이의 한살이에는 번데기 단계가 있다.
③ 잠자리의 한살이는 알 → 번데기 → 애벌레 → 어른벌레이다.
④ 장수풍뎅이와 잠자리의 한살이에는 모두 애벌레 단계가 있다.
⑤ 장수풍뎅이가 알을 낳은 후 10~15일이 지나면 알에서 애벌레가 나온다.

**18** 닭의 한살이를 나타낸 것입니다. 다음과 같은 특징이 나타나는 때는 언제인지 쓰시오.

> • 솜털이 깃털로 바뀐다.
> • 머리에 작은 볏이 있다.

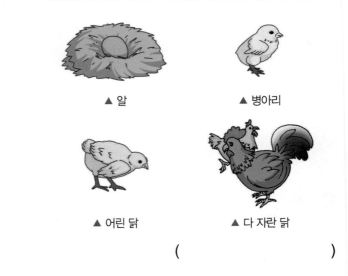

▲ 알          ▲ 병아리

▲ 어린 닭          ▲ 다 자란 닭

( )

**19** 닭과 뱀의 한살이에서 공통점은 무엇입니까?

( )

① 암컷은 알을 낳는다.
② 물속에 알을 낳는다.
③ 알이 매우 작고 울퉁불퉁하다.
④ 다 자랄 때까지 걸리는 기간이 같다.
⑤ 알에서 새끼가 태어날 때 걸리는 기간이 같다.

🔍 관련 교과서 돋보기

알을 낳는 동물
• 개구리와 연어는 물속에, 닭과 뱀은 땅 위에 알을 낳습니다.
• 개구리와 연어의 알은 작고 말랑말랑하지만, 닭과 뱀의 알은 크고 단단합니다.

**20** 새끼를 낳는 동물을 모두 고르시오. ( , )

① 소                    ② 참새
③ 뱀                    ④ 고양이
⑤ 개구리

**1** 물체의 여러 부분 중 철로 된 부분을 알 수 있는 방법은 무엇입니까? (     )

① 맛을 본다.
② 자석을 대 본다.
③ 무게를 재 본다.
④ 손으로 들어 본다.
⑤ 냄새를 맡아 본다.

〔서술형〕

**2** 가위에서 어느 부분이 자석에 붙는지 쓰고, 그 부분이 자석에 붙는 까닭을 쓰시오.

(1) 자석에 붙는 부분: (          )

(2) 그 부분이 자석에 붙는 까닭: _____

_____

**3** 막대자석의 극 부분을 모두 기호로 쓰시오.

| N | | | | S |
|---|---|---|---|---|
| ㉠ | ㉡ | ㉢ | ㉣ | ㉤ |

(            )

🔍 관련 교과서 돋보기

자석의 극
• 자석의 극에는 N극과 S극이 있습니다.
• 주로 N극은 빨간색으로 표시하고, S극은 파란색으로 표시합니다.

**4** 동전 모양 자석에서 클립이 많이 붙는 부분은 몇 개인지 쓰시오.

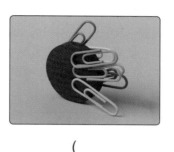

(            )

**5** 자석을 이용하여 클립을 공중에 띄우고 자석과 클립 사이에 유리판을 넣으면 어떻게 됩니까? (     )

① 클립이 바닥으로 떨어진다.
② 클립이 유리판을 밀어 낸다.
③ 자석이 유리판을 밀어 낸다.
④ 클립이 그대로 공중에 떠 있다.
⑤ 클립이 바닥에 떨어졌다가 다시 공중에 뜬다.

〔서술형〕

**6** 다음과 같이 꾸미고 막대자석과 나비 클립 사이에 색종이를 넣어도 나비 클립을 끌어당길 수 있는 까닭을 쓰시오.

_____

_____

**7** 앞 6번 실험을 통해 알 수 있는 사실입니다. 알맞은 말에 ○표 하시오.

> 자석과 나비 클립 사이에 색종이처럼 자석에 ( 붙는 , 붙지 않는 ) 물체가 있으면 자석과 나비 클립은 서로 ( 밀어 내는 , 끌어당기는 ) 힘이 작용한다.

**8** 막대자석이 자유롭게 움직일 수 있도록 실로 매달았을 때 자석이 가리키는 방향이 교실에 표시된 동서남북의 방향 중 어느 방향과 나란해집니까? (           )

① 동쪽, 서쪽       ② 남쪽, 북쪽
③ 동쪽, 남쪽       ④ 남쪽, 서쪽
⑤ 동쪽, 북쪽

**9** 플라스틱 접시를 이용해 물에 띄운 막대자석이 일정한 방향을 가리키고 있을 때 다른 막대자석을 가져가 다른 방향을 가리키게 한 후 자석을 멀리 떨어뜨리면 어떻게 됩니까? (           )

① 다시 동쪽과 서쪽을 가리킨다.
② 다시 북쪽과 남쪽을 가리킨다.
③ 다시 동쪽과 남쪽을 가리킨다.
④ 물에 띄운 막대자석의 성질이 없어진다.
⑤ 물에 띄운 막대자석이 빙글빙글 돌아간다.

**10** 위 9번과 같이 자석을 물에 띄우면 일정한 방향을 가리키는 성질을 이용하여 무엇을 만들 수 있는지 쓰시오.

(                    )

**11** 나침반에 대한 설명으로 바르지 않은 것은 어느 것입니까? (           )

① 나침반으로 방향을 찾을 수 있다.
② 나침반 바늘은 자석으로 만들어져 있다.
③ 나침반 바늘에서 북쪽은 빨간색으로 표시되어 있다.
④ 나침반을 반대로 돌리면 동쪽과 서쪽을 가리킨다.
⑤ 나침반은 자석이 일정한 방향을 가리키는 성질을 이용하여 만든 것이다.

**12** 철 클립으로 나침반을 만드는 순서대로 기호를 쓰시오.

> ㉠ 막대자석에 철 클립을 5분 이상 붙여 놓는다.
> ㉡ (              )에 철 클립을 붙이고 물에 띄운다.
> ㉢ 막대자석에 붙여 놓았던 철 클립에 빵 끈이 붙는지 확인한다.

(                    )

**13** 위 12번의 ㉡에 가장 알맞은 실험 재료는 어느 것입니까? (           )

① 지우개          ② 자석
③ 색종이          ④ 유리판
⑤ 플라스틱 뚜껑

· 서술형 ·

**14** 다음과 같이 자석과 자석을 가까이 하면 어떻게 되는지 쓰시오.

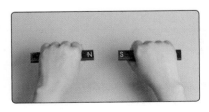

**15** 자석의 성질에 대한 설명입니다. 알맞은 말에 ○표 하시오.

> 자석 두 개를 자유롭게 움직이도록 매달고 같은 극끼리 가까이 하면 서로 ( 밀어 내고 , 끌어 당기고 ) 다른 극끼리 가까이 하면 서로 ( 밀어 낸다 , 끌어당긴다 ).

**16** 빨대를 여러 개 깔고 자석을 올려놓은 후 색종이로 감싼 막대자석을 가까이 가져갔더니 빨대 위의 막대자석이 끌려왔습니다. ㉠은 어떤 극인지 쓰시오.

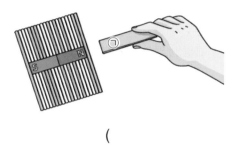

( )

🔍 **관련 교과서 돌보기**

자석을 다른 자석에 가까이 가져가 극 추리하기
• 준비물: 막대자석, 가는 빨대 여러 개, 색종이, 가위, 셀로판테이프 등
• 실험 방법
 – 막대자석 한 개를 색종이로 감쌉니다.
 – 빨대를 여러 개 깔고 빨대 위에 색종이로 감싸지 않은 막대자석을 올려놓습니다.
 – 색종이로 감싼 막대자석을 빨대 위에 올려놓은 막대자석의 한쪽 극에 가까이 가져가 보며 극을 추리합니다.

**서술형**

**17** 나침반에 막대자석의 S극을 가까이 했을 때 모습입니다. 나침반에서 막대자석의 S극을 멀리 하면 나침반 바늘이 가리키는 방향은 어떻게 되는지 쓰시오.

**18** 나침반의 '동'쪽 방향으로 막대자석의 N극을 가까이 할 때 나침반 바늘의 움직임으로 바른 것의 기호를 쓰시오.

> ㉠ 나침반 바늘의 S극이 끌려온다.
> ㉡ 나침반 바늘의 N극이 끌려온다.
> ㉢ 나침반 바늘이 움직이지 않는다.

( )

**19** 책상 위에 막대자석을 놓고 주위에 나침반을 놓았을 때, ㉠ 나침반 바늘의 움직임으로 바른 것은 어느 것입니까? ( )

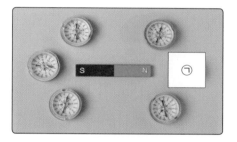

① 나침반 바늘의 S극이 끌려온다.
② 나침반 바늘의 N극이 끌려온다.
③ 나침반 바늘이 움직이지 않는다.
④ 나침반 바늘이 계속 빙글빙글 돈다.
⑤ 나침반 바늘의 N극과 S극이 번갈아 끌려온다.

**20** 일상생활에서 철로 된 물체를 끌어당기는 자석의 성질을 이용한 예가 <u>아닌</u> 것은 어느 것입니까?

( )

① 자석 다트
② 자석 클립 통
③ 자석 드라이버
④ 자석 양치 컵 걸이
⑤ 나침반이 있는 등산용 시계

**1** 지구의 모양에 대한 설명입니다. 알맞은 말에 ○표 하시오.

> 지구는 사람에 비해 매우 크기 때문에 우리에게 ( 둥글게 , 편평하게 ) 보이지만, 지구는 ( 상자 , 둥근 공 ) 모양이다.

**2** 농구공에 인형을 올려놓고, 뒤쪽으로 인형을 천천히 밀면 인형이 어떻게 보이는지 알아보는 실험을 통해 알 수 있는 사실은 무엇입니까? (        )

① 지구는 둥글다.
② 지구는 편평하다.
③ 지구와 달의 크기는 같다.
④ 지구의 크기가 매우 작다.
⑤ 지구는 달보다 매우 크다.

**서술형**

**3** 지구의 어느 한 곳에서 지구 표면을 따라 한 방향으로 계속 나아간다면 어떻게 될지 쓰시오.

_____

**4** 먼바다에서 항구로 들어오는 배는 어떻게 보입니까?
(        )

① 배의 돛대부터 보인다.
② 배의 밑부분부터 보인다.
③ 항상 배의 전체 모습이 보인다.
④ 배가 보였다가 갑자기 사라진다.
⑤ 항상 배의 모습이 보이지 않는다.

**5** 여러 가지 지구 표면의 모습 중 무엇에 대한 설명입니까? (        )

> • 나무가 많다.
> • 편평한 땅에서 높이 솟아 있다.

① 강                    ② 산
③ 바다                  ④ 호수
⑤ 빙하

**6** 지구 표면의 모습을 음료수 뚜껑에 색점토를 이용하여 표현하려고 합니다. 주로 사용해야 할 색깔은 어느 것인지 선으로 연결하시오.

(1) 사막     •             • ㉠ 빨간색

(2) 산       •             • ㉡ 파란색

(3) 화산     •             • ㉢ 노란색

(4) 바다     •             • ㉣ 초록색

🔍 관련 교과서 **돋보기**

지구 표면의 모습 표현하기
• 준비물: 스마트 기기, 색점토, 뚜껑
• 스마트 기기로 지구 표면의 다양한 모습을 찾아보고 표현하고 싶은 곳을 정합니다.
• 색점토를 이용하여 뚜껑에 표현합니다.(뚜껑 안에 들어갈 정도의 크기가 되도록 유의합니다.)

**7** 오른쪽은 지구 표면의 모습 중 무엇을 그려 본 것입니까?

( )

① 강
② 산
③ 갯벌
④ 빙하
⑤ 화산

**8** 지구의에서 육지와 바다에 각각 다른 색깔의 붙임쪽지를 붙여 보았습니다. 다음 표를 보고 ㉠과 ㉡은 육지와 바다 중 어느 곳인지 쓰시오.

| 구분 | ㉠ | ㉡ |
|------|-----|-----|
| 붙임쪽지의 수 | 90 | 207 |

㉠: ( )
㉡: ( )

**9** 지구에서 바다와 육지의 넓이를 바르게 비교한 것은 어느 것입니까? ( )

① 바다가 육지보다 넓다.
② 육지가 바다보다 넓다.
③ 바다와 육지의 넓이는 비슷하다.
④ 비가 많이 올 때만 바다가 육지보다 넓다.
⑤ 육지가 바다보다 넓을 때도 있고, 바다가 육지보다 넓을 때도 있다.

서술형

**10** 지구 표면의 바다와 바닷물에 대한 설명입니다. 바르지 않은 부분을 찾아 밑줄을 긋고 바르게 고쳐 쓰시오.

> 지구 표면에서 바다는 육지의 면적보다 넓고, 바닷물은 사람이 마시기에 적당하다.

**11** 다음에서 공통으로 이용된 것은 무엇입니까?

( )

① 물
② 공기
③ 불
④ 햇빛
⑤ 소리

**12** 비닐봉지에 공기를 넣고 공기가 빠져나가지 않게 입구를 손으로 잡고 다른 손으로 만졌을 때의 느낌은 어떠합니까? ( )

① 딱딱하다.
② 거칠거칠하다.
③ 말랑말랑하다.
④ 끈적끈적하다.
⑤ 따끔따끔하다.

**13** 공기를 깨끗하게 유지하기 위해 우리가 할 수 있는 노력으로 알맞지 않은 것은 어느 것입니까? ( )

① 공장의 매연을 줄인다.
② 나무를 많이 심고 가꾼다.
③ 매연이 나오는 자동차의 사용을 줄인다.
④ 가까운 거리도 반드시 자동차를 이용한다.
⑤ 환경을 오염시키지 않는 태양에너지를 많이 사용한다.

**14** ( ) 안에 지구와 달 중 공통으로 들어갈 말을 쓰시오.

> • ( )의 표면은 울퉁불퉁하다.
> • ( )의 표면에서 밝게 보이는 곳과 어둡게 보이는 곳이 있다.

( )

**15** 달 표면을 관찰할 때 알맞은 것은 어느 것입니까?
( )

① 거울
② 현미경
③ 쌍안경
④ 돋보기
⑤ 색안경

[16~17] 달에 대한 설명입니다.

> 달 표면은 회색빛이고, 밝은 부분과 ㉠ 어두운 부분이 있다. 달 표면에는 매끈매끈한 면도 있고 울퉁불퉁한 면도 있다. 달 표면에는 ㉡ 크고 작은 구덩이가 많다.

**16** 위 ㉠에 대한 설명으로 바른 것은 어느 것입니까?
( )

① 달의 육지라고 한다.
② 달의 바다라고 한다.
③ 물이 많이 있는 곳이다.
④ 산처럼 높이 솟은 곳이다.
⑤ 달에서 공기가 가장 많은 곳이다.

**17** 위 설명 중 ㉡에 대한 설명으로 바른 것을 모두 고르시오. ( , )

① 크기가 다양하다.
② 충돌 구덩이라고 한다.
③ 바람이 특히 많이 부는 곳이다.
④ 구덩이 안에 물이 가득 차 있다.
⑤ 달 표면에서 가장 밝게 보이는 곳이다.

**18** 색점토를 이용하여 지구와 달 모형을 만들어 보았습니다. 색점토를 바르게 사용하지 <u>않은</u> 것은 누구입니까? ( )

① 성군 - 녹색 점토로 육지를 표현했어.
② 민선 - 파란색 점토로 바다를 표현했어.
③ 경인 - 빨간색 점토로 사막을 표현했어.
④ 승환 - 회색 점토로 달 표면을 표현했어.
⑤ 재화 - 표면을 높게 만들어 산을 표현했어.

**19** 지구와 달의 모습에 대한 설명입니다. 지구와 달에 해당하는 것을 골라 각각 기호를 쓰시오.

> ㉠ 구름이 있다.
> ㉡ 둥근 공 모양이다.
> ㉢ 공기로 둘러싸여 있다.
> ㉣ 생물이 살기에 온도가 적당하다.
> ㉤ 하늘이 검게 보인다.
> ㉥ 물이 있다.

(1) 달: ( )
(2) 지구: ( )

**20** 지구와 달의 모습입니다. 달의 모습을 모두 고르시오.
( , )

①
② 
③
④
⑤

**1** 다음 필기도구를 분류 기준을 정하고 두 무리로 나누어 쓰시오.

▲ 형광펜   ▲ 볼펜   ▲ 사인펜   ▲ 색연필   ▲ 샤프 연필

기준:

↓

| 그렇다. | 그렇지 않다. |
|---|---|
|  |  |

🔍 관련 교과서 돋보기

필기도구 무리 짓기
• 분류 기준은 누가 분류하더라도 같은 분류 결과가 나와야 합니다.
• 기둥이 원 모양인가?, 꼭지를 누르면 심이 나오는가?, 뚜껑이 있는가? 등이 알맞은 분류 기준입니다.

**2** 자신이 탐구한 결과를 알리며 다른 사람들과 생각이나 정보를 주고받는 것을 무엇이라고 합니까?

( )

① 관찰   ② 측정
③ 분류   ④ 의사소통
⑤ 예상

**3** 다음은 무엇에 대한 설명인지 쓰시오.

• 물체를 만드는 재료를 말한다.
• 나무, 플라스틱, 고무, 금속, 유리, 종이 등이 여기에 속한다.

( )

**4** 물체가 어떤 물질로 만들어졌는지 알맞게 선으로 연결하시오.

(1)

▲ 풍선

• ㉠ 금속

(2)

▲ 집게

• ㉡ 플라스틱

(3)

▲ 바구니

• ㉢ 고무

**5** 다음 물체를 이루고 있는 공통적인 물질은 무엇입니까? ( )

고무줄   고무장갑   타이어

① 금속   ② 나무
③ 고무   ④ 밀가루
⑤ 플라스틱

**6** 금속 막대, 플라스틱 막대, 나무 막대, 고무 막대를 서로 긁어 보는 실험은 물질의 어떤 성질을 알아보기 위한 것입니까? ( )

① 단단한 정도   ② 휘어지는 정도
③ 물에 뜨는 정도   ④ 색이 변하는 정도
⑤ 광택이 있는 정도

**7** 금속의 성질에 해당하는 것은 어느 것입니까?

( )

① 부드럽다.
② 잘 늘어난다.
③ 물에 젖는다.
④ 잘 늘어나고 잘 휘어진다.
⑤ 단단하고 물에 가라앉는다.

서술형
**8** 분무기는 어떤 물질로 만들어졌는지 쓰고, 그 물질의 성질을 두 가지 쓰시오.

_____

**9** 의자와 야구 방망이는 어떤 물질로 만든 것인지 쓰시오.

( )

서술형
**10** 위 **9**번 정답의 물질로 의자와 야구 방망이를 만들 때 좋은 점을 한 가지 쓰시오.

_____

_____

**11** 광택이 있고 나무나 플라스틱보다 단단하여 운동장의 구름사다리를 만드는 데 적당한 물질은 어느 것입니까? ( )

① 나무        ② 금속
③ 고무        ④ 유리
⑤ 플라스틱

**12** 물질의 성질을 바르게 이용한 경우가 <u>아닌</u> 것은 어느 것입니까? ( )

① 풍선 – 잘 늘어나도록 유리로 만든다.
② 가위의 날 – 단단하도록 금속으로 만든다.
③ 실내화 – 잘 미끄러지지 않도록 고무를 사용한다.
④ 건물 – 튼튼하게 만들기 위해 콘크리트를 사용한다.
⑤ 운동화 – 가볍고 편안하게 만들기 위해 섬유를 사용한다.

**13** 가위를 이루는 물질을 두 가지 고르시오. ( , )

① 나무
② 종이
③ 금속
④ 섬유
⑤ 플라스틱

**14** 책상의 여러 부분 중 가벼우면서도 단단한 나무 물질로 만들면 좋은 부분의 기호를 쓰시오.

( )

**서술형**

**15** 종류가 같은 물체를 서로 다른 물질로 만들 때 좋은 점을 한 가지 쓰시오.

▲ 금속 그릇

▲ 유리그릇

▲ 종이 그릇

▲ 플라스틱 그릇

**16** 말주머니의 ☐ 안에 알맞은 물질은 어느 것입니까? ( )

단단하고 깨지지 않는 ☐ 컵이야.

① 유리          ② 종이
③ 도자기        ④ 금속
⑤ 플라스틱

**17** 수영할 때 고무 모자를 쓰는 까닭으로 가장 알맞은 것은 무엇입니까? ( )

① 무겁기 때문에
② 단단하기 때문에
③ 잘 접히기 때문에
④ 물에 젖지 않기 때문에
⑤ 부드럽고 따뜻하기 때문에

[18~20] 물에 알긴산 나트륨과 젖산 칼슘을 각각 녹인 뒤 섞어 보았습니다.

**18** 비커에 따뜻한 물을 반 정도 넣고 알긴산 나트륨을 넣었을 때 나타나는 현상은 어느 것입니까? ( )

① 약간 끈적끈적하다.
② 물이 약간 노랗게 변한다.
③ 알긴산 나트륨이 물에 녹는다.
④ 알긴산 나트륨이 부풀어 오른다.
⑤ 알긴산 나트륨이 물 위에 둥둥 뜬다.

🔍 **관련 교과서 돋보기**

서로 다른 물질을 섞었을 때 물질의 성질 변화
• 비커에 따뜻한 물을 반 정도 넣고 알긴산 나트륨과 젖산 칼슘을 각각 넣어 녹입니다.
• 알긴산 나트륨 녹인 물을 젖산 칼슘 녹인 물에 스포이트로 한 방울씩 떨어뜨립니다.
• 체로 거른 뒤 체에 남은 물질의 성질을 관찰합니다.

**19** 물, 알긴산 나트륨, 젖산 칼슘을 섞는 실험에 대한 설명으로 바르지 않은 것은 어느 것입니까? ( )

① 젖산 칼슘은 노란색 가루 물질이다.
② 보안경과 실험용 장갑을 끼고 실험한다.
③ 알긴산 나트륨을 녹일 때는 따뜻한 물을 이용한다.
④ 물에 젖산 칼슘을 녹이면 젖산 칼슘이 보이지 않는다.
⑤ 물에 알긴산 나트륨과 젖산 칼슘을 각각 녹인 뒤 섞으면 말랑말랑한 덩어리가 생긴다.

**20** 물에 알긴산 나트륨과 젖산 칼슘을 각각 녹인 뒤 섞었을 때, 변한 물질의 성질로 바르지 않은 것은 어느 것입니까? ( )

① 투명하다.
② 색깔이 없다.
③ 만지면 말랑말랑한 느낌이다.
④ 둥근 모양의 덩어리가 생긴다.
⑤ 젖산 칼슘은 하얀색 가루 그대로이다.

**1** 암컷과 수컷이 쉽게 구별되지 않는 동물을 골라 ○표 하시오.

(1)
▲ 무당벌레

(2)
▲ 꿩

(       )      (       )

**2** 노루의 암수를 구별할 수 있는 특징을 두 가지 고르시오. (    ,    )

① 몸의 크기      ② 몸의 색깔
③ 뿔의 있고 없음      ④ 갈기의 있고 없음
⑤ 무늬의 있고 없음

**3** 동물의 수컷을 나타낸 것은 어느 것입니까?
(       )

① 
▲ 꿩

② 
▲ 돼지

③ 
▲ 사자

④ 
▲ 청둥오리

⑤
▲ 거북

**4** 다음 동물이 알을 돌보는 과정에서 암수의 역할을 바르게 설명한 것은 어느 것입니까? (       )

▲ 물자라

① 암컷이 알을 돌본다.
② 수컷이 알을 돌본다.
③ 암수가 같이 알을 돌본다.
④ 암수 둘 다 알을 돌보지 않는다.
⑤ 장소에 따라 암수의 역할이 달라진다.

> 🔍 관련 교과서 **돋보기**
>
> **알이나 새끼를 돌볼 때 암컷과 수컷이 하는 일**
> • 꾀꼬리: 암수가 함께 새끼를 돌봅니다.
> • 사슴: 암컷이 새끼를 돌봅니다.
> • 물자라: 수컷이 알을 돌봅니다.
> • 개구리: 암수 둘 다 알을 돌보지 않습니다.

**5** 알맞은 말에 ○표 하시오.

> 소와 곰 등은 ( 암컷 , 수컷 )이 새끼를 돌보고, 물자라와 가시고기 등은 ( 암컷 , 수컷 )이 알을 돌본다.

**6** 다음 이야기를 읽고 알 수 있는 사실을 바르게 말한 친구는 누구입니까? (       )

> 알이나 새끼를 돌보는 과정에서 제비는 암수가 함께, 곰은 암컷이, 가시고기는 수컷이 새끼나 알을 돌본다. 그리고 거북은 알을 낳은 뒤 암수 모두 알을 돌보지 않는다.

① 희진: 동물은 모두 알을 낳는다.
② 미경: 수컷이 암컷보다 몸이 더 크다.
③ 수영: 동물은 암컷과 수컷으로 나눈다.
④ 철수: 암컷과 수컷의 역할을 구별하기 어렵다.
⑤ 선하: 동물에 따라 암수가 하는 역할이 다양하다.

**·서술형·**

**7** 배추흰나비 한살이를 관찰하기 위해 알이 붙어 있는 케일 화분을 사육 상자에 넣은 것입니다. 사육 상자 안이 마르지 않게 하는 것과 연관지어 잘못된 점을 한 가지 쓰시오.

**10** 배추흰나비 알과 애벌레의 차이점에 대한 설명으로 바른 것은 어느 것입니까? (         )

① 알은 자라지만 애벌레는 자라지 않는다.
② 알은 허물을 1회 벗지만 애벌레는 4회 벗는다.
③ 알은 연한 노란색이지만 애벌레는 초록색이다.
④ 알은 기어서 움직이지만 애벌레는 움직이지 않는다.
⑤ 알은 겉에 털이 많이 나 있지만 애벌레는 몸에 털이 없다.

**8** 배추흰나비 한살이를 관찰할 때 관찰해야 할 내용으로 알맞은 것을 모두 고르시오. (      ,      )

① 알의 생김새
② 알에서 애벌레가 나오는 모습
③ 먹이를 주지 않았을 때의 모습
④ 애벌레와 어른벌레의 무게 변화
⑤ 애벌레를 손으로 만졌을 때의 모양 변화

> **관련 교과서 돋보기**
>
> 배추흰나비 한살이 관찰 계획
> • 기르는 방법: 사육 상자 안에서 케일을 먹이로 주고 기릅니다.
> • 관찰 내용: 배추흰나비 알, 애벌레, 번데기, 어른벌레의 색깔, 생김새, 움직임, 크기 변화 등을 관찰합니다.
> • 관찰 방법: 맨눈으로 관찰하거나 돋보기를 사용하여 관찰합니다.
> • 주의할 점: 알이나 애벌레를 만지지 않습니다.

**·서술형·**

**11** 알에서 갓 나온 배추흰나비 애벌레는 몸이 연한 노란색이지만 점차 초록색으로 변합니다. 초록색으로 변하는 까닭을 쓰시오.

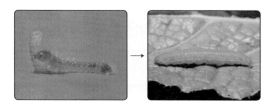

**9** 다음에서 설명하는 것은 무엇입니까? (         )

> • 연한 노란색이다.
> • 옥수수처럼 생겼으며 주름져 있다.

① 배추흰나비 알
② 배추흰나비 애벌레
③ 배추흰나비 번데기
④ 배추흰나비 어른벌레의 수컷
⑤ 배추흰나비 어른벌레의 암컷

**12** 배추흰나비 한살이 과정 중 번데기에 대한 설명으로 바른 것은 어느 것입니까? (         )

① 다리가 두 쌍이다.
② 배춧잎을 먹고 자란다.
③ 몸에 털이 많이 나 있다.
④ 허물을 벗으며 크기가 커진다.
⑤ 움직이지 않고 먹이도 먹지 않는다.

**13** 배추흰나비가 번데기 상태로 있는 기간은 얼마 동안인지 쓰시오.

(                    )

**14** 배추흰나비 어른벌레를 나타낸 것입니다. 몸을 어떻게 구분하는지 ㉠~㉢에 알맞은 말을 쓰시오.

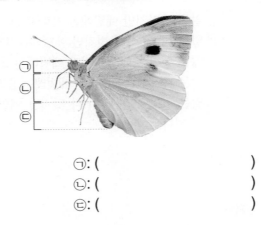

㉠: (         )
㉡: (         )
㉢: (         )

**15** 완전 탈바꿈을 하는 곤충의 한살이를 나타낸 것입니다. ( ) 안에 알맞은 과정을 쓰시오.

알 → ( ㉠ ) → ( ㉡ ) → 어른벌레

㉠: (         )
㉡: (         )

**16** 곤충의 한살이에서 번데기 단계를 거치지 않는 것은 어느 것입니까? (      )

① 벌
② 메뚜기
③ 나비
④ 무당벌레
⑤ 장수풍뎅이

**17** 장수풍뎅이와 메뚜기의 한살이에서 공통점으로 바른 것은 어느 것입니까? (      )

① 물에 알을 낳는다.
② 번데기 단계가 없다.
③ 애벌레 단계가 있다.
④ 허물을 벗지 않고 자란다.
⑤ 어른벌레는 날개 한 쌍과 다리 두 쌍이 있다.

**18** 닭의 한살이를 나타낸 것입니다. ㉠에 대한 설명으로 바른 것은 어느 것입니까? (      )

① 다리가 없다.
② 암수 구별이 쉽다.
③ 몸이 솜털로 덮여 있다.
④ 꽁지깃이 길게 자라 있다.
⑤ 이마와 턱에 큰 볏이 있다.

**19** 알을 낳는 동물은 '알', 새끼를 낳는 동물은 '새끼'라고 쓰시오.

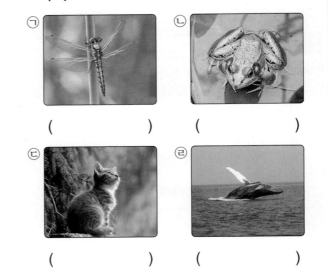

(     )     (     )

(     )     (     )

**20** 새끼를 낳는 동물의 한살이에 대한 설명으로 바르지 않은 것은 어느 것입니까? (      )

① 젖을 먹여 새끼를 기른다.
② 어미와 새끼의 모습이 많이 닮았다.
③ 다 자랄 때까지 어미가 보살피지 않는다.
④ 대부분 몸이 털이나 가죽으로 덮여 있다.
⑤ 암수가 만나 짝짓기를 하고 일정한 시간이 지나면 새끼를 낳는다.

**1** 자석에 붙는 물체는 어느 것입니까? (        )

① 고무줄        ② 색종이

③ 지우개        ④ 유리컵

⑤ 철 나사못

**2** 다음을 읽고 바른 것에 ○표, 바르지 <u>않은</u> 것에 ×표 하시오.

⑴ 금속으로 된 물체는 자석에 모두 붙는다.

(        )

⑵ 철 집게는 자석에 붙고, 페트병은 자석에 붙지 않는다.        (        )

⑶ 가위는 자석에 붙는 부분과 붙지 않는 부분이 함께 있다.        (        )

**3** 짧게 자른 빵 끈이 들어 있는 투명 상자 안에 막대자석을 넣었다가 천천히 들어 올렸습니다. 빵 끈이 가장 많이 붙는 부분에 ○표 하시오.

**N**                                              **S**

**4** 자석의 극에 대한 설명으로 바른 것은 어느 것입니까? (        )

① 자석의 극은 두 개다.

② 자석의 극은 항상 자석의 가운데 부분이다.

③ 공예용 철끈 조각이 가장 적게 붙는 부분이다.

④ 자석의 종류에 따라 자석의 극의 개수가 다르다.

⑤ 다른 부분보다 공예용 철끈 조각을 약하게 끌어당긴다.

관련 교과서 돋보기

**공예용 철끈**

• 가는 철사에 여러 색상의 실을 입힌 것입니다.

• 손쉽게 구부릴 수 있습니다.

• 다양한 형태로 활용 가능합니다.

서술형

**5** 플라스틱 접시에 철 클립을 골고루 부어 놓고 막대자석을 접시에 가까이 가져가 보았다가 들어 올렸을 때의 모습입니다. 무엇을 알 수 있는지 한 가지 쓰시오.

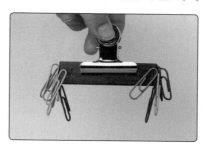

_____

**6** 자석이 철로 된 물체를 끌어당기는 경우가 <u>아닌</u> 것은 어느 것인지 기호를 쓰시오.

┌─────────────────────────────────┐
│ ㉠ 자석과 철로 된 물체가 약간 떨어져 있을 때 │
│ ㉡ 자석과 철로 된 물체가 많이 떨어져 있을 때 │
│ ㉢ 철로 된 물체와 자석 사이에 얇은 플라스틱판 │
│   이나 색종이 등의 물질이 있을 때 │
└─────────────────────────────────┘

(                        )

**7** 자석과 철로 된 물체 사이에 작용하는 힘에 대한 설명으로 바르지 <u>않은</u> 것은 어느 것입니까? (        )

① 자석이 철로 된 물체를 끌어당긴다.

② 자석의 힘이 얇은 플라스틱판을 통과하여 작용한다.

③ 자석과 철로 된 물체 사이에 서로 끌어당기는 힘이 작용한다.

④ 자석과 물체가 조금만 떨어져 있어도 자석의 힘이 작용하지 않는다.

⑤ 자석이 철로 된 물체로부터 멀어질 경우 끌어당기는 힘이 점점 약해진다.

**8** 다음과 같이 꾸미고 막대자석과 철 클립 사이 공간에 유리판을 넣었을 때 나타나는 현상으로 바른 것을 모두 고르시오. ( , )

① 자석이 철 클립을 밀어 낸다.
② 자석이 철 클립을 끌어당긴다.
③ 자석과 철 클립 사이에 작용하는 힘이 없어진다.
④ 자석과 철 클립 사이에 작용하는 힘은 변함없다.
⑤ 자석과 철 클립 사이에 작용하는 힘이 반으로 줄어든다.

**9** 오른쪽과 같이 막대자석을 실을 이용해 매달아서 알 수 있는 사실은 무엇입니까?
( )

① 실의 길이를 알 수 있다.
② 북쪽과 남쪽을 찾을 수 있다.
③ 막대자석의 무게를 알 수 있다.
④ 바람이 부는 방향을 알 수 있다.
⑤ 막대자석의 세기를 알 수 있다.

**10** 막대자석에 1분~2분 동안 붙여 놓았던 머리핀을 빨대에 꽂고 물이 담긴 원형 수조에 띄워 만든 것은 무엇인지 쓰시오.

( )

**11** 앞 10번의 머리핀이 가리키는 방향을 보았을 때, 실제 나침반 바늘이 가리키는 방향은 어느 것인지 기호를 쓰시오.

ㄱ   ㄴ

( )

🔍 관련 교과서 돋보기

나침반 만들기
• 준비물: 물이 담긴 원형 수조, 나침반, 막대자석에 붙여 놓았던 머리핀 등
• 실험 방법
  – 빨대를 2 cm~3 cm 길이로 세 개를 잘라 셀로판테이프로 붙인 뒤, 가운데 빨대에 머리핀을 꽂습니다.
  – 머리핀을 꽂은 빨대를 물이 담긴 원형 수조에 띄우고 머리핀이 움직이지 않을 때까지 기다립니다.
• 실험 결과: 머리핀이 북쪽과 남쪽을 가리킵니다.

**12** 나침반에 대한 설명으로 바른 것은 어느 것입니까?
( )

① 항상 동쪽과 서쪽을 가리킨다.
② 시간을 알고 싶을 때 사용한다.
③ 자석의 성질을 이용해 만든 도구이다.
④ 나침반의 S극은 항상 동쪽을 가리킨다.
⑤ 나침반의 N극은 항상 서쪽을 가리킨다.

**13** 두 개의 자석을 마주 보게 가까이 하였을 때 서로 끌어당기는 경우는 어느 것인지 기호를 쓰시오.

ㄱ   ㄴ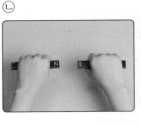

( )

**14** 고리 자석으로 다음과 같이 만든 탑에 이용된 자석의 성질은 무엇인지 쓰시오.

---

**15** 고리 자석으로 탑을 가장 낮게 쌓을 수 있는 경우는 어느 것인지 기호를 쓰시오.

┌─────────────────────────────────────────┐
│ ㉠ 고리 자석의 다른 극끼리 서로 마주 보게 놓 │
│   으면서 탑을 쌓는다.                      │
│ ㉡ 고리 자석의 같은 극끼리 서로 마주 보게 놓 │
│   으면서 탑을 쌓는다.                      │
└─────────────────────────────────────────┘

(                    )

**관련 교과서 돋보기**

고리 자석 사이에 작용하는 힘

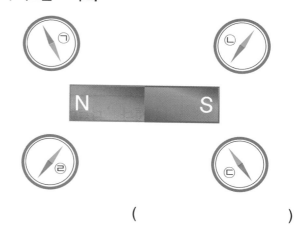

▲ N극과 N극을 가까이 하면 서로 밀어 내는 힘이 작용합니다.　▲ N극과 S극을 가까이 하면 서로 끌어당기는 힘이 작용합니다.

---

**16** 나침반에 막대자석의 S극을 가까이 가져가면 어떻게 됩니까? (          )

① 나침반이 자석이 된다.
② 나침반이 막대자석에 붙는다.
③ 나침반 바늘의 S극이 끌려온다.
④ 나침반 바늘의 N극이 끌려온다.
⑤ 나침반 바늘이 움직이지 않는다.

---

**17** 나침반을 막대자석 주위에 놓은 것입니다. 나침반 바늘이 가리키는 방향으로 바르지 **않은** 것은 어느 것인지 기호를 쓰시오.

┌──────────────┐　　┌──────────────┐
│      ㉠       │　　│      ㉡       │
└──────────────┘　　└──────────────┘

　　　　┌──────────────┐
　　　　│  N    　 S   │
　　　　└──────────────┘

┌──────────────┐　　┌──────────────┐
│      ㉢       │　　│      ㉣       │
└──────────────┘　　└──────────────┘

(                    )

---

**18** 가방의 입구 부분에 자석이 있으면 어떤 점이 편리합니까? (          )

① 물건을 보관하기 쉽다.
② 가방을 쉽게 열고 닫을 수 있다.
③ 물건이 흩어지지 않게 보관할 수 있다.
④ 가방의 무게를 일정하게 유지할 수 있다.
⑤ 가방의 온도를 일정하게 유지할 수 있다.

---

**19** 우리 생활에서 자석을 이용한 예가 **아닌** 것은 어느 것입니까? (          )

① 자석 병따개　　　② 자석 클립 통
③ 자석 드라이버　　④ 자석 여닫이문
⑤ 찍찍이 운동화

---

**20** 자석 클립 통에서 자석을 이용한 부분은 어디인지 기호를 쓰시오.

(                    )

**1** 우리 주변에서 지구와 비슷한 모양의 물체는 어느 것 인지 모두 고르시오. (     ,     )

**2** 지구의 어느 한곳에서 출발하여 한쪽 방향으로 계속 가면 처음 출발한 곳으로 되돌아 올 수 있는 까닭은 무엇입니까? (       )

① 지구가 둥글기 때문에
② 지구가 편평하기 때문에
③ 지구의 크기가 매우 크기 때문에
④ 지구의 크기가 매우 작기 때문에
⑤ 지구 표면이 여러 가지 색깔로 이루어져 있기 때 문에

**3** 먼바다에서 항구로 들어오는 배는 돛대부터 보이는 현상을 통해 알 수 있는 사실은 무엇입니까?
(       )

① 지구는 둥글다.
② 지구는 편평하다.
③ 배의 크기가 크다.
④ 바다는 매우 넓다.
⑤ 지구의 크기가 매우 크다.

**관련 교과서 돋보기**

항구로 들어오는 배의 모습
  먼바다에서 항구로 들어오는 배 를 계속 보면 배 윗부분의 돛대부 터 보이기 시작해서 조금씩 배의 전체 모습이 보입니다.

배의 모든 부분이 보임. 시선
배의 돛만 보임.

**4** 지구에 대한 설명입니다. 바르지 않은 것은 어느 것인 지 기호를 쓰시오.

┌─────────────────────────────────┐
│ ㉠ 옛날 사람들은 지구의 전체 모양을 알 수 없 │
│   었다.                          │
│ ㉡ 현재는 우주에서 직접 사진을 찍어서 지구 전 │
│   체 모양을 알 수 있다.               │
│ ㉢ 지구의 모양과 비슷한 물체에는 연필이 있다. │
└─────────────────────────────────┘

(            )

**5** 지구 표면의 모습 중 우리나라에서 볼 수 없는 모습은 무엇입니까? (       )

① 산            ② 호수
③ 빙하          ④ 바다
⑤ 계곡

**6** 지구 표면의 모습 중 사막을 바르게 설명한 친구는 누 구인지 쓰시오.

┌─────────────────────────────────┐
│ • 진오 – 산봉우리가 뾰족하고, 커다란 바위와 │
│   나무가 있어.                      │
│ • 철우 – 높은 곳에서 낮은 곳으로 물이 흘러  │
│ • 진희 – 파란 하늘이 있고 넓은 들판에 곡식이 │
│   자라고 있어.                      │
│ • 재경 – 모래가 많고 낙타를 볼 수 있어.     │
└─────────────────────────────────┘

(            )

**7** 다음은 다양한 지구의 표면 모습 중 어느 곳을 나타낸 것인지 쓰시오.

(            )

**8** 지구의를 돌려 보면서 육지와 바다에 각각 붙임딱지를 붙이고 개수를 세어 보는 활동을 통해 무엇을 알 수 있습니까? (          )

① 바다가 육지보다 넓다.
② 육지가 바다보다 넓다.
③ 육지와 바다의 넓이는 똑같다.
④ 육지와 바다의 넓이는 비슷하다.
⑤ 육지가 더 넓을 때도 있고 바다가 더 넓을 때도 있다.

**9** 육지의 물과 바닷물에 대한 설명으로 바르지 않은 것은 어느 것입니까? (          )

① 바닷물은 짠맛이 난다.
② 바닷물이 육지의 물보다 훨씬 많다.
③ 육지의 물은 아무 맛이 나지 않는다.
④ 바닷물은 사람이 마시기에 적당하지 않다.
⑤ 육지의 물에는 바닷물보다 소금 등의 물질이 많이 녹아 있다.

**10** 육지와 바다를 비교한 것으로 바르지 않은 것을 ◦보기◦에서 골라 기호를 쓰시오.

┌─ 보기 ─────────────────┐
│ ㉠ 바닷물은 육지의 물보다 짜다.
│ ㉡ 육지와 바다에 사는 생물이 다르다.
│ ㉢ 육지의 물이 바닷물보다 훨씬 많다.
│ ㉣ 바닷물은 사람이 마시기에 적당하지 않다.
└────────────────────────┘

(          )

**11** (      ) 안에 공통으로 들어갈 알맞은 말은 어느 것입니까? (          )

┌──────────────────────────┐
│ • (        )은/는 우리가 사는 지구 주위를 둘러싸고 있다.
│ • (        )가 있기 때문에 동식물이 숨을 쉬고 살 수 있다.
│ • (        )은/는 생물이 살기에 알맞은 온도를 유지해 주는 역할을 한다.
└──────────────────────────┘

① 물                  ② 바람
③ 햇빛                ④ 공기
⑤ 전기

◦서술형◦
**12** 생활에서 공기를 느낄 수 있는 방법을 한 가지 쓰시오.

_____

_____

**13** 공기를 이용하는 방법에 해당하는 것을 ◦보기◦에서 골라 각각 기호를 쓰시오.

(1) 공기를 이용하여 하늘을 날 수 있다.

(          )

(2) 공기를 이용하여 전기를 만든다.

(          )

**14** 달에 대한 설명입니다. 바르지 <u>않은</u> 것은 어느 것입니까? ( )

① 둥근 공 모양이다.
② 달의 바다에는 물이 없다.
③ 표면은 먼지와 암석으로 덮여 있다.
④ 달 표면에는 밝은 곳과 어두운 곳이 있다.
⑤ 달 표면에서 가장 밝게 보이는 곳을 달의 바다라고 한다.

· 서술형 ·

**15** 달 표면에 크고 작은 충돌 구덩이가 만들어진 까닭을 쓰시오.

_____

_____

**16** 달 표면의 달의 바다에 대한 설명으로 바른 것은 어느 것입니까? ( )

① 물이 없다.
② 물이 조금 있다.
③ 물이 많이 있다.
④ 생물이 살고 있다.
⑤ 물의 색깔이 붉은색이다.

**17** 오른쪽은 달 표면의 한 부분을 확대한 사진입니다. 이 부분에 대한 설명으로 바른 것을 모두 고르시오.
( , )

① 크기가 다양하다.
② 달의 바다라고 한다.
③ 충돌로 생긴 구덩이다.
④ 안쪽에 물이 많이 고여 있다.
⑤ 우주의 다른 행성과 충돌하여 만들어진 것이다.

**18** 지구와 달의 모습을 바르게 비교한 것을 모두 고르시오. ( , )

| 구분 | | 지구 | 달 |
|---|---|---|---|
| ① | 물 | 있다. | 없다. |
| ② | 생물 | 없다. | 있다. |
| ③ | 구름 | 없다. | 있다. |
| ④ | 공기 | 있다. | 없다. |
| ⑤ | 음식(영양분) | 없다. | 있다. |

**19** 지구의 바다와 달의 바다를 비교한 것으로 바른 것은 어느 것입니까? ( )

① 달의 바다에는 물이 있다.
② 지구의 바다에는 물이 없다.
③ 지구의 바다에는 생물이 산다.
④ 지구의 표면에서 지구의 바다는 어둡게 보인다.
⑤ 달의 표면에서 달의 바다는 파란색으로 보이며 파도가 친다.

**20** 우주에서 바라본 지구와 달의 모습입니다. 지구와 달의 비슷한 점을 ·보기·에서 찾아 기호를 쓰시오.

┌─·보기·
│ ㉠ 공기가 있다.
│ ㉡ 둥근 공 모양이다.
│ ㉢ 물이 있는 바다가 있다.
│ ㉣ 표면에 돌이 있다.
└─────────────

( )

## 1회     1. 과학 탐구 ~ 2. 물질의 성질    1~3쪽

1 ②   2 ①, ④   3 ⑤   4 (1) ㉠ (2) ㉡   5 ⑤   6 ③   7 고무   8 ①   9 ⑤   10 ③   11 예 다양한 모양과 색깔의 물체를 다른 물질보다 쉽게 만들 수 있다.   12 ⑤   13 (1) ㉡ (2) 예 튼튼하다. 잘 부러지지 않는다. 다른 물질보다 단단하다.   14 ④   15 (1) ㉡ (2) ㉠   16 ①   17 (2) ○   18 ③   19 ②   20 ⑤

### 풀이

1 관찰은 탐구 대상의 특징을 자세히 살펴보는 것으로, 관찰할 때에는 눈, 코, 입, 귀, 피부와 같은 감각 기관을 사용할 수 있습니다.

2 추리할 때는 탐구 대상을 주의 깊게 관찰하고, 대상에 대해 더 많은 정보를 얻을수록 정확한 추리를 할 수 있습니다.

4 금속 그릇을 이루는 물질은 금속이고, 유리 주전자를 이루는 물질은 유리입니다.

5 탁구공은 플라스틱, 집게는 금속, 나무 의자는 나무, 타이어는 고무로 만들어진 물체입니다.

6 고무 막대는 잘 구부러지지만 나머지는 구부러지지 않습니다.

7 고무는 쉽게 구부러지고 잡아당기면 늘어났다가 놓으면 다시 되돌아갑니다. 고무는 물에 젖지 않습니다.

8 금속판은 손으로 만지거나 문지르면 딱딱하고 매끈하며 금속판, 나무판, 고무판, 플라스틱판 중 가장 단단합니다.

9 유리는 투명하고 다른 물체와 부딪치면 잘 깨집니다. 유리로는 꽃병, 어항, 컵 등을 만듭니다.

10 고무는 쉽게 구부러지고, 당기면 잘 늘어납니다. 또한 물에 젖지 않고 잘 미끄러지지 않습니다.

12 실내화를 고무로 만들면 잘 미끄러지지 않아 좋습니다.

13 금속은 다른 물질보다 단단하여 잘 부러지지 않습니다.

14 몸체는 금속, 안전모는 플라스틱, 손잡이와 보호대 밴드는 고무로 이루어져 있습니다. 물체나 물체 각 부분의 기능에 알맞은 물질을 선택하여 물체를 만들면 좋은 점이 많습니다.

16 금속은 단단하고 쉽게 구부러지지 않기 때문에 장갑을 만들기에 적합하지 않습니다.

17 유리컵은 투명하여 컵 안에 무엇이 들어 있는지 알

---

수 있지만 따뜻한 차를 마실 때는 도자기 컵이 알맞습니다.

18 알긴산 나트륨 녹인 물과 젖산 칼슘 녹인 물을 섞어 볼 때는 알긴산 나트륨, 젖산 칼슘, 물, 비커, 약숟가락, 유리 막대, 주사기, 보안경 등이 필요합니다.

19 알긴산 나트륨 녹인 물과 젖산 칼슘 녹인 물을 섞으면 섞기 전과 섞은 후 물질의 성질이 변합니다.

20 레몬즙과 따뜻한 우유를 섞으면 흰색이고 고소한 맛이 나며, 손으로 잡을 수 있고 만지면 부드러운 물질로 변합니다.

## 1회     3. 동물의 한살이    4~6쪽

1 ④   2 ※ 풀이 참조   3 ④   4 ②   5 ①, ⑤   6 ②   7 ④   8 예 해충의 침입을 막기 위해서이다. 나비가 되어 날아가는 것을 막기 위해서이다.   9 (3) ○ (4) ○   10 ①, ③   11 ③   12 ③   13 ㉡㉢㉠ ㉣   14 ※ 풀이 참조   15 ㉠ 완전 탈바꿈, ㉡ 불완전 탈바꿈   16 예 사마귀, 잠자리   17 ③   18 부화   19 ②   20 (1) ㉡ (2) ㉢ (3) ㉠

### 풀이

2 사자의 수컷은 갈기가 있어서 암컷과 수컷이 쉽게 구별됩니다.

| 이름: 예 사자 | |
| --- | --- |
| 암컷의 특징 | 수컷의 특징 |
| 갈기가 없다. | 갈기가 있다. |

3 붕어는 암수가 모두 길쭉한 몸에 지느러미가 있고, 몸의 색깔도 비슷합니다.

4 곰과 사슴은 암컷이 새끼를 돌봅니다. 물자라는 수컷이 알을 돌봅니다. 개구리는 암수 둘 다 알을 돌보지 않습니다.

5 제비는 암수가 함께 알과 새끼를 돌보고, 가시고기는 수컷이 알을 돌봅니다. 바다코끼리는 암컷이 새끼를 돌봅니다.

9 배추흰나비 알은 길쭉한 옥수수 모양이고 1 mm 정도로 매우 작고 색은 연한 주황색이나 노란색입니다. 주로 잎의 뒷면에 붙어 있습니다.

**11** 배추흰나비 애벌레는 4회의 허물을 벗으며, 허물을 벗을 때마다 몸의 크기가 커집니다.

**12** 배추흰나비 애벌레는 4회 허물을 벗은 후 번데기로 변하기 위해 먹는 것을 중단하고 안전한 곳을 찾습니다.

**14** 배추흰나비 어른벌레의 몸은 머리, 가슴, 배의 세 부분으로 나눌 수 있습니다. 머리에 더듬이와 눈, 입이 있고, 가슴에 두 쌍의 날개와 세 쌍의 다리가 있습니다.

| 구분 | 배추흰나비 번데기 | 배추흰나비 어른벌레 |
|---|---|---|
| 생김새 | 가운데가 볼록하고 양쪽 끝은 뾰족하며 마디가 있다. | 날개가 있고 다리가 여섯 개다. |
| 움직임 | 움직이지 않는다. | 날개를 이용하여 날아다닌다. |
| 먹이 | 먹지 않는다. | 꿀을 빨아먹는다. |

**16** 나비, 벌, 파리, 개미 등은 완전 탈바꿈을 하고, 매미, 노린재, 사마귀, 잠자리 등은 불완전 탈바꿈을 합니다.

**17** 무당벌레는 완전 탈바꿈을 하고, 귀뚜라미, 노린재, 사마귀는 불완전 탈바꿈을 합니다.

**18** 어미 닭이 약 21일 동안 알을 품으면 병아리가 알 속에서 껍데기를 깨고 나옵니다.

**19** 개구리는 알을 낳는 동물입니다. 알에서 깨어난 올챙이는 물속에서만 살고 아가미로 호흡하지만, 개구리는 물속과 물 밖에서 모두 살 수 있고 폐와 피부로 호흡합니다.

---

**1회**      4. 자석의 이용      7~9쪽

**1** (1) ㉠ (2) ㉡   **2** ①   **3** ⑤   **4** 자석의 극   **5** ②
**6** 예 나비 클립이 자석 쪽으로 끌려 와서 붙는다.
**7** 끌어당긴다   **8** ③   **9** 남쪽과 북쪽   **10** 예 머리핀이 자석의 성질을 띠게 된다.   **11** 북쪽, 남쪽   **12**
②   **13** ㉡   **14** 승환   **15** S극   **16** ㉠   **17** ㉡,
㉢   **18** ③   **19** (1) ㉡ (2) ㉠ (3) ㉢   **20** ④

**풀이**

**2** 철로 된 물체는 자석에 붙지만 유리, 나무, 고무, 플라스틱 등으로 된 물체는 자석에 붙지 않습니다.

**3** 막대자석의 양쪽 끝부분에 빵 끈이 가장 많이 붙어 있음을 알 수 있습니다.

**4** 자석에서 극은 N극과 S극 두 군데입니다.

**5** 막대자석의 양쪽 끝부분에 자석의 극이 있으며, 두 개입니다.

**6** 자석을 철로 된 물체에 가까이 가져가면 철로 된 물체가 자석에 끌려 와서 붙습니다.

**7** 철로 된 물체와 자석이 약간 떨어져 있어도 자석은 철로 된 물체를 끌어당길 수 있습니다.

**8** 자석의 힘은 색종이를 통과하여 작용하므로, 철 클립은 그대로 공중에 떠 있습니다.

**9** 막대자석은 남쪽과 북쪽을 가리킵니다. 여러 번 반복하여도 같은 방향을 가리킵니다.

**10** 철로 된 물체를 자석에 1분~2분 붙여 놓으면 그 물체도 자석의 성질을 띱니다.

**11** 자석의 성질을 띠는 머리핀을 물에 띄우면 북쪽과 남쪽을 가리킵니다.

**12** 나침반은 자석의 성질을 지닌 바늘이 항상 북쪽과 남쪽을 가리키는 원리를 이용해 방향을 알 수 있도록 만든 도구입니다.

**13** ㉠과 같이 막대자석 두 개를 같은 극끼리 마주 보게 가까이 가져갈 때는 손에 밀어 내는 느낌이 들고, ㉡과 같이 다른 극끼리 마주 보게 하여 가져갈 때는 손에 서로 끌어당기는 느낌이 듭니다.

**14** 막대자석 두 개를 같은 극끼리 마주 보게 하여 가까이 가져가면 밀어 내는 느낌이 듭니다.

**15** 막대자석의 N극을 가까이 가져갔을 때 서로 끌어당기는 까닭은 고리 자석의 윗면이 막대자석과 다른 극인 S극이기 때문입니다.

**16** 막대자석의 N극 쪽으로는 나침반 바늘의 S극이 끌려오고, 막대자석의 S극 쪽으로는 나침반 바늘의 N극이 끌려옵니다.

**18** 나침반에 막대자석을 가까이 가져가면 나침반 바늘이 자석에 끌려옵니다.

**19** 자석 창문 닦이는 자석이 다른 극끼리 끌어당기는 성질을 이용해 유리창문의 양쪽 면을 동시에 닦을 수 있습니다.

**20** 냉장고 문을 열었다가 놓으면 어느 순간 끌어당기는 힘이 작용하는 것은 냉장고 문의 모서리에 자석이 들어 있기 때문입니다.

## 1회      5. 지구의 모습      10~12쪽

**1** ③   **2** ①   **3** ①   **4** ②   **5** ④   **6** ⑤   **7** ③
**8** (1) × (2) ○ (3) ×   **9** 예 지구 표면에서 바다가 육지보다 넓다.   **10** <   **11** 공기   **12** ⑤   **13** ④
**14** 달   **15** ㉠ 달의 바다, ㉡ 충돌 구덩이   **16** ⑤
**17** ③   **18** ㉠ 지구, ㉡ 달   **19** ④   **20** 예 물이나 공기가 없다. 충돌 구덩이가 많다.

### 풀이

**2** 지구는 둥근 공 모양입니다.

**3** 짐볼 위에서 종이배를 밀면 다른 친구에게 배의 깃발이 먼저 보이고, 더 밀면 배의 전체 모습이 보입니다.

**4** 지구는 둥근 모양이기 때문에 먼바다에서 항구로 들어오는 배를 계속 보면 배 윗부분의 돛대부터 보이기 시작해서 조금씩 배의 전체 모습이 보입니다.

**5** 지구 표면에서는 산, 들, 강, 호수, 바다, 갯벌 등 여러 모습을 볼 수 있습니다.

**6** 바닷물을 표현하기 위해서는 주로 파란색을 사용합니다.

**7** 갯벌은 바닷물이 빠져나가고 드러나는 땅으로 게와 진흙 등을 많이 볼 수 있습니다.

**8** 지구의 바다는 육지보다 넓고, 육지와 바다에 사는 생물은 다릅니다.

**9** 지구의에 붙임딱지를 붙일 때는 붙임딱지를 붙이는 간격이 일정하도록 붙여야 합니다.

**10** 지구의 바다는 육지보다 넓기 때문에 바다 붙임딱지의 수가 육지 붙임딱지의 수보다 많습니다.

**11** 공기는 눈에 보이지 않지만 지구를 둘러싸고 있습니다.

**12** 공기를 넣은 지퍼 백을 손으로 만지거나 손을 입 앞부분에 대고 숨을 크게 들이마시고 내쉬어도 공기를 느낄 수 있습니다.

**13** 공기는 생물이 숨을 쉬고 안전하게 살아갈 수 있도록 해 줍니다.

**14** 달은 둥근 공 모양이고, 표면은 먼지와 암석으로 덮여 있습니다.

**15** 달 표면에서 어둡게 보이는 곳을 달의 바다라고 하고, 달의 충돌 구덩이는 우주를 떠돌던 돌덩이가 달과 충돌하여 만들어진 것입니다.

**16** ㉠ 부분은 달의 바다로 달의 표면에서 어둡게 보이는 부분입니다.

**17** 달의 표면에는 어두운 곳과 밝은 곳, 울퉁불퉁한 면과 매끈매끈한 면이 있습니다.

**18** 지구에는 물과 공기가 있어서 생물이 숨을 쉬고 살아갈 수 있지만, 달에는 물이나 공기가 없기 때문에 생물이 살 수 없습니다.

**19** 지구와 달은 모두 둥근 공 모양입니다.

**20** 달이 지구와 다른 점은 물이나 공기가 없고 충돌 구덩이가 많다는 점입니다. 지구가 달과 다른 점은 물과 공기가 있으며 생물이 자란다는 점입니다.

## 2회      1. 과학 탐구 ~ 2. 물질의 성질      13~15쪽

**1** ⑤   **2** (1) 219번 (2) 예 1분마다 맥박이 73번 정도 뛰기 때문에 3분 동안 약 219번 맥박이 뛸 것이다.
**3** (1) ㉢ (2) ㉣ (3) ㉡   **4** (차례로) 금속, 고무, 나무, 플라스틱   **5** ⑤   **6** ④, ⑤   **7** ①   **8** ③   **9** 다르다   **10** ①   **11** ③   **12** (1) 금속 (2) 플라스틱
**13** (1) 고무 (2) 예 충격을 잘 흡수한다. 탄력이 있다.
**14** ④   **15** ㉡   **16** 예 사용하는 목적에 알맞게 사용할 수 있다.   **17** 종이 모자   **18** (1) × (2) ○ (3) ○ (4) ×   **19** ②   **20** ④

### 풀이

**1** ①은 관찰, ②는 추리, ③은 예상, ④는 의사소통에 대한 설명입니다.

**2** 심장이 뛰는 것은 손목이나 목 옆에 손가락을 대 보면 느낄 수 있습니다. 이것을 맥박이라고 합니다.

**5** 구슬은 유리나 금속, 블록은 플라스틱, 자동차와 공깃돌은 플라스틱으로 만듭니다.

**6** 나무 막대와 플라스틱 막대는 물에 뜨고, 금속 막대와 고무 막대는 물에 가라앉습니다. 이 실험으로 단단한 정도는 알 수 없습니다.

**7** 구부려 보았을 때 고무 막대가 가장 잘 휩니다.

**8** 유리는 투명하고 표면이 매끄럽습니다. 하지만 쉽게 깨지기도 합니다. ①은 고무, ②는 나무, ④는 금속, ⑤는 플라스틱의 성질입니다.

**10** 물질의 다양한 성질을 물체에 활용합니다.

**11** 고무는 쉽게 구부러지고 잘 미끄러지지 않습니다. 고무로 만든 물체에는 고무줄, 운동용 고무 밴드, 고무 매트, 고무장갑 등이 있습니다.

**12** 책상의 몸체를 금속으로 만들면 잘 부러지지 않고 튼튼하며, 받침을 플라스틱으로 만들면 바닥이 긁히는 것을 줄여 줍니다.

**14** 등받이와 앉음판 모두 플라스틱으로 만들었습니다.

**15** 금속으로 숟가락을 만들면 단단하여 오래 사용할 수 있습니다.

**17** 종이 모자는 싸고 가벼워 손쉽게 사용할 수 있고, 응원용으로도 많이 쓰입니다.

**18** 알긴산 나트륨은 하얀색 가루 물질이고 손으로 만져 보면 젖산 칼슘보다 부드럽습니다. 젖산 칼슘은 하얀색 가루 물질입니다.

**19** 알긴산 나트륨은 차가운 물에 잘 녹지 않기 때문에 알긴산 나트륨을 녹일 때에는 따뜻한 물을 사용해야 합니다.

**20** 물질을 섞기 전에는 알긴산 나트륨과 젖산 칼슘이 하얀색의 가루 물질이었지만 각각 물과 섞었을 때 투명하고 미끈미끈한 물질로 변했습니다.

---

### 2회     3. 동물의 한살이     16~18쪽

**1** 암수의 구별이 쉬운 동물: ㉠, ㉢, 암수의 구별이 어려운 동물: ㉠, ㉣    **2** 예 꿩 수컷은 암컷보다 깃털의 색깔이 선명하고 화려하다.    **3** ①, ④    **4** ②    **5** ①    **6** 예 암수 모두 알을 돌보지 않는다.    **7** 동물의 한살이    **8** ⑤    **9** ⑤    **10** ⑤    **11** (1) ○ (4) ○    **12** ③    **13** ㉣㉠㉡㉢    **14** ③    **15** 번데기    **16** (1) ㉡ (2) ㉡ (3) ㉠    **17** ③    **18** 어린 닭    **19** ①    **20** ①, ④

풀이

**1** 꿩의 수컷은 암컷에 비해 머리 부분의 털이 붉고 화려합니다. 사자의 수컷은 갈기가 있습니다.

**2** 꿩은 암수의 구별이 쉬운 동물입니다. 수컷은 암컷보다 깃털의 색깔이 선명하고 화려합니다.

**4** 노루는 암컷은 뿔이 없지만 수컷은 뿔이 있습니다. 노루는 암컷이 새끼를 돌봅니다.

**5** 소는 암컷이 알을 돌봅니다.

**6** 거북, 매미, 배추흰나비, 개구리는 알을 낳으면 암수 모두 알을 돌보지 않습니다.

**8** 배추흰나비를 기를 때 알이나 애벌레를 직접 만지지

---

않도록 합니다. 사육 상자 주변에서는 모기약을 뿌리지 않아야 합니다.

**9** 배추흰나비 알은 알에서 애벌레가 나올 때까지 크기 변화가 없습니다.

**10** 애벌레가 알껍데기를 뚫고 나오면 가장 먼저 알껍데기를 갉아 먹습니다.

**11** 배추흰나비 애벌레는 잎을 먹으면서 초록색으로 변하고, 몸에 털이 빽빽하게 나 있습니다.

**12** 애벌레가 번데기가 되면 먹지도 않고 이동하지도 않으며 한 곳에 붙어 있습니다. 그리고 주변의 색과 비슷해서 눈에 잘 띄지 않습니다.

**13** ㉣ 번데기 속에서 어른벌레의 모습이 보입니다. ㉠ 등 쪽이 갈라지면서 머리가 나옵니다. ㉡ 몸 전체가 나옵니다. ㉢ 날개를 서서히 펼치며 말립니다.

**14** 배추흰나비는 날개 두 쌍이 가슴에 있습니다.

**16** 사마귀와 잠자리는 번데기 단계가 없는 불완전 탈바꿈을 하고, 장수풍뎅이는 번데기 단계가 있는 완전 탈바꿈을 합니다.

**17** 잠자리는 불완전 탈바꿈을 하는 곤충으로 알 → 애벌레 → 어른벌레의 과정을 거치는 한살이를 합니다.

**18** 솜털로 덮여 있던 병아리는 어린 닭이 되면서 솜털이 깃털로 바뀌고 머리에 작은 볏이 있습니다.

**19** 닭과 뱀은 모두 땅 위에 알을 낳고 암컷이 알을 낳을 수 있습니다.

---

### 2회     4. 자석의 이용     19~21쪽

**1** ②    **2** (1) ㉡ (2) 예 철로 만들어졌기 때문에    **3** ㉠, ㉢    **4** 두 개    **5** ④    **6** 예 자석은 색종이가 있어도 철을 끌어당기는 힘이 작용하기 때문이다.    **7** 붙지 않는, 끌어당기는    **8** ②    **9** ②    **10** 나침반    **11** ④    **12** ㉠㉢㉡    **13** ⑤    **14** 서로 끌어당긴다.    **15** 밀어 내고, 끌어당긴다    **16** S극    **17** 예 나침반 바늘이 원래 가리키던 방향을 가리킨다.    **18** ㉠    **19** ①    **20** ⑤

풀이

**1** 물체에서 철로 된 부분은 자석에 붙습니다.

**2** ㉠ 가위의 손잡이 부분은 플라스틱으로 만들어졌고, ㉡ 가위의 날 부분은 철로 만들어졌기 때문에 자석에 붙습니다.

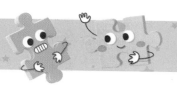

**3** 막대자석의 오른쪽 끝부분과 왼쪽 끝부분이 철로 된 물체가 많이 붙는 자석의 극입니다.

**4** 동전 모양 자석에 클립을 붙여 보면 양쪽 둥근 면에 클립이 많이 붙는 것으로 보아 양쪽 둥근 면에 자석의 극이 있습니다.

**5** 유리판, 종이, 플라스틱판 등을 자석과 클립 사이에 넣어도 클립이 떨어지지 않고 그대로 있습니다.

**6** 나비 클립과 자석 사이에 색종이를 넣어도 자석은 나비 클립을 끌어당깁니다.

**7** 자석과 나비 클립 사이에 색종이, 플라스틱판, 투명 필름처럼 자석에 붙지 않는 물체가 있으면 자석이 철을 끌어당기는 힘이 그대로 작용합니다.

**8** 자석을 움직일 수 있게 하면 항상 일정한 방향을 가리킵니다. 이때 자석의 N극이 가리키는 쪽이 북쪽이고, S극이 가리키는 쪽이 남쪽입니다.

**9** 다른 막대자석을 가져갔을 때 다른 방향을 가리키던 막대자석은 자석을 멀리 떨어뜨리면 다시 북쪽과 남쪽을 가리킵니다.

**10** 나침반 바늘은 항상 북쪽과 남쪽을 카리킵니다.

**11** 나침반을 반대로 돌려도 나침반 바늘은 항상 북쪽과 남쪽을 가리킵니다.

**12** 철 클립을 자석의 성질을 띠게 하여 물 위에 띄워야 나침반이 됩니다.

**13** 철 클립을 플라스틱 뚜껑 가운데에 셀로판테이프로 붙인 다음 물에 띄웁니다. 지우개, 자석, 유리판은 물에 가라앉는 물체입니다.

**14** 자석은 다른 극끼리는 서로 끌어당기는 힘이 작용합니다.

**15** 자석의 N극에 다른 자석의 N극을 가까이 하면 서로 밀어 내고, S극을 가까이 하며 서로 끌어당깁니다.

**16** 자석의 같은 극끼리는 밀어 내고 다른 극끼리는 끌어당기므로 색종이로 감싼 막대자석에서 ㉠은 S극입니다.

**17** 나침반에 막대자석을 가까이 가져가면 나침반 바늘이 자석에 끌려오고, 멀어지게 하면 나침반 바늘이 원리 가리키던 방향으로 되돌아갑니다.

**18** 막대자석의 N극을 '동'쪽 방향으로 가까이 하면 나침반 바늘의 S극이 끌려옵니다.

**19** 자석의 N극으로 나침반 바늘의 S극이 끌려오고, 자석의 S극으로 나침반 바늘의 N극이 끌려옵니다.

**20** 나침반이 있는 등산용 시계는 자석이 일정한 방향을 가리키는 성질을 이용한 경우입니다.

---

## 2회  5. 지구의 모습

22~24쪽

**1** 편평하게, 둥근 공  **2** ①  **3** ㉐ 지구가 둥글기 때문에 출발한 곳으로 돌아올 것이다.  **4** ①  **5** ②  **6** (1) ㉢ (2) ㉣ (3) ㉠ (4) ㉡  **7** ①  **8** ㉠ 육지, ㉡ 바다  **9** ①  **10** ㉐ 바닷물은 사람이 마시기에 적당하지 않다.  **11** ②  **12** ③  **13** ④  **14** 달  **15** ③  **16** ②  **17** ①, ②  **18** ③  **19** (1) ㉡, ㉢ (2) ㉠, ㉡, ㉢, ㉣, ㉤  **20** ①, ④

**풀이**

**2** 농구공 위의 인형을 천천히 밀면 먼저 아랫부분부터 사라지고 마지막으로 윗부분이 사라지게 됩니다. 이 실험을 통해 지구가 둥글다는 것을 알 수 있습니다.

**3** 지구가 둥글기 때문에 지구의 어느 한 곳에서 지구 표면을 따라 한 방향으로 계속 나아가면 출발한 곳으로 돌아올 것입니다.

**4** 배가 먼바다에서 항구로 들어올 때는 배의 돛대가 먼저 보이고, 항구에 가까워지면 배의 전체 모습이 보입니다.

**5** 여러 가지 지구 표면의 모습 중 산에 대한 설명입니다.

**6** 사막은 주로 노란색, 산은 나무를 표현하기 위해 초록색, 화산은 용암을 표현하기 위해 빨간색, 바다는 바닷물을 표현하기 위해 파란색 색점토를 사용합니다.

**7** 넓고 길게 물이 흘러가는 강을 표현한 그림입니다.

**8** 지구의 표면은 육지의 면적이 약 29 %이며, 바다의 면적이 약 71 %입니다. 따라서 붙임쪽지의 수가 많은 ㉡이 바다입니다.

**9** 지구 표면에서 바다가 차지하는 비율이 육지보다 훨씬 많습니다.

**10** 바닷물은 육지의 물과 다르게 짠맛이 나는 소금 등 여러 가지 물질이 많이 녹아 있어서 사람이 마시기에 적당하지 않습니다.

**12** 공기가 담긴 비닐봉지를 손으로 누르면 살짝 들어가고 말랑말랑한 느낌이 듭니다.

**13** 가까운 거리를 자동차를 이용하지 않고 걸어다니면 공기를 깨끗하게 유지하는 데 도움이 됩니다.

**14** 달은 둥근 모양입니다. 달은 표면이 울퉁불퉁하고 달을 자세히 보면 표면에 밝게 보이는 곳과 어둡게 보이는 곳이 있습니다.

**15** 쌍안경을 사용하면 달의 표면을 관찰할 수 있습니다.

쌍안경은 두 개의 망원경을 나란히 붙여 두 눈으로 동시에 먼 거리의 물체를 크게 볼 수 있게 만든 도구입니다.

**17** 충돌 구덩이는 우주를 떠돌던 돌덩이가 달 표면에 충돌하여 만들어진 것입니다.

**18** 사막은 갈색이나 노란색 점토로 표현하는 것이 알맞습니다.

**19** 지구와 달은 모두 둥근 공 모양이며, 지구에는 물과 공기가 있고 생물이 살기에 온도가 적당합니다. 달에는 물과 공기가 없고 하늘이 검게 보입니다.

**20** ①과 ④는 달 표면의 모습입니다. ②는 지구의 바다, ③은 지구의 하늘, ⑤는 지구의 들의 모습입니다.

---

## 3회     1. 과학 탐구 ~ 2. 물질의 성질    25~27쪽

**1** ※ 풀이 참조   **2** ④   **3** 물질   **4** (1) ⓒ (2) ㉠ (3) ⓛ   **5** ③   **6** ①   **7** ⑤   **8** 플라스틱, ⑩ 금속보다 가볍다. 쉽게 모양을 바꿀 수 있다.   **9** 나무   **10** ⑩ 금속보다 무르지만 단단한 편이고 가볍다. 여러 가지 모양으로 깎거나 갈아서 물체를 쉽게 만들 수 있다. 고유의 무늬와 향이 있어 아름답다.   **11** ②   **12** ①   **13** ③, ⑤   **14** ㉠   **15** ⑩ 목적에 알맞은 것으로 선택하여 사용할 수 있다.   **16** ④   **17** ④   **18** ①   **19** ①   **20** ⑤

### 풀이

**1** 분류 기준은 관찰한 필기도구의 특징 중 하나를 선택합니다. 이때 누가 분류하더라도 같은 결과가 나오는 과학적 분류 기준을 세워야 합니다.

| 기준: ⑩ 뚜껑이 있는가? |

| 그렇다. | 그렇지 않다. |
|---|---|
| 형광펜, 사인펜 | 볼펜, 색연필, 샤프 연필 |

**2** 의사소통할 때는 다른 사람이 이해하기 쉽게 설명하며, 표, 그림, 몸짓 등을 사용하면 탐구한 내용을 더 쉽게 전달할 수 있습니다.

---

**3** 나무, 플라스틱, 고무, 금속, 유리, 종이 등은 물체를 만들 때 필요한 재료인 물질입니다.

**4** 풍선은 고무, 집게는 금속, 바구니는 플라스틱으로 만들어졌습니다.

**5** 고무줄, 고무장갑, 타이어는 모두 고무로 만듭니다.

**6** 두 물질을 서로 긁어 보는 것은 단단한 정도를 알아보기 위한 것입니다.

**7** 금속은 광택이 있고 나무보다 단단하며 물에 가라앉습니다.

**10** 나무는 금속보다 가볍고 단단하지만 불에 타기 쉽고 습기가 많은 곳에서는 잘 썩습니다.

**11** 금속은 광택이 있고 나무나 플라스틱보다 단단하여 구름사다리, 미끄럼틀, 톱 등을 만드는 데 알맞습니다.

**12** 풍선은 잘 늘어나는 고무로 만듭니다.

**13** 가윗날은 금속, 가위 손잡이는 플라스틱으로 만듭니다.

**14** ㉠은 나무로 되어 있는 상판, ⓛ은 금속으로 되어 있는 몸체, ⓒ은 플라스틱으로 되어 있는 받침입니다.

**16** 금속 컵은 튼튼하고 깨지지 않기 때문에 오래 사용할 수 있습니다.

**18** 알긴산 나트륨은 흰색 가루로 만지면 부드럽습니다. 물에 넣으면 보이지 않고 약간 끈적끈적합니다.

**19** 젖산 칼슘은 흰색 가루이며, 식품 첨가물로 쓰입니다.

**20** 물질을 섞기 전에는 알긴산 나트륨, 젖산 칼슘은 하얀색의 가루 물질이었지만, 각각 물과 섞으면 투명하고 만지면 물렁물렁한 물질로 변했습니다.

---

## 3회     3. 동물의 한살이    28~30쪽

**1** (1) ○   **2** ①, ③   **3** ④   **4** ②   **5** 암컷, 수컷   **6** ⑤   **7** ⑩ 화분 밑에 휴지를 놓고 물을 뿌린다.   **8** ①, ②   **9** ①   **10** ③   **11** ⑩ 초록색 잎을 먹이로 먹기 때문이다.   **12** ⑤   **13** 7~10일 동안   **14** ㉠ 머리, ⓛ 가슴, ⓒ 배   **15** ㉠ 애벌레, ⓛ 번데기   **16** ②   **17** ③   **18** ③   **19** ㉠ 알, ⓛ 알, ⓒ 새끼, ⓔ 새끼   **20** ③

### 풀이

**1** 무당벌레는 암수의 모습이 비슷하여 구별하기가 어렵습니다. 꿩의 수컷은 깃털 색깔이 화려하고 선명합니다.

**2** 노루의 암컷은 뿔이 없고 수컷에 비하여 몸이 작지만, 노루의 수컷은 뿔이 있고 암컷에 비하여 몸이 더 큽니다.

**3** 돼지와 거북은 암수가 쉽게 구별되지 않는 동물입니다. ①은 꿩의 암컷, ③은 사자의 암컷입니다.

**4** 물자라, 가시고기, 꺽지, 물장군 등은 수컷이 알을 돌봅니다.

**5** 소와 곰은 암컷이 새끼를 돌보고, 물자라와 가시고기 등은 수컷이 알을 돌봅니다.

**6** 알이나 새끼를 낳아 돌보는 과정에서 암수가 하는 역할은 동물이 사는 환경에 따라 다양합니다.

**7** 사육 상자의 방충망은 애벌레나 어른벌레가 사육 상자 밖으로 나가지 못하게 하는 역할을 합니다.

**9** 배추흰나비 알은 작고 연한 노란색이고, 옥수수처럼 생겼으며 주름져 있습니다.

**10** 배추흰나비 알은 자라지도 않고 움직이지도 않지만, 애벌레는 기어서 움직이고 허물을 4회 벗으며 자랍니다.

**11** 배추흰나비 애벌레는 잎을 먹으면서 초록색으로 변합니다. 초록색으로 변하면 천적(애벌레를 잡아먹는 동물)으로부터 보호받을 수 있습니다.

**13** 번데기 상태로 7~10일 동안 움직이지 않고 먹이도 먹지 않습니다.

**14** 배추흰나비 어른벌레는 몸이 머리, 가슴, 배로 구분되며 세 쌍의 다리와 두 쌍의 날개가 가슴에 붙어 있습니다.

**15** 장수풍뎅이, 나비, 벌, 파리, 개미, 무당벌레 등은 완전 탈바꿈을 합니다. 완전 탈바꿈을 하는 곤충은 알 → 애벌레 → 번데기 → 어른벌레의 단계를 거칩니다.

**16** 벌, 나비, 무당벌레, 장수풍뎅이는 완전 탈바꿈을 하는 곤충이기 때문에 한살이에서 번데기 단계를 거칩니다. 메뚜기는 불완전 탈바꿈을 합니다.

**17** 장수풍뎅이는 썩은 나무와 퇴비에 알을 낳고, 메뚜기는 땅속에 알을 낳습니다. 장수풍뎅이는 번데기 단계가 있고 메뚜기는 번데기 단계가 없습니다.

**18** 병아리는 솜털로 덮여 있고 부리가 짧으며 볏과 꽁지깃이 없고 암수를 구별하기 어렵습니다.

**19** 잠자리와 개구리는 알을 낳는 동물이고 고양이와 고래는 새끼를 낳는 동물입니다.

**20** 새끼를 낳는 동물은 대부분 다 자랄 때까지 어미가 새끼를 보살핍니다.

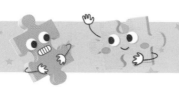

**1** ⑤  **2** (1) ×  (2) ○  (3) ○  **3** ※ 풀이 참조  **4** ①
**5** ⑩ 자석의 극은 두 개다. 자석의 극에 클립이 많이 붙는다.  **6** ⓒ  **7** ④  **8** ②, ④  **9** ②  **10** 나침반  **11** ⓒ  **12** ③  **13** ⓒ  **14** ⑩ 자석의 같은 극끼리 서로 밀어 내는 성질  **15** ㉠  **16** ④  **17** ㉢
**18** ②  **19** ⑤  **20** ㉠

**풀이**

**2** 금속으로 되어 있다고 모두 자석에 붙는 것은 아닙니다. 철로 된 물체만 자석에 붙습니다.

**3** 막대자석의 극에 빵 끈이 가장 많이 붙습니다.

**4** 자석의 극은 항상 두 개이며, 다른 부분보다 공예용 철끈 조각을 강하게 끌어당깁니다.

**5** 막대자석에 철로 된 물체를 붙여 보면 양쪽 끝부분에 많이 붙습니다. 자석에서 철로 된 물체가 많이 붙는 부분을 자석의 극이라고 합니다.

**6** 철로 된 물체와 막대자석 사이에 얇은 플라스틱판이나 색종이가 있어도 막대자석이 철로 된 물체를 끌어당깁니다.

**8** 자석과 철 클립 사이 공간에 유리판을 넣어도 자석이 철 클립을 끌어당기고, 그 힘에는 변화가 없습니다.

**9** 막대자석을 물에 띄우거나 공중에 매달면 북쪽과 남쪽을 가리킵니다.

**11** 나침반 바늘이 가리키는 방향과 자석에 붙여 놓았다가 물에 띄운 머리핀이 가리키는 방향은 같습니다.

**12** 나침반은 방향을 알고 싶을 때 사용하며 항상 남쪽과 북쪽을 가리킵니다.

**13** 같은 극끼리 마주 보게 하여 가까이 가져가면 서로 밀어 내고, 다른 극끼리 마주 보게 하여 가까이 가져가면 서로 끌어당깁니다.

**14** 같은 극끼리 밀어 내는 자석의 성질을 이용하여 만든 것입니다.

**15** 고리 자석의 같은 극끼리 서로 마주 보게 놓으면서 탑을 쌓으면 자석들이 서로 끌어당겨 탑의 높이가 낮아집니다.

**16** 나침반에 막대자석의 N극을 가까이 가져가면 나침반 바늘의 S극이 끌려오고, 막대자석의 S극을 가까

이 가져가면 나침반 바늘의 N극이 끌려옵니다.

**17** 나침반 바늘도 자석이기 때문에 자석 주변에서 나침반 바늘은 자석의 극 쪽을 가리킵니다.

**18** 가방의 입구 부분에 자석이 있어서 가방을 쉽게 열고 닫을 수 있습니다.

**19** 찍찍이 운동화는 자석을 이용한 예가 아니고 찍찍이의 잘 붙는 성질을 이용하여 운동화를 쉽게 신고 벗을 수 있도록 만든 것입니다.

**20** ㉠ 부분에 자석이 있어서 클립이 흩어지지 않게 보관할 수 있습니다.

---

**3회**      5. 지구의 모습      34~36쪽

**1** ②, ⑤ **2** ① **3** ① **4** ㉢ **5** ③ **6** 재경
**7** 갯벌 **8** ① **9** ⑤ **10** ㉢ **11** ④ **12** ⑩ 부채를 부친다. 공기를 넣은 지퍼 백을 손으로 만진다. 한 손을 입에 가까이 하고 숨을 크게 들이마시고 내쉰다. **13** (1) ㉣ (2) ㉠ **14** ⑤ **15** ⑩ 우주를 떠돌던 돌덩이가 달과 충돌하였기 때문이다. **16** ①
**17** ①, ③ **18** ①, ④ **19** ③ **20** ㉡, ㉣

• 풀이

**1** 지구는 둥근 공 모양입니다. 농구공, 배구공, 사과, 복숭아, 자두 등도 지구와 비슷한 모양의 물체입니다.

**2** 지구가 둥글기 때문에 지구의 어느 한 곳에서 출발하여 한쪽 방향으로 계속 가면 처음 출발한 곳으로 되돌아 올 수 있습니다.

**3** 먼바다에서 항구로 들어오는 배는 돛대부터 보이는 것으로 지구가 둥글다는 것을 알 수 있습니다.

**4** 우주에서 찍은 사진을 보면 지구는 둥근 공 모양입니다.

**5** 사막, 빙하 등은 지구 표면의 또 다른 모습으로 우리나라에서 볼 수 없는 모습입니다.

**6** 진오는 산, 철우는 강, 진희는 들에 대해 설명한 것입니다.

**7** 갯벌은 해안에 밀물 때는 물에 잠기고 썰물 때는 드러나는 넓고 편평한 땅입니다.

**8** 지구의를 돌려 보면서 육지와 바다에 각각 붙임딱지를 붙여 보면 바다에 붙인 붙임딱지가 육지에 붙인 붙임딱지보다 많습니다. 이것으로 바다가 육지보다 넓은 것을 알 수 있습니다.

**9** 바닷물은 육지의 물과 다르게 짠맛이 나는 소금 등 여러 가지 물질이 많이 녹아 있어서 사람이 마시기에 적당하지 않습니다.

**10** 바닷물이 육지의 물보다 훨씬 많습니다.

**11** 공기는 눈에 보이지 않지만 우리 주위를 둘러싸고 있으며, 생물이 숨을 쉬고 살 수 있게 해 줍니다.

**13** 공기를 이용하여 열기구를 타고 하늘을 날 수 있고 전기를 만들 수 있습니다. 또 요트를 움직이고, 해수욕장에서 튜브를 타는 등 다양한 활동을 할 수 있습니다.

**14** 달 표면에서 어둡게 보이는 곳을 달의 바다라고 하며 달의 바다에는 물이 없습니다.

**15** 달 표면에는 크고 작은 충돌 구덩이가 많습니다.

**17** 달 표면에는 크고 작은 충돌 구덩이가 많고, 크기는 다양합니다.

**18** 지구에는 물, 생물, 구름, 공기, 음식(영양분) 등이 있지만 달에는 없습니다.

**19** 지구의 바다에는 물이 있지만 달의 바다에는 물이 없습니다. 지구의 바다에는 생물이 살지만 달의 바다에는 생물이 살지 않습니다. 달의 바다는 달의 표면에서 어둡게 보이는 부분입니다.

8종 검정 교과서

과학

완벽 분석 종합평가

선생님이 강력 추천하는

개념 PLUS +
단원평가

선생님이 강 력 추 천하는

개념 + PLUS
단원평가

# 과학

# 정답과 풀이

# 3-1

# 정답과 풀이

## 2 물질의 성질

15쪽

### 개념을 확인해요

**1** 눈 **2** 손 **3** 물질 **4** 물체 **5** 물질 **6** 물체,
물질 **7** 고무 **8** 밀가루

17쪽

### 개념을 확인해요

**1** 금속, 나무 **2** 금속 **3** 고무 **4** 나무 **5** 금속
**6** 플라스틱 **7** 고무 **8** 유리

19쪽

### 개념을 확인해요

**1** 물질 **2** 금속, 플라스틱 **3** 고무 **4** 나무 **5**
플라스틱 **6** 고무 **7** 금속 **8** 타이어

21쪽

### 개념을 확인해요

**1** 물질 **2** 유리 **3** 도자기 **4** 플라스틱 **5** 면
**6** 고무 **7** 가죽 **8** 유리

23쪽

### 개념을 확인해요

**1** 성질 **2** 붕사 **3** 붕사 **4** 폴리비닐 알코올 **5**
붕사 **6** 커 **7** 고무 **8** 짧아야

## 개념을 다져요

24~27쪽

**1** 물질 **2** ④ **3** ⑤ **4** 금속 **5** ① **6** 3 **7**
인형 **8** ③ **9** 금속 막대 **10** 고무 막대 **11**
플라스틱 막대, 나무 막대 **12** ⑤ **13** ③ **14** ㉠
금속은 나무보다 단단하다. **15** ⑤ **16** ② **17**
㉠ 다른 물질보다 단단하다. 잘 부러지지 않고 튼튼하
다. **18** ③ **19** (2) ○ **20** ③ **21** ㉣ **22** ㉠
구부러지지 않아 활동하기 불편할 것이다. **23** ⑤
**24** ④ **25** ㉡ **26** ⑤ **27** ④ **28** 고무 **29**
④ **30** ㉠ 충격을 줄여 준다.

**풀이**

**1** 유리, 종이, 섬유, 가죽 외에도 금속, 플라스틱, 나
무, 고무, 밀가루 등의 물질이 있습니다.

**2** 물질은 물체를 만드는 재료입니다. 고무장갑은 물체
입니다.

> **더 알아볼까요!**
>
> **물체와 물질**
> • 물체: 모양이 있고 공간을 차지하고 있는 것입니다. ㉠ 연필, 지
> 우개, 필통, 책상, 의자 등
> • 물질: 물체를 만드는 재료입니다. ㉠ 금속, 플라스틱, 나무, 고무,
> 밀가루 등

**3** 바구니, 장난감 블록 등은 플라스틱으로 만들어진 물
체입니다.

**4** 금속으로 만들어진 물체는 다양합니다.

**5** 열쇠는 금속으로 만들어진 물체입니다.

> **더 알아볼까요!**
>
> **말판 놀이**
> • 짝과 함께 놀이를 진행할 수도 있고, 모둠별로 두 조로 나눠 놀
> 이를 진행할 수도 있습니다.
> • 두 말이 도착점에 먼저 도착하는 사람이 이깁니다.
> • 학생들은 "○○은/는 □□(이)라는 물질로 만듭니다." 또는
> "○○은/는 □□(이)라는 물질로 만들어졌습니다."라고 말합
> 니다.

**6** 책은 종이로 만들어진 물체입니다. 숫자 3이 나와야
책이 있는 말판 위에 도착할 수 있습니다.

**7** 책이 있는 위치에서 주사위를 던져 숫자 1이 나왔을
때 말판의 위치는 인형입니다. 인형은 섬유라는 물질

로 만듭니다.

8  플라스틱 막대로 나무 막대를 긁어 보는 실험입니다.

9  금속 막대, 플라스틱 막대, 나무 막대, 고무 막대 순서로 단단합니다.

10  고무 막대는 잘 휘어지고, 나머지 막대는 휘어지지 않습니다.

11  금속 막대와 고무 막대는 물에 가라앉습니다.

12  ①은 금속, ②는 고무, ④는 나무의 성질입니다.

**더 알아볼까요!**

금속, 플라스틱, 나무, 고무의 성질

| 물질 | 물질의 성질 |
| --- | --- |
| 금속 | • 다른 물질보다 단단하다.<br>• 광택이 있다.<br>• 딱딱하다.<br>• 무겁다. |
| 플라스틱 | • 금속보다 가볍다.<br>• 딱딱하고 부드럽다.<br>• 광택이 있다.<br>• 다양한 모양의 물체를 쉽게 만들 수 있다. |
| 나무 | • 금속보다 가볍다.<br>• 고유한 향과 무늬가 있다. |
| 고무 | • 쉽게 구부러진다.<br>• 잡아당기면 늘어났다가 놓으면 다시 돌아온다.<br>• 잘 미끄러지지 않는다.<br>• 물에 젖지 않는다. |

13  가죽은 잘 찢어지지 않고 질기며 물에 잘 젖지 않습니다.

**더 알아볼까요!**

우리 주변에서 금속, 플라스틱, 나무, 고무 외의 다른 물질의 성질

| 물질 | 물질의 성질 |
| --- | --- |
| 유리 | • 투명하다.<br>• 다른 물체와 부딪치면 잘 깨진다. |
| 종이 | • 잘 찢어지고 접을 수 있다.<br>• 물에 잘 젖는다. |
| 가죽 | • 잘 찢어지지 않고 질기다. |

14  금속 도구에 의해 나무가 깊게 파이는 것을 통해 금속이 나무보다 단단하다는 성질을 알 수 있습니다.

15  금속은 다른 물질보다 단단하고 무겁습니다.

16  플라스틱 바구니를 이루고 있는 물질은 플라스틱입니다. 플라스틱은 가볍고 튼튼하며, 다양한 색깔과 모양으로 만들어 사용할 수 있습니다.

17  금속은 다른 물질보다 단단하여 잘 부서지지 않습니다.

몸체

18  자전거의 타이어 부분은 고무로 되어 있어 충격을 잘 흡수합니다.

19  짚으로 지은 집은 바람이 잘 통하고 빨리 지을 수 있지만 튼튼하지 않고 비바람에도 잘 견디지 못합니다.

20  도자기 컵은 흙으로 만든 컵입니다. 흙은 열을 받으면 단단해집니다.

21  가죽 장갑은 따뜻하고 바람이 들어오지 않기 때문에 겨울에 사용하기 알맞습니다.

22  같은 물체라도 상황에 알맞게 여러 가지 물질로 만들 수 있습니다. 신발을 금속으로 만들면 구부러지지 않기 때문에 활동하기 불편합니다.

23  붕사와 폴리비닐 알코올을 만져 보면 매우 깔깔합니다.

24  물과 붕사를 섞으면 물이 뿌옇게 흐려집니다.

25  물, 붕사, 폴리비닐 알코올을 섞으면 서로 엉기고 알갱이가 점점 커집니다.

26  탱탱볼은 몰랑몰랑하고 고무 같은 느낌이 들며, 바닥에 떨어뜨리면 잘 튀어 오릅니다.

27  연필꽂이를 만들 때 걸리는 시간은 설계할 때 고려하지 않아도 됩니다.

28  ㉠은 고무가 잘 늘어나는 성질을 이용하여 원통 두 개를 묶은 것이고, ㉡은 고무가 잘 미끄러지지 않는 성질을 이용하여 통의 바닥에 붙인 것입니다.

29  연필꽂이 통을 만들기 위해서는 통의 모양을 유지할 수 있어야 합니다.

30  스펀지는 연필을 꽂았을 때 충격을 줄여 주는 물질입니다.

1 ④   2 물질   3 ①   4 ③   5 (1) ○ (2) ×   6 ㉠   7 ㉣   8 ②   9 ④   10 예 다른 물질보다 단단하여 나무나 벽에 잘 박힌다.   11 ④, ⑤   12 다르다   13 ④   14 ㉠   15 ③   16 ㈏   17 폴리비닐 알코올   18 ③   19 ④   20 예 연필꽂이가 미끄러지지 않도록 하기 위해서

**풀이** ▶

1 손으로 비밀 상자에 들어 있는 물체의 이곳저곳을 만져 보는 모습입니다.

**더 알아볼까요!**

**비밀 상자 속 물체 알아맞히기**
• 비밀 상자 없이 눈가리개를 한 채 책상 위에 물체를 놓고 제한된 시간 안에 알아맞히기 형태로도 할 수 있습니다.
• 비밀 상자는 여러 가지 모양으로 만들 수 있습니다. 예를 들어 교과서에서는 손을 넣는 곳이 상자의 위쪽에 있지만 상자의 옆에 만들어도 관계없습니다.

2 금속, 플라스틱, 나무, 고무, 밀가루 등은 물체를 만들 때 필요한 물질입니다.

3 빵은 물체입니다. 빵을 만들 때 필요한 재료인 밀가루가 물질입니다.

4 고무장갑과 풍선은 고무, 열쇠는 금속, 유리병은 유리로 만들어진 물체입니다.

5 물질은 각각의 성질이 다르기 때문에 색깔, 손으로 만졌을 때의 느낌, 긁히는 정도, 물에 뜨는 정도 등이 모두 다릅니다.

6 네 가지 막대를 서로 긁어 보면서 가장 단단한 막대는 어떤 물질로 이루어져 있는지 알아볼 수 있습니다. 금속 막대, 플라스틱 막대, 나무 막대, 고무 막대 순서로 단단합니다.

7 고무 막대는 잘 휘어지지만 나머지 막대는 휘어지지 않습니다.

**더 알아볼까요!**

**고무의 성질**
• 쉽게 구부러집니다.
• 잡아당기면 늘어났다가 놓으면 다시 돌아옵니다.
• 잘 미끄러지지 않습니다.
• 물에 젖지 않습니다.

8 고무는 쉽게 구부러지고, 늘어나는 성질이 있어 물체를 묶을 수 있습니다.

9 플라스틱은 금속보다 가볍고, 표면에 광택이 있습니다.

10 금속으로 되어 있는 물체는 잘 부러지지 않고 튼튼합니다.

11 쓰레받기의 입구 부분은 고무로 만들어졌기 때문에 바닥에 잘 달라붙어 작은 먼지도 쓸어 담기 좋습니다.

12 물질마다 다른 성질을 이용하여 물체의 기능에 알맞은 물질을 선택하여 물체를 만들어 사용하면 편리합니다.

13 ①은 종이컵, ②는 플라스틱 컵, ③은 금속 컵, ⑤는 도자기 컵의 좋은 점입니다.

**더 알아볼까요!**

**유리컵**
• 유리컵은 유리로 만들어진 물체입니다.
• 투명하여 무엇이 들어 있는지 쉽게 알 수 있습니다.
• 다른 물체에 부딪쳤을 때 쉽게 깨질 수 있습니다.

14 금속 컵은 매우 단단하여 잘 깨지지 않습니다. ㉡은 유리컵, ㉢은 도자기 컵입니다.

15 비닐장갑도 물이 들어오지 않지만 얇고 잘 미끄러집니다.

▲ 비닐장갑          ▲ 고무장갑

16 ㈎는 물, 붕사, 폴리비닐 알코올을 섞었을 때의 모습이고, ㈏는 물과 붕사를 섞었을 때의 모습으로 물이 뿌옇게 흐려집니다.

17 물, 붕사, 폴리비닐 알코올을 섞으면 서로 엉기고 알갱이가 점점 커집니다.

18 탱탱볼은 바닥에 떨어뜨리면 공처럼 잘 튀어 오릅니다. 또 서로 달라붙어 있고, 고무 같은 느낌입니다.

19 연필꽂이 통을 만들 때는 단단하고 튼튼한 성질이 있는 물질을 사용해야 합니다.

20 고무는 잘 미끄러지지 않는 성질이 있습니다.

# 정답과 풀이

## 2회 단원 평가  도전

1 ㉡  2 ③  3 ⑤  4 ㉠  5 ③  6 고무 막대
7 ④  8 ②  9 ③  10 ④  11 예 금속으로 이루어져 있다. 손잡이 부분은 나무나 플라스틱으로 되어 있다.  12 ④  13 ㉠ 나무 ㉡ 금속 ㉢ 플라스틱
14 ④  15 ㉢  16 ②  17 (1) ㈎ (2) ㈏  18 ③
19 예 말랑말랑하고 고무 같은 느낌이다. 바닥에 떨어뜨리면 잘 튀어 오른다.  20 ④

### 풀이

1 눈을 눈가리개로 가려 비밀 상자 속 물체를 볼 수 없어야 합니다.

2 물체를 만드는 재료를 물질이라고 합니다. 고무풍선과 고무장갑은 고무로 만듭니다.

3 ①은 고무, ②는 밀가루, ③과 ④는 금속으로 만든 물체입니다.

4 ㉡은 물체에 대한 설명입니다.

5 플라스틱 막대로 나무 막대를 긁어 보거나, 나무 막대로 플라스틱 막대를 긁어 보면 물질의 단단하기를 알 수 있습니다.

▲ 단단하기 알아보기

6 고무 막대는 잘 휘고, 금속 막대, 플라스틱 막대, 나무 막대는 휘지 않습니다.

7 플라스틱 막대와 나무 막대는 물에 뜨는 막대이고, 금속 막대와 고무 막대는 물에 가라앉는 막대입니다.

8 금속은 광택이 있고, 단단합니다.

#### 더 알아볼까요!

**금속의 성질**
• 다른 물질보다 단단합니다.
• 광택이 있습니다.
• 딱딱합니다.
• 들어 보면 무겁습니다.

9 플라스틱으로 만든 물체들입니다. 플라스틱은 금속보다 가볍고 표면에 광택이 있으며, 다양한 모양의 물체를 쉽게 만들 수 있습니다.

10 목공용 끌은 나무 조각을 하는 데 필요한 것으로 금속으로 이루어져 있기 때문에 매우 단단하여 나무가 깊게 파입니다.

11 망치, 톱, 가위 등은 여러 가지 물질로 이루어져 있습니다. 손잡이 부분은 대부분 나무나 플라스틱으로 되어 있습니다.

12 금속은 광택이 있고, 단단합니다. 못을 금속으로 만들었기 때문에 다른 물질보다 단단하여 벽에 잘 박힙니다.

13 ㉠은 상판, ㉡은 몸체, ㉢은 받침입니다. ㉠은 나무, ㉡은 금속, ㉢은 플라스틱으로 만들어진 물체입니다.

14 자전거의 몸체는 금속, 안장은 가죽이나 플라스틱, 타이어는 고무, 체인은 금속, 손잡이는 고무 또는 플라스틱으로 되어 있습니다.

15 ㉠은 짚으로 지은 집으로 빨리 지을 수 있고 바람도 잘 통합니다. ㉡은 나무로 지은 집으로 약간 튼튼하고 향이 좋습니다. ㉢은 벽돌로 지은 집으로 매우 튼튼하고, 비바람에도 잘 견딥니다.

16 ① 금속 컵은 매우 단단하여 잘 깨지지 않고, ③ 도자기 컵은 음식을 오랫동안 따뜻하게 보관할 수 있으며, ④ 종이컵은 싸고 가벼워 손쉽게 사용할 수 있고, ⑤ 플라스틱 컵은 가볍고 단단하며 색깔이 다양합니다.

17 금속은 다른 물질보다 단단하고 무거우며, 유리는 투명하고 깨지기 쉽습니다.

18 물, 붕사, 폴리비닐 알코올을 넣고 섞으면 서로 엉기고 알갱이가 점점 커집니다.

19 물, 붕사, 폴리비닐 알코올을 섞으면 알갱이가 점점 커지며 알갱이가 투명하고 광택이 있습니다.

20 연필꽂이를 만들 때 비닐봉지는 통을 만드는 재료로 알맞지 않습니다.

#### 더 알아볼까요!

**연필꽂이를 만들 때 재활용할 수 있는 물체**
• 금속으로 만들어진 통
• 플라스틱으로 만들어진 음료수병
• 나무로 만들어진 나무 상자나 나뭇조각
• 종이로 만들어진 과자 상자, 우유갑, 휴지 심

1 ④   2 (1)—ⓒ (2)—ⓙ   3 ⑤   4 고무   5 ⓙ 야
구 장갑 ⓒ 가죽   6 플라스틱 막대   7 고무 막대
8 물에 뜨는 막대: 나무 막대, 플라스틱 막대 / 물에
가라앉는 막대: 금속 막대, 고무 막대   9 예 플라스
틱, 금속보다 가볍다. 표면에 광택이 있다. 다양한 모
양의 물체를 쉽게 만들 수 있다.   10 ①   11 ①, ④
12 ③   13 ⑤   14 (1) ⓒ (2) 예 다른 물질보다 단단
하다. 잘 부러지지 않는다. 튼튼하다.   15 ①   16
(1) ⓒ (2) ⓒ (3) ⓙ   17 ②   18 ④   19 ⑤   20 ⓒ

**풀이**

1 비밀 상자 속 물체의 알아맞히기 놀이를 할 때는 전
체적인 모습을 생각하며 어떤 물체일지 생각합니다.

2 물체는 모양이 있고 공간을 차지하는 것이고, 물질은
물체를 만드는 재료입니다. 못, 풍선, 바구니 등은
물체이고, 금속, 나무, 플라스틱 등은 물질입니다.

3 장난감 비행기, 바구니, 장난감 블록, 주사위 등은
플라스틱으로 만들어졌습니다.

4 고무줄은 고무로 만들어진 물체입니다.

5 고무줄이 있는 말판에서 주사위를 던져서 3이 나오
면 야구 장갑이 있는 말판에 도착합니다. 야구 장갑
은 가죽으로 만들어진 물체입니다.

6 잘 긁히는 물질일수록 덜 단단합니다. 플라스틱 막대
로 나무 막대를 긁어 보면 나무 막대가 잘 긁힙니다.

7 고무 막대는 잘 휘어지지만, 나머지 막대는 휘어지지
않습니다.

8 물에 뜨는 물질은 플라스틱, 나무이고, 물에 가라앉
는 물질은 금속, 고무입니다.

9 컵과 그릇은 플라스틱으로 만들어진 물체입니다. 플
라스틱은 금속보다 가볍습니다.

10 고무는 물에 잘 젖지 않는 성질도 있습니다.

11 ②는 고무, ③은 섬유, ⑤는 유리의 좋은 점입니다.

12 금속 그릇과 금속 컵은 금속으로 만들어진 물체입
니다.

13 플라스틱은 철보다는 무르지만 어느 정도 단단하고
가벼운 성질이 있어 다양한 모양으로 만들기 쉽습
니다.

14 금속은 다른 물질보다 단단하여 잘 부러지지 않습
니다.

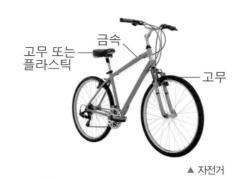

고무 또는
플라스틱
금속
고무

▲ 자전거

15 도자기는 흙으로 만든 물질입니다. 음식을 오랫동안
따뜻하게 보관할 수 있습니다.

16 그 외에 가죽 장갑도 있습니다. 가죽 장갑은 질기고
바람이 들어오지 않습니다.

**더 알아볼까요!**

**여러 가지 장갑의 좋은 점**

| 장갑의 종류 | 물질 | 좋은 점 |
|---|---|---|
| 비닐 (플라스틱) 장갑 | 비닐 (플라스틱) | • 투명하고 얇다.<br>• 물이 들어오지 않는다. |
| 고무장갑 | 고무 | • 질기다.<br>• 미끄러지지 않는다.<br>• 물이 들어오지 않는다. |
| 면(섬유) 장갑 | 면(섬유) | • 부드럽다.<br>• 따뜻하다. |
| 가죽 장갑 | 가죽 | • 질기다.<br>• 부드럽다.<br>• 따뜻하다.<br>• 바람이 들어오지 않는다. |

17 물체를 사용할 때는 물체의 기능을 고려하여 상황에
알맞은 것을 사용해야 합니다.

18 필통에 연필과 색연필을 같이 넣는 것은 물질을 섞는
경우가 아닙니다.

19 물은 투명하고 만지면 흘러내립니다. 붕사와 폴리비
닐 알코올 모두 하얀색이고 손으로 만지면 깔깔합니
다. 붕사는 광택이 없고, 폴리비닐 알코올은 붕사보
다 알갱이가 큽니다.

20 ⓙ과 같이 물과 붕사를 섞으면 물이 뿌옇게 흐려집
니다.

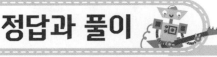 

1 ②　2 ①, ④　3 ㉡　4 예 플라스틱으로 만들어
진 물체와 금속으로 만들어진 물체　5 ㉠　6 ⑤
7 ①　8 ③　9 ③　10 ⑤　11 예 여러 가지 물
질로 만들어진 물체이다.　12 ㉡, 금속　13 ㈏, ㈐
14 ⑤　15 ①　16 ㉠ 고무장갑 ㉡ 가죽 장갑
17 붕사　18 ㉠　19 ①　20 ⑤

풀이

1 손으로 물체를 만져 보고 흔들어 소리를 들어 보거나
냄새를 맡아서 물체를 확인합니다.

더 알아볼까요!

비밀 상자 속 물체 알아맞히기 놀이 순서
• 한 친구는 눈을 눈가리개로 가리고, 다른 친구는 비밀 상자에 준
비한 물체를 넣습니다.
• 비밀 상자를 흔들거나 비밀 상자에 손을 넣어 물체를 만져 보면
서 무엇인지 짐작해 봅니다.
• 자신이 짐작하는 물체의 이름과 그렇게 짐작한 까닭을 말한 뒤
눈가리개를 벗고 확인해 봅니다.

2 ① 물체를 만드는 재료는 여러 가지이고, ③ 플라스
틱, 나무, 종이 등은 물질입니다. ⑤는 물체에 대한
설명입니다. 물질은 물체를 만들 때 필요한 재료입
니다.

3 ㉠, ㉢, ㉣은 고무로 만들어진 물체이고 ㉡은 섬유로
만들어진 물체입니다.

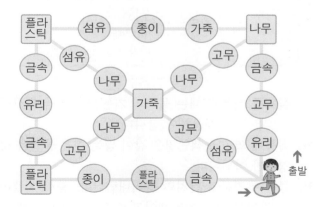

4 물체를 만든 물질을 기준으로 분류한 것입니다. 탁구
공, 자, 장난감 블록은 플라스틱으로 만들어진 물체
이고, 자물쇠, 못, 열쇠는 금속으로 만들어진 물체입
니다.

5 금속 막대, 플라스틱 막대, 나무 막대, 고무 막대 순
서로 단단합니다.

6 서로 긁어 보았을 때 잘 긁히는 물질이 덜 단단한 물
질입니다. 막대를 구부려보면 휘는 정도를 알 수 있
고 물이 담긴 수조에 넣어 보면 물에 뜨는 막대와 뜨
지 않는 막대를 알 수 있습니다.

7 금속 막대와 고무 막대가 모두 물에 가라앉았지만 성
질이 같지는 않습니다. 나무 막대와 플라스틱 막대는
모두 물에 뜨지만 만들어진 물질의 성질이 같지 않습
니다.

8 금속은 나무보다 단단하기 때문에 나무를 쉽게 조각
할 수 있습니다.

▲ 목공용 끌

9 ①은 나무, ②와 ④는 금속, ⑤는 플라스틱의 성질입
니다.

10 ①은 금속, ②는 가죽, ③은 나무, ④는 플라스틱의
성질입니다.

11 금속, 플라스틱, 나무, 흑연, 고무 등 여러 가지 물질
로 만들어졌습니다.

더 알아볼까요!

연필, 가위, 자전거를 만든 물질
• 연필: 나무, 흑연, 고무 등으로 만들어진 물체입니다.
• 가위: 가위의 날 부분은 금속, 손잡이 부분은 플라스틱으로 만들
어진 물체입니다.
• 자전거: 몸체는 금속, 손잡이는 고무나 플라스틱, 안장은 가죽
이나 플라스틱, 체인은 금속, 타이어는 고무로 만들어진 물체입
니다.

12 책상의 몸체 부분은 금속으로 만들어져 단단하고 튼
튼하며 잘 부러지지 않습니다. ㉠은 상판으로 나무로
만들어진 부분이고 ㉡은 받침으로 플라스틱으로 만
들어진 부분입니다.

13 자전거의 몸체는 매우 단단하여 잘 부러지지 않아야
합니다. 자전거의 타이어는 고무로 되어 있어 충격을

잘 흡수하고 탄력이 있습니다.

**14** 금속 컵은 단단하지만 무겁고, 유리컵은 깨지기 쉬우며, 종이컵은 가볍지만 물에 젖으면 잘 찢어집니다.

**15** 짚으로 만든 가방은 가볍습니다.

**16** 종류가 같은 물체를 여러 가지 물질로 만들면 상황에 알맞게 골라서 사용할 수 있습니다.

**17** 물, 붕사, 폴리비닐 알코올을 섞으면 서로 엉기고 알갱이가 점점 커집니다.

**18** 물과 붕사를 섞으면 물이 뿌옇게 흐려집니다. 물, 붕사, 폴리비닐 알코올을 섞으면 서로 엉기고 알갱이가 점점 커집니다.

**19** 탱탱볼을 만드는 실험에서는 투명한 플라스틱 컵에 따뜻한 물을 반쯤 넣습니다.

**20** 고무의 잘 미끄러지지 않는 성질을 이용합니다.

---

## 탐구 서술형 **평가**

40~41쪽

**1** (1) 네 가지 막대를 서로 긁어 본다. (2) 물에 뜨는 막대: 나무 막대, 플라스틱 막대 / 물에 가라앉는 막대: 금속 막대, 고무 막대 **2** (1) ㉠ 나무 ㉡ 금속 ㉢ 플라스틱 ㉣ 고무 (2) ㉠ 예 가벼우면서도 단단하다. ㉡ 예 잘 부러지지 않고 튼튼하다. ㉢ 예 가볍고 단단하다. ㉣ 예 바닥에 잘 달라붙어 작은 먼지도 쓸어 담기 좋다. **3** 금속 컵: 예 매우 단단하여 잘 깨지지 않는다. / 플라스틱 컵: 예 가볍고, 단단하며, 색깔이 다양하다. / 유리컵: 예 투명하여 무엇이 들어 있는지 쉽게 알 수 있다. / 도자기: 예 음식을 오랫동안 따뜻하게 보관할 수 있다. / 종이컵: 예 싸고 가벼워 손쉽게 사용할 수 있다. **4** 붕사: 예 하얀색이고, 광택이 없다. 손으로 만지면 깔깔하다. 알갱이 크기가 매우 작다. / 폴리비닐 알코올: 예 하얀색이고, 광택이 있다. 손으로 만지면 깔깔하다. 붕사보다 알갱이의 크기가 크다.

**풀이** ▶

**1** 네 가지 막대의 단단한 정도는 금속 막대, 플라스틱 막대, 나무 막대, 고무 막대 순서로 단단합니다. 물에 뜨는 막대와 가라앉는 막대를 알아볼 때는 물이 담긴 수조에 네 가지 막대를 넣어 봅니다.

| | |
|---|---|
| **상** | 네 가지 막대의 단단한 정도를 알아보는 방법을 바르게 서술하고, 물에 뜨는 막대와 물에 가라앉는 막대를 바르게 분류하였습니다. |
| **중** | 네 가지 막대의 단단한 정도를 알아보는 방법과, 물에 뜨는 막대와 물에 가라앉는 막대를 분류하는 것 중 한 가지만 바르게 서술하였습니다. |
| **하** | 네 가지 막대의 단단한 정도를 알아보는 방법과, 물에 뜨는 막대와 물에 가라앉는 막대를 분류하는 것 모두 서술하지 못했습니다. |

**2** 물질마다 다른 성질을 가지고 있기 때문에 물체의 기능에 알맞은 물질을 선택하여 물체를 만들면 사용하기에 더욱 편리합니다.

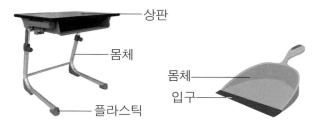

| | |
|---|---|
| **상** | 책상과 쓰레받기를 이루고 있는 물질과 물질의 특징을 바르게 서술하였습니다. |
| **중** | 책상과 쓰레받기를 이루고 있는 물질은 바르게 서술하였지만 물질의 특징은 서술하지 못했습니다. |
| **하** | 책상과 쓰레받기를 이루고 있는 물질과 물질의 특징을 모두 서술하지 못했습니다. |

**3** 물질의 성질에 따라 물체의 기능이 다르고 서로 다른 좋은 점이 있습니다.

| | |
|---|---|
| **상** | 여러 가지 컵의 좋은 점을 모두 바르게 서술하였습니다. |
| **중** | 여러 가지 컵의 좋은 점을 세 개 이상 바르게 서술하였습니다. |
| **하** | 여러 가지 컵의 좋은 점을 두 개 이하로 서술하였습니다. |

**4** 물, 붕사, 폴리비닐 알코올을 섞으면 서로 엉깁니다.

| | |
|---|---|
| **상** | 붕사와 폴리비닐 알코올의 특징을 모두 바르게 서술하였습니다. |
| **중** | 붕사와 폴리비닐 알코올 중 한 가지만 특징을 바르게 서술하였습니다. |
| **하** | 붕사와 폴리비닐 알코올의 특징을 모두 서술하지 못했습니다. |

# 정답과 풀이

### 개념을 확인해요 43쪽

1 암컷, 수컷  2 뿔, 뿔  3 암컷, 수컷  4 짝짓기
5 암컷  6 수컷  7 거북  8 제비

### 개념을 확인해요 45쪽

1 먹이  2 사육 상자  3 휴지  4 손  5 한  6 돋보기  7 자  8 한살이

### 개념을 확인해요 47쪽

1 부화  2 알  3 노란색  4 초록색  5 애벌레
6 마디  7 4  8 30

### 개념을 확인해요 49쪽

1 번데기  2 어른벌레  3 날개  4 머리, 가슴, 배
5 두, 세  6 곤충  7 알, 애벌레, 번데기, 어른벌레
8 암컷

### 개념을 확인해요 51쪽

1 알  2 애벌레  3 땅  4 번데기, 번데기  5 완전  6 불완전  7 완전  8 불완전

### 개념을 확인해요 53쪽

1 달걀  2 부화  3 솜털  4 깃털  5 수컷, 암컷
6 병아리  7 알  8 암컷

### 개념을 확인해요 55쪽

1 새끼  2 갓 태어난 강아지  3 새끼  4 소  5 송아지  6 젖  7 암컷  8 아기

---

### 개념을 다져요 56~59쪽

1 ①  2 ③  3 ②  4 예 곰은 암컷이 새끼를 돌보고, 가시고기는 수컷이 알을 돌본다.  5 ②  6 ㉠ ㉢ ㉡  7 ⑤  8 예 알이나 애벌레를 손으로 직접 만지지 않는다. 알이나 애벌레를 옮길 때에는 알이나 애벌레가 붙은 잎을 함께 옮긴다.  9 배추흰나비알
10 ③  11 ④  12 예 배추흰나비알은 자라지 않지만, 애벌레는 허물을 벗으며 점점 자란다.  13 ㉢ ㉣ ㉡ ㉠  14 ②  15 날개돋이  16 예 몸은 머리, 가슴, 배 세 부분으로 되어 있다. 다리가 세 쌍이다. 더듬이가 한 쌍이다. 날개가 두 쌍이다.  17 번데기
18 ②  19 ㉠ 애벌레 ㉡ 번데기  20 곤충  21 번데기  22 ②  23 ⑤  24 ③  25 ㉢  26 예 날개가 두 개다. 다리가 두 개다. 눈이 두 개다.  27 부화  28 알  29 갓 태어난 강아지  30 ⑤  31 ③  32 (1) ○ (2) × (3) ○ (4) ○

**풀이**

1 사자의 암컷은 갈기가 없지만, 수컷은 갈기가 있습니다.

▲ 사자 수컷 – 갈기가 있습니다.　▲ 사자 암컷 – 갈기가 없습니다.

2 사슴벌레의 암컷은 수컷보다 크기가 작고 큰턱이 짧고, 수컷은 사슴뿔 모양의 큰턱이 있습니다.

3 ① 곰은 암컷이 새끼를 돌보고, ③ 거북은 적당한 곳에 알을 낳고 암수 모두 새끼를 돌보지 않습니다. ④ 물장군, ⑤ 가시고기는 수컷이 알을 돌봅니다.

**더 알아볼까요!**

**알이나 새끼를 돌볼 때 암수가 하는 역할**
- 암수가 함께 알과 새끼를 돌보는 동물: 제비, 꾀꼬리, 황제펭귄, 두루미 등
- 암컷이 새끼를 돌보는 동물: 곰, 소, 산양, 바다코끼리 등
- 수컷이 새끼를 돌보는 동물: 가시고기, 물자라, 꺽지, 물장군 등
- 적당한 장소에 알을 낳은 뒤 암수 모두 돌보지 않는 동물: 바다거북, 자라, 노린재, 개구리 등

**4** 암컷이 낳은 알이나 알에서 부화한 새끼는 주로 수컷이 돌보고, 젖을 먹이는 포유류는 주로 암컷이 새끼를 돌봅니다. 둥지를 틀고 알을 낳아 번식하는 조류는 암수가 함께 알과 새끼를 돌봅니다.

**5** 배추흰나비는 먹이가 되는 배추, 무, 양배추, 케일, 유채 등에 알을 낳습니다.

**6** 방충망은 알이나 애벌레를 보호해 줍니다.

**7** 알이나 애벌레를 직접 손으로 만져서는 안 됩니다. 알이나 애벌레가 붙어 있는 잎을 함께 옮겨야 합니다.

**8** 애벌레가 바닥에 떨어졌을 때에는 배춧잎 등을 애벌레 앞에 놓아 애벌레가 스스로 기어오르도록 합니다.

**9** 배추흰나비알은 작고 연한 노란색이며 길쭉한 옥수수처럼 생겼습니다.

**10** 배추흰나비알은 연한 노란색으로 1 mm 정도로 작고 자라지 않습니다. 길쭉한 옥수수 모양이며 움직이지 않습니다.

**11** 애벌레는 15~20일이 지나면 먹는 것을 중단하고 번데기로 되기 위한 준비를 합니다.

**12** 배추흰나비알은 1 mm 정도로 작고 자라지 않지만, 애벌레는 허물을 4번 벗고 30 mm 정도까지 자랍니다.

**더 알아볼까요!**

**배추흰나비알과 애벌레의 차이점**

| 구분 | 배추흰나비알 | 배추흰나비 애벌레 |
|---|---|---|
| 생김새 | 길쭉한 옥수수 모양이다. | • 몸 주변에 털이 나 있고, 긴 원통 모양이다.<br>• 몸은 머리, 가슴, 배 세 부분으로 구분된다. |
| 색깔 | 연한 노란색이다. | 초록색이다. |
| 움직임 | 움직이지 않는다. | 자유롭게 기어서 움직인다. |
| 크기 변화 (움직임) | 1 mm 정도로 작으며 자라지 않는다. | 허물을 4번 벗으며 점점 자란다. |

**13** 배추흰나비 애벌레는 번데기가 되면 이동하지 않고 한곳에 붙어 있습니다.

**14** 배추흰나비 번데기는 여러 개의 마디가 있고 색깔은 주변 환경의 색깔과 비슷합니다. 또한 움직이지도 않

**15** 배추흰나비의 날개돋이 과정은 약 5분 동안 이루어지며, 시간이 지나면 번데기 껍질이 벌어지면서 배추흰나비 어른벌레가 나옵니다.

**16** 배추흰나비의 몸은 머리, 가슴, 배 세 부분으로 구분할 수 있고, 배추흰나비의 배는 마디가 있고 길쭉하며, 입은 도르르 말려 있다가 먹이를 먹을 때 긴 대롱 모양으로 펴집니다.

**17** 배추흰나비는 약 한 달 동안 알, 애벌레, 번데기, 어른벌레의 단계를 거치며 자랍니다. 배추흰나비는 완전 탈바꿈을 하는 곤충입니다.

**18** 애벌레는 시간이 지나면 번데기로 변하고, 번데기는 먹지도 않고 움직이지도 않습니다.

**19** 애벌레는 자유롭게 기어서 움직이고, 번데기는 움직이지도 않고 먹이도 먹지 않습니다.

**20** 몸이 머리, 가슴, 배 세 부분으로 되어 있고, 다리가 세 쌍인 동물을 곤충이라고 합니다.

**21** 사슴벌레는 완전 탈바꿈을 하는 곤충으로 번데기 단계를 거쳐 어른벌레가 됩니다.

**22** 완전 탈바꿈은 곤충의 한살이에서 번데기 단계를 거치는 것을 말합니다.

**23** ①, ③은 사슴벌레의 한살이 특징이고, ②, ④는 잠자리의 한살이 특징입니다. 사슴벌레와 잠자리 모두 알로 태어나 애벌레가 허물을 벗으며 자라는 공통점을 가지고 있습니다.

**24** 노린재, 잠자리, 사마귀 등은 한살이에서 번데기 단계를 거치지 않는 불완전 탈바꿈을 합니다.

**25** 병아리는 암수 구별이 어렵지만 다 자란 닭은 암수 구별이 쉽습니다.

**26** 다리, 날개, 눈의 개수는 병아리와 다 자란 닭의 공통점입니다.

**27** 알을 낳는 동물들이 알을 낳아 품으면 새끼가 알을 깨고 나오는 과정을 부화라고 합니다.

**28** 개구리, 뱀, 연어 등은 알을 낳는 동물입니다.

**29** 큰 강아지는 사물을 볼 수 있고 소리도 들을 수 있으며, 잘 뛰어다닙니다.

**30** ①과 ②는 갓 태어난 강아지, ③은 갓 태어난 강아지와 큰 강아지, ④는 큰 강아지의 특징입니다.

**31** 소는 태어나자마자 걸을 수 있지만 갓 태어난 강아지는 걸을 수 없습니다.

**32** 개는 한 번에 4~6마리의 새끼를 낳습니다.

60~62쪽

1 (1) 암컷 (2) 수컷  2 ③  3 ㉣  4 ④  5 ④
6 ㉡, ㉣  7 ⑤  8 ㉣  9 번데기  10 ①  11
㉠ ㉢ ㉡ ㉣  12 ③  13 ㉡  14 (1)-㉡ (2)-㉠
15 ②  16 알  17 ④  18 ㉠  19 ③  20 예
젖을 먹여 새끼를 기른다. 몸이 털이나 가죽으로 덮여
있다. 다 자랄 때까지 어미의 보살핌을 받는다.

**풀이 ▶**

**1** 사자는 암수가 쉽게 구별되는 동물입니다. 암컷은 머리 둘레에 갈기가 없고 수컷은 갈기가 있어서 쉽게 구별됩니다.

**2** 곰과 사자는 암컷이 새끼를 돌보고 거북은 암수 모두 알을 돌보지 않으며, 가시고기는 수컷이 알을 돌봅니다.

**3** 배추흰나비알이나 애벌레를 기를 때 사육 상자를 햇빛이 직접 닿지 않고 바람이 잘 통하는 곳에 놓고 관찰합니다.

**4** 사육 상자 주변에 모기약을 뿌리면 안 됩니다.

> **더 알아볼까요!**
>
> **배추흰나비의 한살이를 관찰할 때 필요한 것**
> • 자: 크기를 측정하여 변화를 알아봅니다.
> • 돋보기: 배추흰나비알, 애벌레, 번데기를 자세히 관찰할 때 필요합니다.
> • 사진기: 사진을 찍어서 관찰 기록장에 붙이고 글도 같이 씁니다.
> • 사육 상자: 배추흰나비를 기르면서 배추흰나비의 한살이를 관찰합니다.

**5** 배추흰나비알이나 애벌레를 손으로 만지면 안 됩니다. 손으로 만졌을 때는 손을 깨끗이 씻어야 합니다.

**6** 배추흰나비알은 움직이지 않고, 주름이 있고 길쭉한 옥수수 모양입니다.

**7** 배추흰나비 애벌레는 기어서 움직이고, 초록색입니다. 배추, 케일, 양배추 등을 먹이로 먹고, 몸에는 털이 많이 나 있으며 마디가 있습니다.

**8** 배추흰나비 애벌레는 자라는 동안 4번 허물을 벗으며 30 mm 정도까지 자랍니다. 허물을 벗을수록 크기가 커집니다.

**9** 배추흰나비 애벌레가 번데기가 되면 이동하지 않고 한곳에 붙어 있으며 먹이도 먹지 않고 자라지도 않습

니다.

**10** 배추흰나비는 곤충으로 몸은 머리, 가슴, 배 세 부분으로 되어 있고, 다리는 세 쌍이며 더듬이가 한 쌍 있습니다. 날개는 두 쌍입니다. 입은 도르르 말려 있다가 먹이를 먹을 때는 긴 대롱 모양으로 펴집니다.

**11** 배추흰나비는 약 한 달 동안 알→애벌레→번데기→어른벌레의 단계를 거치며 자랍니다.

**12** 사슴벌레는 땅에 있는 썩은 나무나 습기가 있는 나무에 알을 낳고, 애벌레는 나무속에서 자라며 번데기 단계가 있습니다.

> **더 알아볼까요!**
>
> **사슴벌레의 한살이**
>
>
> ▲ 알          ▲ 애벌레
>
>
> ▲ 번데기      ▲ 어른벌레

**13** 잠자리는 물에 알을 낳고 애벌레가 물속에서 살다가 어른벌레가 될 때가 되면 물 밖으로 나와 잠자리 어른벌레가 됩니다.

**14** 곤충의 한살이에서 번데기 단계를 거치는 것은 완전 탈바꿈이고, 번데기 단계를 거치지 않는 것은 불완전 탈바꿈이라고 합니다.

**15** ①, ③, ④, ⑤는 다 자란 닭의 특징입니다. 병아리는 몸이 솜털로 덮여 있고 볏과 꽁지깃이 없으며, 암수 구별이 어렵습니다.

**16** 닭은 알을 낳는 동물입니다.

**17** 고래는 새끼를 낳는 동물이고, 뱀, 연어, 개구리, 닭은 알을 낳는 동물입니다.

**18** ㉡은 다 자란 개의 특징입니다.

**19** 오리는 알을 낳는 동물이고, 곰, 햄스터, 캥거루, 호랑이는 새끼를 낳는 동물입니다.

**20** 새끼를 낳는 동물은 암수가 만나 짝짓기를 하고 일정한 시간이 흐르면 새끼를 낳습니다. 새끼와 어미의 모습이 많이 닮았습니다.

## 2회 단원 평가  도전

1 (1) ㉠ (2) ㉡　2 ⑩ 사슴의 암컷은 뿔이 없고, 수컷은 뿔이 있다.　3 ⑤　4 ④　5 ㉡　6 동물의 한살이　7 ⑤　8 ⑤　9 ⑤　10 번데기　11 ㉢ ㉠ ㉡ ㉣　12 ③　13 ⑤　14 완전 탈바꿈　15 ㉢　16 ②　17 ③　18 ④　19 ㉠　20 ⑩ 젖을 먹여 새끼를 기른다. 새끼와 어미의 모습이 많이 닮았다.

### 풀이

1 사슴의 암컷은 뿔이 없고 수컷에 비하여 몸이 작지만, 수컷은 뿔이 있고 암컷에 비하여 몸이 더 큽니다.

2 사슴, 사자, 원앙, 꿩 등은 암수 구별이 쉬운 동물입니다.

3 가시고기, 꺽지, 물자라, 물장군 등은 수컷이 알을 돌봅니다. 곰은 암컷이 새끼를 돌보고, 제비와 두루미는 암수가 함께 알과 새끼를 돌봅니다. 거북은 암수 모두 알을 돌보지 않습니다.

4 배추흰나비는 배추, 무, 양배추, 케일, 유채 등에 알을 낳습니다.

5 배추흰나비알이나 애벌레를 케일 화분과 함께 사육 상자에 넣어 기르면 배추흰나비의 한살이를 쉽게 관찰할 수 있습니다.

### 더 알아볼까요!

**배추흰나비를 교실에서 기르는 방법**
- 배추흰나비를 기르면서 배추흰나비의 알과 애벌레, 번데기, 어른벌레를 쉽게 관찰하려면 교실에서 사육 상자를 꾸며 기르는 것이 좋습니다.
- 사육 상자는 투명 컵, 플라스틱 그릇을 재활용하여 꾸밀 수 있습니다.
- 사육 상자의 크기가 작으면 알이 붙은 식물의 화분이 들어가지 못하므로 배춧잎이나 케일잎을 냉장고에 보관했다가 먹이로 주도록 합니다.

6 배추흰나비의 한살이를 관찰하기 위해서는 약 한 달 정도 걸립니다.

7 배추흰나비알을 손으로 만지면 안 됩니다. 손으로 만졌을 때는 손을 깨끗이 씻어야 합니다.

8 배추흰나비 애벌레는 자라는 동안 허물을 4번 벗으며 30 mm 정도까지 자랍니다.

### 더 알아볼까요!

**배추흰나비 애벌레의 크기**
- 알에서 갓 나온 애벌레: 2 mm~4 mm
- 1번 허물을 벗은 애벌레: 4 mm~8 mm
- 2번 허물을 벗은 애벌레: 8 mm~12 mm
- 3번 허물을 벗은 애벌레: 12 mm~16 mm
- 4번 허물을 벗은 애벌레: 16 mm~30 mm

9 ① 배추흰나비알은 연한 노란색입니다. ② 애벌레는 잎을 먹으며 초록색으로 변합니다. ③ 배추흰나비알은 움직이지 않습니다. ④ 배추흰나비알은 1 mm 정도로 작고 자라지 않습니다.

10 번데기가 되면 움직이지 않고, 한곳에 붙어 있습니다.

11 배추흰나비는 완전 탈바꿈을 하는 곤충으로 약 한 달 동안 알, 애벌레, 번데기, 어른벌레의 단계를 거치며 자랍니다.

12 몸은 머리, 가슴, 배의 세 부분으로 되어 있고, 다리가 세 쌍인 동물을 곤충이라고 합니다.

13 잠자리, 노린재, 사마귀, 메뚜기는 한살이에서 번데기 단계를 거치지 않습니다.

14 곤충의 한살이에서 번데기 단계를 거치는 것을 완전 탈바꿈, 번데기 단계를 거치지 않는 것을 불완전 탈바꿈이라고 합니다.

15 곤충의 한살이에서 번데기 단계를 거치지 않는 것을 불완전 탈바꿈이라고 합니다. ㉢은 호랑나비의 한살이 중 번데기 단계입니다.

16 큰 병아리가 되면 병아리의 몸을 덮고 있던 솜털이 깃털로 바뀝니다.

17 ① 병아리보다 다 자란 닭의 울음소리가 더 큽니다. ② 병아리와 다 자란 닭 모두 날개가 두 개입니다. ④, ⑤ 병아리는 꽁지깃과 볏이 없고, 다 자란 닭은 꽁지깃이 길게 자라 있으며 이마와 턱에 볏이 있습니다.

18 연어, 개구리, 뱀, 굴뚝새 등은 한 번에 여러 개의 알을 낳는 동물입니다.

19 갓 태어난 강아지는 눈이 감겨 있고 귀도 막혀 있으며 잘 걷지 못합니다. 큰 강아지는 이빨이 나고 먹이를 씹어 먹기 시작합니다. 다 자란 개는 짝짓기를 하여 암컷이 새끼를 낳을 수 있습니다.

20 몸이 털이나 가죽으로 덮여 있고, 암수가 만나 짝짓기를 하고 일정한 시간이 흐르면 암컷이 새끼를 낳는 것도 공통점입니다.

1 ⑩ 암수가 쉽게 구별되는 동물과 쉽게 구별되지 않는 동물  2 ⓒ  3 ④  4 ④  5 ⑩ 배추밭이나 유채밭에 2~3일에 한 번씩 찾아가 관찰한다.  6 ⑤  7 ㉠  8 허물  9 ⑤  10 ㉠ 머리 ㉡ 가슴 ㉢ 배  11 ㉠ 알 ㉡ 애벌레 ㉢ 번데기 ㉣ 어른벌레  12 ①  13 ④  14 (1)—ⓒ (2)—㉠  15 ①  16 (1) ◯ (2) ◯ (3) ✕  17 ④  18 ㉡ ㉢ ㉠  19 짝짓기  20 애벌레

 **풀이**

1 사자, 원앙, 꿩, 사슴은 암수가 쉽게 구별되는 동물이고, 붕어, 무당벌레, 돼지, 참새는 암수가 쉽게 구별되지 않는 동물입니다.

2 곰은 암컷이 새끼를 돌봅니다. 수컷은 짝짓기를 하고 암컷을 떠나고, 암컷은 떠돌이 수컷을 경계하며 새끼를 돌봅니다.

3 관찰할 때 먹을 간식은 관찰 계획을 세울 때 내용으로 알맞지 않습니다.

4 ① 사육 상자에는 배추흰나비 애벌레가 먹을 먹이(배추, 무, 양배추, 케일 화분)를 넣고, 약 한 달 동안 관찰합니다. ③ 사육 상자는 관찰하기 편하게 투명한 플라스틱 그릇으로 만듭니다. ⑤ 사육 상자는 배추흰나비알이나 애벌레를 보호해 줄 방충망을 덮어 줍니다.

5 학교 화단에 케일밭을 만들어 배추흰나비가 낳은 알을 관찰하는 방법도 있습니다.

6 배추흰나비알은 1 mm 정도로 작으며 자라지 않습니다. 허물을 벗으며 점점 자라는 것은 배추흰나비 애벌레입니다.

7 애벌레는 기어서 움직이고, 색깔은 초록색입니다. 그리고 허물을 4번 벗으며 점점 자라서 커집니다.

8 애벌레의 몸은 단단한 키틴질의 껍질로 되어 있어 '허물벗기'를 통해 껍질을 벗어야 더 크게 자랍니다.

9 배추흰나비 애벌레가 번데기가 되어 이동하지 않고 한곳에 붙어 있는 모습입니다. 번데기의 색깔은 주변의 색깔과 비슷해서 눈에 잘 띄지 않습니다. 또한 먹이도 먹지 않습니다.

10 배추흰나비의 몸은 머리, 가슴, 배의 세 부분으로 구분할 수 있고, 가슴에는 날개 두 쌍과 다리 세 쌍이 있습니다.

11 배추흰나비는 알, 애벌레, 번데기, 어른벌레 과정을 거치며 자랍니다. 배추흰나비는 완전 탈바꿈을 하는 곤충입니다.

12 사슴벌레와 잠자리 모두 알을 낳지만 사슴벌레는 번데기 단계를 거치고, 잠자리는 번데기 단계를 거치지 않습니다. 잠자리 애벌레는 물에서 살고, 사슴벌레 애벌레는 나무속에서 삽니다. 또한, 사슴벌레 애벌레는 번데기 모양으로 암컷과 수컷을 구별할 수 있습니다.

**더 알아볼까요!**

**사슴벌레와 잠자리의 한살이**

| 구분 | 사슴벌레 | 잠자리 |
|---|---|---|
| 공통점 | • 알로 태어나고 애벌레 단계가 있다. <br>• 허물을 벗으며 자란다. <br>• 어른벌레는 날개 두 쌍과 다리 세 쌍이 있다. <br>• 어른벌레는 모두 땅에서 생활한다. | |
| 차이점 | • 땅에 있는 썩은 나무나 습기가 있는 나무에 알을 낳는다. <br>• 애벌레는 나무속에서 자란다. <br>• 번데기 단계가 있다. | • 물에 알을 낳는다. <br>• 애벌레는 물속에서 자란다. <br>• 번데기 단계가 없다. |

13 ㉠은 사슴벌레 애벌레 단계이고, ㉡은 사슴벌레 번데기 단계입니다. 사슴벌레는 번데기 단계에서도 암컷과 수컷을 구별할 수 있습니다.

14 완전 탈바꿈은 번데기 단계가 있고, 불완전 탈바꿈은 번데기 단계가 없습니다.

15 닭은 알을 낳는 동물입니다.

16 닭의 수컷은 볏이 암컷보다 크고 꽁지깃이 길어서 휘어집니다.

17 소, 돼지, 개, 고래 등은 새끼를 낳는 동물입니다.

18 새끼 강아지는 어미와 모습이 비슷하고 어미젖을 먹고 자라다가 점차 다른 먹이를 먹습니다.

19 새끼를 낳아 대를 이어가는 동물은 짝짓기를 해야 암컷이 새끼를 낳을 수 있습니다.

20 사슴벌레의 애벌레 모습을 그린 그림입니다.

## 4회 단원 평가 실전

**1** ④　　**2** ⑤　　**3** 두루미　　**4** ②　　**5** 예 사육 상자에 배추흰나비알이 붙어 있는 케일(배추, 무, 양배추 등) 화분을 넣는다.　　**6** 부화　　**7** ①　　**8** ㉣　　**9** ㉠　　**10** 날개돋이　　**11** ①　　**12** ㉢, ㉣　　**13** 예 완전 탈바꿈은 한살이에서 번데기 단계를 거치는 것이고, 불완전 탈바꿈은 번데기 단계를 거치지 않는 것이다.　　**14** ③　　**15** (1)-㉢ (2)-㉡ (3)-㉠　　**16** 부화　　**17** ㉢　　**18** (1) ○ (2) × (3) ×　　**19** ④　　**20** ④

### 풀이 ▶

**1**　사자는 갈기의 유무, 원앙과 꿩은 깃털의 색깔, 사슴은 뿔의 유무로 암컷과 수컷을 쉽게 구별할 수 있습니다.

#### 더 알아볼까요!

**암수가 쉽게 구별되는 동물의 암수 특징**

| 동물 | 수컷의 생김새 | 암컷의 생김새 |
|------|------------|------------|
| 사자 | 머리에 갈기가 있다. | 머리에 갈기가 없다. |
| 원앙 | 몸 색깔이 화려하다. | 몸 색깔이 갈색이고 화려하지 않다. |
| 사슴 | 뿔이 있고 암컷보다 몸이 더 크다. | 뿔이 없고 수컷에 비해 몸이 작다. |
| 꿩 | 깃털의 색깔이 선명하고 화려하다. | 깃털이 수수하고 황갈색에 검은색 무늬가 있다. |

**2**　① 곰은 암컷이 새끼를 돌봅니다.
② 개구리와 ④ 거북은 적당한 곳에 알을 낳은 뒤 암수 모두 돌보지 않습니다.
③ 가시고기는 수컷이 알을 돌봅니다.

**3**　두루미는 암수가 함께 알과 새끼를 돌보는 동물입니다.

**4**　배추흰나비알은 크기가 변하지 않습니다. 배추흰나비알이나 애벌레를 사육 상자에 넣어 기르면 배추흰나비의 한살이를 쉽게 관찰할 수 있습니다.

**5**　배추흰나비 애벌레가 먹을 배추, 무, 양배추, 케일 등이 심어진 화분이 필요합니다.

▲ 사육 상자에 배추흰나비알이 붙어 있는 케일 화분을 넣습니다.

**6**　동물의 알에서 애벌레나 새끼가 알껍데기를 뚫고 밖으로 나오는 것을 '부화'라고 합니다.

**7**　애벌레는 자라는 동안 4번 허물을 벗으며 30 mm 정도까지 자랍니다.

**8**　배추흰나비알은 크기가 변하지 않지만 배추흰나비 애벌레는 허물을 벗으며 점점 자랍니다. 허물을 4번 벗은 애벌레의 크기가 가장 큽니다.

**9**　배추흰나비 애벌레가 번데기가 되면 이동하지 않고 한곳에 붙어 있습니다. 번데기의 색깔은 주변의 색깔과 비슷하게 변합니다.

**10**　배추흰나비 번데기는 시간이 지나면 어른벌레의 모습이 보이고, 등 부분이 갈라지면서 머리가 보이고 몸 전체가 빠져나옵니다. 번데기에서 나온 배추흰나비는 날개를 늘어뜨리고 천천히 펼쳐 날개가 마르면 날 수 있게 됩니다.

**11**　㉠은 더듬이입니다. 배추흰나비 머리에는 더듬이가 한 쌍이 있습니다. 배추흰나비 입은 도르르 말려 있다가 먹이를 먹을 때는 긴 대롱 모양으로 펴집니다.

**12**　사슴벌레는 번데기와 어른벌레 단계에서 암컷과 수컷을 구별할 수 있습니다.

**13**　잠자리는 불완전 탈바꿈을 하고, 사슴벌레는 완전 탈바꿈을 합니다.

**14**　잠자리는 번데기 단계를 거치지 않는 불완전 탈바꿈을 하는 곤충입니다.

**15**　병아리는 몸이 솜털로 덮여 있고 암수 구별이 어렵습니다. 부화 후 약 30일이 지나면 큰 병아리는 온몸이 깃털로 덮이고, 약 5개월이 지나면 암수의 구별이 뚜렷해져 짝짓기를 할 수 있습니다.

**16**　알에서 새끼가 나오는 과정을 부화라고 합니다. 어미 닭이 알을 품은지 21일이 지나면 병아리의 부화 과정이 나타납니다.

**17** 개구리의 한살이는 우무질에 싸여 있는 알 → 알에서 나와 올챙이가 됨. → 뒷다리가 나옴. → 앞다리가 나옴. → 개구리 순서입니다.

**18** (2) 큰 강아지는 이빨이 나고 먹이를 씹어 먹기 시작합니다. (3) 다 자란 개는 짝짓기를 하여 암컷이 새끼를 낳을 수 있습니다.

**19** ①과 ②는 갓 태어난 강아지의 특징이고, ③과 ⑤는 다 자란 개의 특징입니다.

**20** 소는 보통 한 번에 1마리의 새끼를 낳습니다. 한 마리의 새끼만 낳는 동물도 있고 여러 마리의 새끼를 낳는 동물도 있습니다.

### 탐구 서술형 평가
72~73쪽

**1** 예 배추흰나비 애벌레는 허물을 벗으며 점점 자란다. **2** 풀이 참조 **3** (1) 불완전 탈바꿈 (2) 알 → 애벌레 → 어른벌레의 과정을 거친다. **4** 풀이 참조

**풀이**

**1** 배추흰나비 애벌레는 자라는 동안 4번 허물을 벗으며 30 mm 정도까지 자랍니다.

| 상 | 배추흰나비 애벌레의 허물벗기로 알 수 있는 사실을 바르게 서술하였습니다. |
|---|---|
| 중 | 배추흰나비 애벌레의 허물벗기를 말하였지만 내용이 충분하지 못합니다. |
| 하 | 배추흰나비 애벌레의 허물벗기로 알 수 있는 사실을 서술하지 못했습니다. |

**2**

| 생김새 | 마디가 있다, 가운데가 볼록하고, 양쪽 끝이 뾰족하다. |
|---|---|
| 움직임 | 움직이지 않는다. |
| 색깔 | 주변의 색깔과 비슷하다. |
| 크기 변화 (자람) | 크기가 변하지 않는다. 자라지 않는다. |

애벌레가 입에서 실을 뽑아 몸을 묶고 머리부터 껍질이 벌어지며 허물을 벗으면 번데기 모습이 됩니다. 그리고 색깔이 주변의 색깔과 비슷하게 변합니다. 번데기는 움직이지도 않고 크기도 변하지 않습니다.

| 상 | 배추흰나비 번데기의 생김새, 움직임, 색깔, 크기 변화를 바르게 서술하였습니다. |
|---|---|
| 중 | 배추흰나비 번데기의 생김새, 움직임, 색깔, 크기 변화를 서술하였지만 내용이 충분하지 못합니다. |
| 하 | 배추흰나비 번데기의 생김새, 움직임, 색깔, 크기 변화를 서술하지 못했습니다. |

**3** 잠자리와 사마귀는 불완전 탈바꿈을 하는 곤충으로 알에서 애벌레가 나오지만, 애벌레가 다 자라면 바로 어른벌레가 됩니다. 노린재, 메뚜기, 방아깨비 등도 알→애벌레→어른벌레를 거치는 불완전 탈바꿈을 합니다.

| 상 | 잠자리와 사마귀의 한살이 특징과 한살이를 바르게 서술하였습니다. |
|---|---|
| 중 | 잠자리와 사마귀의 한살이 특징은 서술하였지만 한살이를 서술하지 못했습니다. |
| 하 | 잠자리와 사마귀의 한살이 특징과 한살이를 서술하지 못했습니다. |

**4**

| 공통점 | 예 <br>• 새끼를 낳는 동물이다. <br>• 젖을 먹여 새끼를 기른다. <br>• 몸이 털이나 가죽으로 덮여 있다. |
|---|---|
| 차이점 | 예 <br>• 소는 한 번에 1마리의 새끼를 낳고, 개는 한 번에 4~6마리의 새끼를 낳는다. <br>• 송아지는 태어나자마자 걸을 수 있지만 강아지는 그렇지 않다. |

젖을 먹이는 포유류는 대부분 새끼를 낳습니다.

| 상 | 소와 개의 한살이에서 공통점과 차이점을 바르게 서술하였습니다. |
|---|---|
| 중 | 소와 개의 한살이에서 공통점과 차이점 중 한 가지만 바르게 서술하였습니다. |
| 하 | 소와 개의 한살이에서 공통점과 차이점을 서술하지 못했습니다. |

# 4  자석의 이용

## 개념을 확인해요  75쪽

1 공예용 철끈  2 철사  3 붙지 않습니다  4 자석  5 철  6 철  7 날  8 다리

## 개념을 확인해요  77쪽

1 철  2 붙습니다  3 많이  4 끝부분  5 자석의 극  6 끝부분  7 두  8 두

## 개념을 확인해요  79쪽

1 막대자석  2 막대자석  3 철  4 철  5 끌어당길  6 끌어당길  7 자석  8 붙습니다

## 개념을 확인해요  81쪽

1 플라스틱 접시  2 남쪽, 북쪽  3 같습니다  4 N  5 S  6 나침반  7 자석  8 북

## 개념을 확인해요  83쪽

1 붙지 않습니다  2 자석  3 붙습니다  4 자석  5 나침반  6 북, 남  7 나침반  8 철

## 개념을 확인해요  85쪽

1 S  2 밀어 내는  3 다른  4 같은  5 N  6 S  7 같은, 다른  8 같게

## 개념을 확인해요  87쪽

1 나침반  2 극  3 원래  4 극  5 원래  6 나침반  7 극  8 자석

## 개념을 확인해요  89쪽

1 철  2 다른  3 끝  4 자석  5 뒷면  6 동전 모양 자석  7 다른  8 자석 낚시

## 개념을 다져요  90~93쪽

1 ②  2 ②  3 막대자석  4 풀이 참조  5 ㉠, ㉡  6 ①  7 두 개  8 ⑤  9 플라스틱  10 나사가 자석 드라이버에 달라붙는다.  11 준수  12 ⑤  13 ㉠ N ㉡ S  14 나침반  15 ①  16 머리핀에 클립이 붙는다.  17 ①  18 나침반  19 ②  20 ㉠  21 N극  22 같은  23 ③  24 ①  25 풀이 참조  26 극  27 자석이 철로 된 물체를 끌어당기는 성질  28 ②  29 철

**풀이**

1 클립은 철로 되어 있어서 자석에 붙지만, 자는 플라스틱, 연필과 나무젓가락은 나무, 지우개는 고무로 만들어져 자석에 붙지 않습니다.

2 철 못, 철사, 철 용수철 등은 철로 만들어진 물체로 자석에 붙습니다.

3 길쭉한 막대 모양으로 되어 있는 자석입니다.

▲ 자석의 종류

4
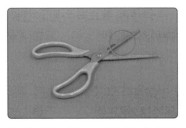

가위의 날 부분은 철로 되어 있어서 자석에 붙습니다.

5 클립은 막대자석의 양쪽 끝부분에 가장 많이 붙습니다.

6 자석의 힘이 가장 센 부분을 자석의 극이라고 합니다. 막대자석에서 자석의 극은 양쪽 끝부분입니다.

7 클립이 앞, 뒤로 많이 붙은 것으로 보아 동전 모양 자석의 극은 두 개 있습니다.

정답과 풀이 **15**

8 빵 끈 조각을 왼쪽 부분으로 옮기려면 빵 끈 조각이 달라붙어 있는 상태로 끌어서 움직입니다.

9 자석과 빵 끈 조각 사이에 플라스틱 통이 있어도 자석이 빵 끈 조각을 끌어당기는 것으로 보아 플라스틱 통이 있어도 자석은 철로 된 물체를 끌어당길 수 있습니다.

10 자석과 철로 된 물체가 가까이 있으면 철이 자석에 달라붙습니다.

11 물에 띄운 막대자석은 어느 정도 시간이 흐르면 일정한 방향을 가리킵니다.

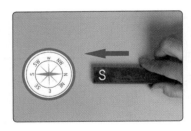
▲ 자석 드라이버

12 플라스틱 접시를 돌려서 막대자석이 다른 방향을 가리키도록 놓아도 일정한 시간이 지나면 처음과 같은 방향을 가리킵니다.

13 막대자석에서 북쪽을 가리키는 극을 N극이라고 하고, 남쪽을 가리키는 극을 S극이라고 합니다.

14 나침반은 자석의 N극이 항상 북쪽을 가리키는 성질을 이용하여 만든 도구입니다.

**더 알아볼까요!**

**나침반 사용법**
• 편평한 곳에 나침반을 내려놓습니다.
• 나침반 바늘의 움직임이 멈출 때까지 기다립니다.
• 나침반 바늘의 N극(빨간색 부분)이 가리키는 방향이 북쪽입니다.
• 나침반을 돌려 나침반 바늘의 N극(빨간색 부분)이 가리키는 방향과 나침반에 적힌 북쪽을 일치시킵니다.

15 머리핀과 클립은 둘 다 철로 된 물체이기 때문에 서로 가까이 가져가도 붙지 않습니다.

16 머리핀을 자석에 붙여 놓으면 머리핀이 자석의 성질을 띠게 됩니다.

**더 알아볼까요!**

**머리핀이 자석의 성질을 띠게 하는 방법**
• 막대자석의 극에 머리핀을 1분 동안 붙여 놓습니다.
• 머리핀의 한쪽 끝이 자석 밖으로 튀어나오지 않게 합니다.
• 자석의 한쪽 극을 이용해 한 방향으로 문질러도 머리핀이 자석의 성질을 띠게 할 수도 있지만, 머리핀을 자석에 붙여 놓는 방법이 더 쉽게 자석의 성질을 띠게 할 수 있으며, 자석의 성질을 띠게 되었을 때의 자기력도 더 셉니다.

17 자석의 극에 붙여 놓았던 머리핀이 자석의 성질을 가지고 있기 때문에 나침반 바늘이 가리키는 방향과 같습니다.

18 자석을 물에 띄우면 자석은 항상 북쪽과 남쪽을 가리키는데 이러한 성질을 이용하면 방향을 알려주는 도구인 나침반을 만들 수 있습니다.

19 자석은 서로 같은 극끼리는 밀어 내는 성질이 있습니다.

20 이 실험에서는 같은 극끼리 서로 가까이 가져갔습니다. 같은 극끼리 서로 가까이 가져가면 밀어 내는 힘이 작용합니다.

21 자석은 같은 극끼리는 서로 밀어 냅니다. 분홍색 고리 자석의 아랫면이 N극이기 때문에 공중에 뜰 수 있습니다.

22 자석은 같은 극끼리는 서로 밀어 내는 성질이 있기 때문에 공간을 띄우려면 같은 극끼리 서로 마주보게 놓아야 합니다.

23 나침반 바늘도 자석이므로 가까이 가져간 막대자석의 반대 극에 해당하는 나침반 바늘이 막대자석의 극을 가리킵니다.

24 나침반 바늘은 자석의 영향에서 벗어나면 원래 방향을 가리킵니다.

25 나침반의 동쪽에 막대자석의 S극을 가까이 가져갈 때 나침반 바늘이 자석에 끌려와 자석의 극을 가리킵니다.

26 나침반 바늘도 자석이므로, 막대자석을 가까이 가져가면 자석의 극을 가리킵니다.

27 클립 통은 자석이 철로 된 물체를 끌어당기는 성질을 이용한 도구입니다. 클립 통이 뒤집어지거나 바닥에 떨어져도 클립이 흩어지지 않습니다.

28 자석 드라이버는 나사가 자석에 붙는 성질을 이용하여 만든 것입니다.

29 물고기 모양에 클립을 꽂아서 자석으로 낚시를 할 수 있습니다.

## 1회 단원 평가  연습

1 ①    2 자석에 붙는 물체: 못핀, 철 못, 철사 / 자석에 붙지 않는 물체: 플라스틱 빨대, 유리컵    3 ①
4 ①    5 ③, ⑤    6 자석의 극    7 풀이 참조    8 (2) ◯    9 ⑤    10 ③    11 남쪽과 북쪽    12 ②
13 ③    14 ①    15 서로 밀어 내는 느낌이 든다.
16 밀어 내고, 끌어당긴다    17 고리 자석은 같은 극끼리 서로 밀어 내기 때문에 고리 자석과 고리 자석 사이가 비어서 뜨게 된다.    18 ㉠    19 재우    20 자석이 철로 된 물체를 끌어당기는 성질

### 풀이 ▶

1 자석 인형의 머리카락은 철로 된 것으로 만들어야 합니다. 클립은 철로 된 물체입니다.

2 못핀, 철 못, 철사 등은 철로 만들어진 물체이기 때문에 자석에 붙습니다.

3 볼트, 철 용수철, 옷핀, 철사, 클립은 철로 된 물체이기 때문에 자석에 붙습니다.

4 쇠는 철의 다른 말입니다. 유리, 나무, 고무, 플라스틱 등으로 만들어진 물체는 자석에 붙지 않습니다.

5 막대자석의 양쪽 끝부분은 자석의 힘이 가장 센 부분입니다. 자석의 힘이 가장 센 부분에 클립이 많이 붙습니다.

6 자석의 극은 자석의 힘이 가장 센 부분으로 클립이 다른 곳보다 많이 붙습니다.

7 둥근기둥 모양 자석의 극은 자석의 양쪽 끝에 있습니다.

8 빵 끈 조각에 자석을 가까이 가져가면 자석 주변으로 빵 끈 조각이 끌려옵니다.

9 자석 드라이버의 끝부분을 나사에 가까이 가져가면 나사가 끌려옵니다.

10 플라스틱 접시는 막대자석을 물에 띄우기 위해 필요합니다. 플라스틱 접시가 없으면 막대자석은 물에 가라앉습니다.

11 물에 띄운 막대자석은 항상 남쪽과 북쪽을 가리킵니다.

12 철로 된 머리핀은 자석의 성질을 띠게 되어 자석처럼 철로 된 물체를 끌어당깁니다.

13 자석의 성질을 띠게 된 머리핀을 수수깡을 이용하여 물에 띄우면 머리핀은 자석의 역할을 하면서 남북 방향을 가리킵니다.

14 머리핀은 철로 된 물체이기 때문에 자석에 붙여서 자석의 성질을 띠게 할 수 있습니다. 이 실험은 철로 된 물체만 가능합니다.

15 막대자석 두 개를 같은 극끼리 마주 보게 놓았습니다. 자석은 같은 극끼리는 서로 밀어 냅니다.

16 자석은 같은 극끼리는 밀어 내고, 다른 극끼리는 서로 끌어당깁니다.

17 고리 자석으로 높게 쌓은 탑은 자석의 같은 극끼리 서로 밀어 내는 성질을 이용하여 만듭니다. 자석은 같은 극끼리 서로 밀어 내기 때문에 자석과 자석 사이에 빈 공간이 생깁니다.

18 나침반의 바늘은 자석으로 되어 있습니다. 자석은 서로 다른 극끼리 끌어당기는 성질이 있으므로 자석의 S극을 나침반에 가까이 가져가면 나침반 바늘의 N극이 자석의 극을 가리킵니다.

### 더 알아볼까요!

**나침반의 동쪽에 자석을 가까이 가져갈 때 나침반 바늘의 움직임**

▲ 자석의 N극을 가까이 가져갈 때

▲ 자석의 S극을 가까이 가져갈 때

19 나침반의 동쪽에 막대자석의 S극을 가까이 가져가면 나침반 바늘의 N극이 자석의 극을 가리킵니다. 자석은 서로 다른 극끼리 끌어당기는 성질이 있기 때문입니다.

20 자석은 철로 된 물체를 끌어당깁니다. 자석 클립 통의 끝부분에는 자석이 있어서 클립이 흩어지지 않게 해줍니다.

1 ③    2 예 자석이 클립을 끌어당긴다. 클립이 자석에 붙는다.    3 (1)-㉠ (2)-㉢ (3)-㉢ (4)-㉠    4 ⑤
5 진우    6 막대자석의 극은 양쪽 끝부분에 있어.
7 ⑤    8 막대자석을 플라스틱 통의 왼쪽으로 옮긴다.    9 ①    10 풀이 참조    11 자석의 성질을 띠게 된다.    12 ④    13 같은 극끼리 마주 보게 하여 가까이 가져갈 때: 밀어 낸다. / 다른 극끼리 마주 보게 하여 가까이 가져갈 때: 끌어당긴다.    14 N    15 S극    16 ⑤    17 ④    18 안 된다 / 작용하기    19 ①    20 ㉢

**풀이**

1 빵 끈 안에는 철이 들어 있기 때문에 막대자석에 붙여 자석 인형의 머리카락을 만듭니다.

2 자석을 철로 된 물체에 가까이 대 보면 철로 된 물체는 자석에 달라붙습니다.

3 철사나 철 용수철은 철로 된 물체이기 때문에 자석에 붙지만 색연필과 지우개는 철로 된 물체가 아니기 때문에 자석에 붙지 않습니다.

4 못, 클립, 옷핀은 모든 부분이 자석에 붙지만, 가위, 책상, 소화기는 자석에 붙는 부분이 있고 붙지 않는 부분이 있습니다.

**더 알아볼까요!**

가위, 책상, 소화기에서 자석에 붙는 부분

| 구분 | 자석에 붙는 부분 | 자석에 붙지 않는 부분 |
|---|---|---|
| 가위 | 가위 날 부분 | 가위 손잡이 |
| 책상 | 책상 다리 | 책을 올려놓는 부분 |
| 소화기 | 소화기 몸통 | 소화기 호스 부분 |

5 막대자석의 극은 자석의 양쪽 끝부분에 있으며 자석의 힘이 가장 센 부분입니다.

6 막대자석의 극은 양쪽 끝부분에 있고, 항상 두 개입니다.

7 막대자석을 투명한 통의 윗부분에서 조금 떨어뜨리면 빵 끈 조각이 그대로 있지만, 조금씩 더 떨어뜨리면 자석이 철로 된 물체를 끌어당기는 힘이 약해지기

때문에 빵 끈 조각이 바닥에 떨어집니다.

8 빵 끈 조각이 막대자석에 끌려오는 성질을 이용하여 막대자석을 반대편으로 옮깁니다.

9 막대자석이 가리키는 방향은 북쪽과 남쪽 방향입니다.

10

물에 띄운 자석의 N극은 북쪽을 가리킵니다. 자석의 방향을 바꾸어 물에 띄워도 자석의 N극은 북쪽을 가리킵니다.

11 머리핀을 자석에 붙여 놓으면 자석의 성질을 가지고 있지 않았던 철로 된 물체가 자석의 성질을 띠게 됩니다.

12 자석의 성질을 띠는 머리핀을 물에 띄워서 방향을 확인해야 합니다. 수수깡 조각은 가벼워서 물 위에 뜹니다.

13 막대자석은 같은 극끼리는 서로 밀어 내고, 다른 극끼리는 서로 끌어당깁니다.

14 자석의 극은 서로 같은 극끼리는 밀어 내고, 다른 극끼리는 끌어당기는 성질이 있습니다. 고리 자석에 막대자석의 N극을 가까이 가져갔을 때 서로 미는 힘이 작용했다면 같은 극인 것을 알 수 있습니다.

15 파란색 고리 자석의 윗면이 N극이면 서로 마주보며 떠 있는 분홍색 고리 자석의 아랫면도 N극입니다. 분홍색 고리 자석의 아랫면이 N극이면 윗면은 S극입니다.

16 나침반에 자석을 가까이 가져가면 자석의 극과 다른 극이 자석의 극을 가리킵니다. 나침반 바늘도 자석이므로 서로 다른 극끼리 끌어당기는 힘이 작용합니다.

17 나침반 바늘로부터 막대자석을 멀어지게 하면 막대자석의 영향을 받지 않기 때문에 원래 가리키던 방향을 가리키게 됩니다.

18 나침반 바늘은 자석이므로 나침반 주변에 자석이 있으면 자석이 끌어당기거나 밀어 내는 힘 때문에 정확한 방위를 알 수 없습니다.

19 자석이 철로 된 물체를 끌어당기는 성질을 이용하여 만든 것입니다.

20 자석 드라이버와 자석 클립 통입니다.

## 3회 단원 평가 기출

100~102쪽

1 ①  2 ⑤  3 ③  4 민주  5 ④  6 ⑤  7 자석의 극  8 ④  9 빵 끈 조각이 막대자석을 따라 투명한 통의 윗부분까지 끌려온다.  10 N  11 ③  12 예 머리핀을 자석의 극에 1분 정도 붙여 놓았다가 떼어낸 뒤 클립에 대 본다.  13 ③  14 (2) ○  15 ②  16 ③  17 ④  18 ①  19 예 칠판에 종이를 쉽게 떼었다 붙였다 할 수 있다.  20 ②

### 풀이

1 자석 인형의 머리카락을 만드는 재료는 자석에 붙는 물질인 철로 만들어진 물체가 알맞습니다. 빨대는 자석에 붙지 않습니다.

2 자석 인형의 머리카락은 자석에 붙는 물체가 알맞습니다.

3 클립, 철 용수철, 못 등은 자석에 붙는 물체이고, 플라스틱 자, 천 필통, 지우개는 자석에 붙지 않는 물체입니다.

4 플라스틱으로 된 손잡이 부분은 자석에 잘 붙지 않지만, 철로 된 날 부분은 자석에 붙습니다. 가위는 한 개의 물체이지만 자석에 잘 붙는 부분도 있고, 붙지 않는 부분도 있습니다.

5 가위의 손잡이는 플라스틱으로 되어 있어서 자석에 붙지 않습니다. 유리컵도 유리로 된 물체이기 때문에 자석에 붙지 않습니다.

6 자석의 양쪽 끝부분은 자석의 힘이 가장 센 곳입니다.

7 자석의 양쪽 끝부분은 자석의 극이라고 합니다. 클립을 끌어당기는 힘이 가장 센 곳입니다.

8 막대자석을 빵 끈 주변에 가까이 가져가면 막대자석 근처에 빵 끈 조각이 모입니다.

9 빵 끈 조각이 자석을 따라 플라스틱 통의 윗부분까지 끌려옵니다.

10 막대자석을 물에 띄웠을 때 북쪽을 가리키는 자석의 극을 N극이라고 하고, 남쪽을 가리키는 극을 S극이라고 합니다.

11 자석을 공중에 매달아 놓으면 자석의 N극은 북쪽을 가리킵니다.

12 머리핀이 자석의 성질을 띠게 하려면 막대자석의 극에 1분 동안 붙여 놓습니다.

13 자석의 성질을 띠는 머리핀이 가리키는 방향은 나침반 바늘이 가리키는 방향과 같습니다. 머리핀이 자석의 성질을 띠게 되었기 때문입니다.

14 막대자석이 서로 밀어 내려면 서로 같은 극끼리 가까이 해야 합니다. 빨간색의 N극 옆에 또 다른 자석의 N극을 가까이 가져가면 서로 밀어 냅니다.

15 고리 자석의 같은 극은 서로 밀어 내는 성질이 있기 때문에 가장 높은 탑을 쌓을 수 있고, 서로 다른 극끼리 마주 보게 끼우면 서로 끌어당기기 때문에 가장 낮은 탑을 쌓을 수 있습니다.

16 나침반 바늘은 자석이므로 서로 다른 극끼리 끌어당기려고 합니다.

### 더 알아볼까요!

**막대자석 주위의 나침반 바늘이 가리키는 방향**

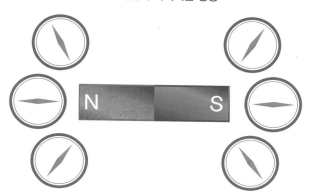

• 나침반 바늘도 자석이기 때문에 나침반 바늘이 자석의 극 쪽으로 끌려갑니다.
• 막대자석의 N극 쪽으로는 파란색 나침반 바늘이 끌려오고, 막대자석의 S극 쪽으로는 빨간색 나침반 바늘이 끌려옵니다.

17 자석은 다른 극끼리 서로 끌어당기는 성질이 있기 때문에 나침반 바늘의 S극이 막대 자석의 극을 가리킵니다.

18 자석의 성질을 이용하여 쉽게 달라붙거나 뗄 수 있도록 만든 생활용품입니다.

19 칠판 자석을 이용하면 칠판에 종이를 쉽게 붙였다 뗄 수 있습니다. 자석의 힘이 종이를 통과해 작용하기 때문입니다.

20 자석으로 가는 자동차는 자석이 다른 극끼리 서로 끌어당기는 성질을 이용하여 자동차를 움직이게 합니다.

실전

**4회 단원 평가**

103~105쪽

1 철  2 ③  3 철  4 ㉡  5 자석의 극  6 ②
7 막대자석으로 빵 끈 조각을 통의 윗부분까지 끌고 간다.  8 ③  9 N, 빨간색  10 나침반  11 ①  12 머리핀을 막대자석의 극에 1분 정도 붙여 놓는다.  13 ㉠  14 ㉠ N극 ㉡ S극  15 준희  16 ㉠, ㉢  17 ⑤  18 ①  19 ㉡  20 풀이 참조

**풀이**

1 철로 된 물체만 자석에 붙기 때문에 막대자석에 붙일 자석 인형의 머리카락으로는 철로 된 물체가 알맞습니다.

2 철로 된 물체만 자석에 붙습니다. 색종이는 종이, 연필은 나무, 나무젓가락은 나무, 빨대는 플라스틱으로 된 물체입니다.

3 철로 만들어진 물체는 자석에 붙지만 유리, 나무, 종이, 플라스틱 등으로 만들어진 물체는 자석에 붙지 않습니다.

4 책상에서 철로 된 부분은 책상 몸체입니다. 책상 몸체는 철로 되어 있어서 자석에 붙습니다. 책상의 상판은 나무, 받침은 플라스틱으로 된 부분입니다.

5 자석의 극은 자석이 철로 된 물체를 끌어당기는 힘이 센 곳으로 클립이 가장 많이 붙습니다.

6 막대자석의 극은 양쪽 끝부분에 두 개 있습니다. 막대자석의 극은 자석의 힘이 가장 센 부분입니다.

7 ㈎의 빵 끈 조각을 막대자석으로 끌고 윗부분으로 이동합니다.

8 자석의 힘은 철로 된 물체와 조금 떨어져 있으면 작용을 하지만, 거리가 너무 멀어지면 자석의 힘이 철로 된 물체를 끌어당기지 못하게 됩니다.

▲ 막대자석을 조금 떨어뜨렸을 때    ▲ 막대자석을 조금씩 더 떨어뜨렸을 때

9 막대자석을 물에 띄웠을 때, 북쪽을 가리키는 극을 N극이라고 하고 빨간색으로 표시합니다. 반대로 남쪽을 가리키는 극을 S극이라고 하고, 파란색으로 표시합니다.

10 나침반의 바늘은 자석으로 되어 있어서 남쪽과 북쪽을 가리킵니다.

11 철로 된 물체를 자석에 붙여 놓으면 그 물체도 자석의 성질을 띠게 됩니다.

12 머리핀을 이용하여 나침반을 만들려면 머리핀이 나침반 바늘처럼 자석의 성질을 가지고 있어야 합니다.

13 막대자석을 서로 끌어당기게 하려면 서로 다른 극이 마주 보게 나란히 놓아야 합니다.

14 자석은 같은 극끼리는 서로 밀어 내고, 다른 극끼리는 서로 끌어당깁니다.

**더 알아볼까요!**

| 자석을 다른 자석에 가까이 가져갈 때 나타나는 현상 | | |
| --- | --- | --- |
| 구분 | 같은 극끼리 | 다른 극끼리 |
| 마주 보게 하여 가까이 가져갈 때 | 밀어 내는 느낌 | 끌어당기는 느낌 |
| 나란히 놓고 한 자석을 다른 자석 쪽으로 밀 때 | 자석이 서로 밀어 낸다. | 자석이 서로 끌어당긴다. |

15 고리 자석으로 탑을 높게 쌓으려면 자석이 서로 밀어 내는 성질을 이용해야 합니다. 자석이 서로 밀어 내려면 서로 같은 극끼리 마주 보게 쌓아야 합니다. 자석과 자석 사이에 빈 공간이 생깁니다.

16 가장 위에 있는 고리 자석의 윗면이 N극이므로 아랫면은 S극입니다. 서로 밀어 내는 성질을 이용하여 탑을 쌓았기 때문에 S극은 ㉠과 ㉢입니다.

17 나침반 바늘은 자석으로 되어 있습니다. 자석은 서로 다른 극끼리 끌어당기는 성질이 있으므로 막대자석의 N극을 나침반에 가까이 가져가면 나침반 바늘의 S극이 막대자석의 N극 쪽을 가리킵니다.

18 자석이 나침반으로부터 멀어지게 되면 나침반은 원래 가리키던 방향으로 되돌아갑니다.

19 나침반 바늘도 자석이기 때문에 나침반 바늘은 자석과 반대인 극이 막대자석 쪽으로 향하게 됩니다.

**20**

자석 드라이버는 끝부분에 자석이 있어서 나사가 떨어지지 않습니다.

## 탐구 서술형 평가

106~107쪽

**1** (1) 풀이 참조 (2) 풀이 참조 (3) 책상 몸체나 가위의 날 부분처럼 철로 된 부분은 자석에 붙지만, 나무나 플라스틱으로 된 부분은 자석에 붙지 않는다. **2 ㉔** 자석의 양쪽 끝부분에 클립이 가장 많이 붙는다. 자석에는 극이 두 개 있다. 자석의 극 부분의 힘이 가장 세다. **3** (1) 자석에 철로 된 물체가 달라붙는 성질 (2) 철로 된 물체와 자석이 떨어져 있어도 철로 된 물체에 자석을 가까이 가져가면 철로 된 물체가 자석에 달라붙는 성질 **4** (1) 움직이다가 멈추고 자석의 N극이 북쪽을 가리킨다. (2) 나침반

**풀이**

**1** (1)                                    (2)

책상의 몸체 부분은 철로 되어 있어서 자석에 붙습니다. 책상의 상판은 나무로 이루어져 있고, 받침은 플라스틱으로 되어 있어서 자석에 붙지 않습니다. 가위의 손잡이 부분은 플라스틱으로 되어 있어서 자석에 붙지 않습니다.

| 상 | 책상과 가위에서 자석에 붙는 부분을 바르게 표시하고, 책상과 가위에서 자석에 붙는 부분과 붙지 않는 부분이 있는 까닭을 바르게 서술하였습니다. |
|---|---|

| 중 | 책상과 가위에서 자석에 붙는 부분을 바르게 표시하였지만, 책상과 가위에서 자석에 붙는 부분과 붙지 않는 부분이 있는 까닭을 서술하지 못했습니다. |
|---|---|

| 하 | 책상과 가위에서 자석에 붙는 부분을 바르게 표시하지 못하고, 책상과 가위에서 자석에 붙는 부분과 붙지 않는 부분이 있는 까닭을 서술하지 못했습니다. |
|---|---|

**2** 막대자석과 둥근기둥 모양 자석의 양쪽 끝부분에는 자석의 극이 있습니다. 자석의 극 부분은 자석에서 가장 힘이 셉니다.

| 상 | 막대자석과 둥근기둥 모양 자석을 집게로 집고 클립이 든 상자에 넣었다가 들어 올린 두 실험의 공통점을 바르게 서술하였습니다. |
|---|---|

| 중 | 막대자석과 둥근기둥 모양 자석을 집게로 집고 클립이 든 상자에 넣었다가 들어 올린 두 실험의 공통점을 서술하였지만 충분하지 못합니다. |
|---|---|

| 하 | 막대자석과 둥근기둥 모양 자석을 집게로 집고 클립이 든 상자에 넣었다가 들어 올린 두 실험의 공통점을 서술하지 못했습니다. |
|---|---|

**3** 철로 된 물체는 자석에 달라붙습니다. 자석의 힘이 미치는 범위 안에 철로 된 물체가 있으면 자석이 철로 된 물체를 끌어당깁니다.

| 상 | 자석 드라이버가 자석의 성질 중 어떤 성질을 이용했는지 바르게 서술하였습니다. |
|---|---|

| 중 | 자석 드라이버가 자석의 성질 중 어떤 성질을 이용했는지 서술하였지만 충분하지 못합니다. |
|---|---|

| 하 | 자석 드라이버가 자석의 성질 중 어떤 성질을 이용했는지 서술하지 못했습니다. |
|---|---|

**4** (1) 자석을 공중에 매달면 움직이다가 멈추고, N극이 북쪽을 가리킵니다.

(2) 나침반은 자석이 지구의 북쪽을 가리키는 성질을 이용하여 만든 것으로 방향을 찾을 때 사용합니다.

| 상 | 자석을 실에 매달아 공중에 띄우고 잠시 기다렸을 때 어떻게 되는지 바르게 서술하고, 이와 같은 자석의 성질을 이용한 도구를 바르게 서술하였습니다. |
|---|---|

| 중 | 자석을 실에 매달아 공중에 띄우고 잠시 기다렸을 때 어떻게 되는지는 서술하지 못했지만, 이와 같은 자석의 성질을 이용한 도구를 바르게 서술하였습니다. |
|---|---|

| 하 | 자석을 실에 매달아 공중에 띄우고 잠시 기다렸을 때 어떻게 되는지, 이와 같은 자석의 성질을 이용한 도구는 무엇인지 모두 서술하지 못했습니다. |
|---|---|

## 5 지구의 모습

### 개념을 확인해요 109쪽

1 지구 2 지구 3 높은 4 지구 5 갯벌 6 없는 7 산 8 사막

### 개념을 확인해요 111쪽

1 바다 2 육지 3 육지 4 바다 5 바닷물 6 육지 7 소금 8 바닷물

### 개념을 확인해요 113쪽

1 공기 2 공기 3 지구 4 숨 5 공기 6 공기 7 공기 8 바람

### 개념을 확인해요 115쪽

1 마젤란 2 서 3 출발 4 둥글기 5 둥글기 6 크기 7 우주 8 공

### 개념을 확인해요 117쪽

1 공 2 돌 3 구덩이 4 울퉁불퉁 5 밝은 6 바다 7 물 8 충돌

### 개념을 확인해요 119쪽

1 지구 2 생물 3 돌 4 물, 공기 5 큽 6 지구, 달 7 지구의 날 8 4

### 개념을 다져요 120~123쪽

1 ⑤ 2 준서 3 ㉢ 4 (1)-㉠ (2)-㉢ (3)-㉡ 5 ② 6 ① 7 (1) 빙하 (2) 화산 8 바다, 육지 9 ③ 10 ④ 11 ⑤ 12 ① 13 ②, ⑤ 14 ③ 15 ⑤ 16 둥근 공 모양 17 달 18 은주 19 달의 바다 20 ⑤ 21 (1) 지 (2) 달 (3) 지 22 ⑤ 23 공기 24 ㉔ 물과 공기가 없기 때문이다. 25 지구의 날 26 ①, ② 27 쓰레기를 분리 배출해서 재활용할 수 있게 하였다. 28 ㉘ 쓰레기 함부로 버리지 않기, 식물 가꾸기, 음식 남기지 않기, 학용품 아껴 쓰기, 산불조심하기

**풀이▶**

1 지구에서는 산과 푸른 하늘을 볼 수 있습니다. ①, ②, ③, ④는 달의 모습입니다.

2 소가 들판에 새끼와 함께 있습니다. 소와 풀은 지구에서 볼 수 있는 생물입니다. 달에서는 생물을 볼 수 없습니다.

3 출렁이는 파도의 모습을 팔을 움직여 물이 움직이는 것을 표현했습니다.

▲ 하늘(구름)을 표현하는 모습　　▲ 들(나무)을 표현하는 모습

4 산, 강, 빙하 등은 지구에서 볼 수 있는 것입니다. 빙하는 우리나라에서 볼 수 없습니다.

5 구름, 산, 푸른 하늘, 강 등은 우리나라에서 볼 수 있는 풍경입니다. 사막 등은 우리나라에서 볼 수 없는 지구 표면의 모습입니다.

6 양쪽에 들판이 있는 것으로 보아 강을 나타낸 그림입니다.

7 빙하는 우리나라에서는 볼 수 없는 지구 표면의 모습입니다.

8 바다 칸의 수가 육지 칸의 수보다 많습니다. 지구 표면의 70% 정도가 바다입니다.

9 바다는 지구 표면의 많은 부분을 차지하고 있습니다. 육지의 대부분은 북반구 쪽에 몰려 있습니다.

**10** 바닷물에는 짠맛을 내는 물질이 녹아 있어서 사람이 마시기에 적당하지 않습니다.

**11** 선풍기 바람을 쐬면 바람의 움직임을 느낄 수 있습니다. 바람은 공기가 이동하는 것입니다.

**12** 우리 주위를 공기가 둘러싸고 있기 때문에 숨을 쉴 수 있습니다.

달의 바다

충돌 구덩이

**더 알아볼까요!**

**공기의 역할**

• 생물이 살아가는 데 필요한 산소를 공급해 줍니다.
• 태양 빛 중에서 인체에 해로운 것을 막아 줍니다. 예 자외선
• 지구 외부의 물질이 지표면에 그대로 떨어져 피해를 주는 것을 막아 줍니다.
• 공기는 지구 전체를 순환하면서 에너지를 교환합니다.

**13** 공기는 눈에 보이지는 않지만 항상 우리 주위를 둘러싸고 있으며, 동식물이 숨을 쉬고 살 수 있게 해 줍니다.

**14** 마젤란 탐험대는 서쪽 한 방향으로만 움직였습니다.

**15** 지구는 둥근 공 모양이기 때문에 한 방향으로 계속 움직이면 출발한 곳으로 돌아올 수 있습니다.

**더 알아볼까요!**

**마젤란 탐험대가 세계 일주를 한 뱃길**

① 태서양을 지나 남아메리카의 브라질(리우데자네이루)을 방문한 뒤, 마젤란 해협으로 들어섭니다.
② 마젤란 해협을 빠져나와 태평양으로 들어섭니다.
③ 태평양을 지나 아시아의 필리핀(사마르섬)에 도착합니다.
④ 인도양을 가로질러 아프리카의 희망봉 근처를 지나갑니다.
⑤ 대서양을 지나 마젤란 탐험대가 출발한 곳으로 돌아옵니다.

**16** 지구는 둥근 공 모양이기 때문에 출발한 곳으로 되돌아 올 수 있었습니다.

**17** 달 표면에는 크고 작은 충돌 구덩이들이 많고 밝고 어두운 부분이 있습니다.

**18** 달 표면은 밝은 부분과 어두운 부분이 있고, 매끈매끈한 면과 울퉁불퉁한 면을 볼 수 있습니다.

**19** 달에는 바다가 없지만, 지구에서 보았을 때 어둡게 보여서 옛날 사람들은 어두운 곳이 물로 가득차 있을 것이라고 생각했습니다.

**20** 달에는 우주 공간을 떠돌던 돌덩이가 충돌한 흔적이 많이 남아 있습니다. 이러한 흔적을 충돌 구덩이라고 합니다.

**21** 지구에는 물과 공기가 있어서 여러 가지 동식물을 볼 수 있습니다.

**22** 지구와 달의 표면에서는 돌을 볼 수 있습니다.

**더 알아볼까요!**

**달의 모습**

| 전체적인 모양 | 둥근 공 모양이다. |
|---|---|
| 표면 색깔 | • 회색빛이다.<br>• 밝은 부분과 어두운 부분이 있다. |
| 표면 모습 | • 표면에 돌이 있다.<br>• 표면에 움푹 파인 구덩이가 많다.<br>• 매끈매끈한 면도 있고 울퉁불퉁한 면도 있다.<br>• 산처럼 솟은 곳도 있고 바다처럼 깊고 넓은 곳도 있다. |

**23** 지구에는 공기가 있어서 동식물이 호흡을 할 수 있습니다.

**24** 달에는 물과 공기가 없기 때문에 생물이 살 수 없습니다. 물은 생물의 물질대사에 꼭 필요한 것이고, 공기는 생물이 호흡하는 데 필요합니다.

**25** 지구의 날은 환경 오염으로부터 지구를 보호하려는 목적으로 만든 날입니다.

**26** 양치질을 할 때 컵에 물을 받아서 사용하면 물을 틀어 놓고 양치질을 했을 때보다 물을 절약할 수 있습니다.

**27** 쓰레기 분리 배출은 자원을 재활용할 수 있는 좋은 방법입니다.

**28** 땅, 물, 공기 등의 환경을 아껴 쓰려는 마음을 가지도록 합니다.

# 정답과 풀이

**1** ④  **2** (1)–ⓒ (2)–ⓛ (3)–⑦  **3** ④  **4** ②  **5** ⑤  **6** ②  **7** 짠  **8** 예 선풍기 앞에서 바람을 쐴 때, 바람이 불어서 머리카락이나 옷깃이 날릴 때, 연을 날릴 때  **9** ①, ②  **10** 동물과 식물이 살아갈 수 없다. 생물이 숨을 쉴 수 없다. 바람이 불지 않는다. 비행기나 글라이더, 기구, 풍차 등의 도구를 쓸 수 없다. 지구의 온도가 낮에는 너무 뜨거워지고 밤에는 너무 차가워진다.  **11** 마젤란  **12** ④  **13** ①  **14** 미나  **15** ⓒ  **16** ⑤  **17** 예 둥근 공 모양이다.  **18** (1) 지구 (2) 달 (3) 달  **19** ③  **20** 예 쓰레기를 함부로 버리지 않는다. 나무를 심는다. 잔디를 밟지 않는다.

### 풀이 ▶

1 지구의 여러 곳에서 볼 수 있는 모습과 달의 모습입니다.

2 지구의 다양한 풍경을 나타낸 사진입니다. 사막은 비가 매우 적게 오는 지역이어서 식물이 잘 자랄 수 없고 모래로 덮여 있습니다.

3 갯벌은 밀물 때는 바닷물이 들어와 바다가 되고, 썰물 때는 물이 빠져나가 육지가 되는 땅입니다.

4 물이 높은 곳에서 떨어지는 것으로 보아 폭포를 나타낸 것입니다.

5 지구 표면의 대부분은 바다로 되어 있어서 바다의 넓이가 육지의 넓이보다 훨씬 더 넓습니다.
  ① 바다가 육지보다 넓습니다.
  ② 육지의 물은 짠맛이 나지 않습니다.
  ③ 바닷물은 짠맛이 납니다.

6 고래, 해파리, 바다 거북, 산호는 바다에 사는 생물이고 토끼는 육지에 사는 생물입니다.

7 바닷물에는 짠맛을 내는 성분들이 많이 녹아 있어서 사람이 마시기에 적절하지 않습니다.

8 공기는 무색투명하기 때문에 눈으로 직접 보기가 힘듭니다. 공기의 움직임을 통해 바람을 느끼거나, 공기로 인해 움직이는 물건을 볼 때 공기가 있다는 것을 알 수 있습니다.

9 공기로 가득 차 있는 지퍼 백을 치면 소리가 나고, 손가락으로 누르면 지퍼 백이 눌립니다. 지퍼 백 입구를 살짝 열어서 손이나 얼굴을 가져다 대면 공기가 나오는 것을 느낄 수 있습니다. 공기는 색깔이 없고, 냄새가 없습니다.

10 우리 주위를 둘러싸고 있는 공기는 생물이 숨을 쉴 수 있게 해주고, 생물이 살아가기에 적당한 온도를 만들어 줍니다.

11 마젤란은 포르투갈 출신의 사람으로 1519~1522년에 배를 타고 세계를 한 바퀴 돌아 스페인으로 다시 돌아왔습니다.

12 지구의 크기는 매우 크기 때문에 지구에 사는 우리에게 지구의 모습은 편평하게 보입니다. 하지만 우주에서 본 지구의 모습은 둥근 공 모양입니다.

13 우주에서 본 지구의 모습은 둥근 공 모양입니다.

14 달에는 밝은 부분도 있고 어두운 부분도 있습니다. 달의 바다는 지구에서 어둡게 보여서 옛날 사람들은 그곳에 바다가 있다고 생각했으나 실제로는 물이 없습니다.

15 달의 바다는 달 표면에서 어둡게 보이는 곳입니다. 달은 밝은 부분과 어두운 부분이 있습니다.

16 지구에서 달을 보면 공처럼 둥근 모양입니다. 옛날 우리나라 사람들은 달의 어두운 면을 보고 달에 사는 토끼가 계수나무 아래에서 방아를 찧는 모양과 비슷하다고 생각하였습니다.

17 달과 지구는 둥근 공 모양입니다.

18 달에는 공기가 없어서 낮과 밤의 기온 차이가 큽니다. 지구에는 공기가 있으므로 낮 동안 데워진 공기가 밤에도 어느 정도 유지가 됩니다.

19 지구를 보호하기 위하여 환경운동가들이 매년 4월 22일에 지구의 날 행사를 개최합니다.

### 더 알아볼까요!

**지구의 날**
• 지구를 보존하기 위해 만든 날입니다.
• 매년 4월 22일입니다.
• 지구의 날에는 지구를 보존할 수 있을 일을 실천합니다.
• 지구의 날 이외에도 지구를 보존하기 위해 세계 물의 날, 세계 환경의 날, 에너지의 날, 세계 오존층 보존의 날 등과 같은 다양한 날이 있습니다.

20 토양 오염을 막기 위해서는 쓰레기나 폐수를 함부로 버려서는 안 됩니다. 나무를 심고 식물을 보호하는 것은 토양의 유실을 막아 땅을 지키는 데 도움이 됩니다.

## 2회 단원 평가 도전

127~129쪽

1 ⑤　　2 ⑤　　3 ②　　4 바다, 육지　　5 ①　　6 ①
7 ①　　8 ⑤　　9 ⑤　　10 ⑩ 지구는 둥근 공 모양이
다. 지구는 둥근 공 모양이기 때문에 한 방향으로 가면
출발한 곳으로 되돌아 올 수 있다.　　11 ②　　12 충돌
구덩이　　13 ⑤　　14 공과 같이　　15 ③　　16 회색
빛　　17 지구　　18 ⑩ 지구에는 달과 다르게 공기와
물이 있어서 생물이 살아갈 수 있다.　　19 (1) ㉢, ㉣
(2) ㉠, ㉡　　20 ③

### 풀이

1 넓게 펼쳐진 들에서 소가 여유롭게 풀을 뜯어먹는 모
습입니다.

2 우주복은 우주인이 지구 밖에서 임무를 수행할 때 신
체를 보호하기 위해 착용합니다.

3 모래가 깔린 백사장에 파도가 치는 것으로 보아 바닷
가 근처입니다.

4 바다 칸의 수는 36칸, 육지 칸의 수는 14칸으로 바다
가 육지보다 더 넓습니다.

5 지구의에서도 바다의 면적이 육지의 면적보다 넓습
니다.

6 바닷물에는 짠맛을 내는 물질들이 녹아 있어서 맛을
보면 짜기 때문에 사람이 식수로 사용하기 적당하지
않습니다.

7 공기는 눈에 보이지는 않지만 우리 주변을 둘러싸고
있습니다. 공기가 있어서 동물과 식물이 호흡을 할
수 있습니다.

### 더 알아볼까요!

**공기를 이용하는 경우**

▲ 연날리기

▲ 요트

▲ 풍력 발전소

▲ 비행기

8 공기가 있어서 종이비행기나 바람개비가 움직일 수
있습니다. 리코더가 소리가 나는 이유도 긴 관을 따
라 공기가 움직이면서 소리가 나기 때문입니다. 나침
반으로 방향을 찾을 때는 공기를 이용하지 않습니다.

9 마젤란 탐험대는 서쪽 방향으로만 움직였습니다. 마
젤란 탐험대는 배를 타고 움직였기 때문에 바다로 이
동해야 합니다.

10 지구가 둥글기 때문에 한 방향으로 나아가면 출발한
곳으로 올 수 있었습니다.

11 달의 표면이 어둡거나 밝게 보이는 이유는 암석의 구
성이 어둡거나 밝은 색을 띄는 암석으로 되어 있기
때문입니다.

12 충돌 구덩이는 우주 공간을 떠돌던 돌덩이가 달 표면
에 충돌하여 만들어졌습니다.

13 달에서 어두운 부분을 달의 바다라고 부릅니다. 이곳
을 바다라고 부르는 이유는 지구에서 달을 보면 어둡
게 보여서 그곳에 물이 있을 것이라고 생각했기 때문
입니다. 그러나 실제로 달에는 물이 없습니다.

14 쟁반은 둥글고 편평한 모양이라 공처럼 둥근 달의 모
습과는 어울리지 않습니다.

15 달은 둥근 공 모양입니다.

16 달의 표면은 돌로 되어 있어서 회색빛을 띠고 있습니다.

17 지구는 물과 공기가 있어서 생물이 살아갈 수 있습니다.

### 더 알아볼까요!

**지구와 달의 차이점**

| 구분 | 지구 | 달 |
|---|---|---|
| 하늘 | •구름이 있다.<br>•새가 날아다닌다.<br>•공기가 있다. | •구름이 없다.<br>•새가 날아다니지 않는다.<br>•공기가 없다. |
| 바다 | •물이 있다.<br>•생물이 있다. | •물이 없다.<br>•생물이 없다. |

18 지구에는 공기가 있어서 동식물이 숨을 쉴 수 있습니
다. 또 동물과 식물이 자라는 데 꼭 필요한 물이 있어
서 지구에서 생명체가 살아갈 수 있습니다.

19 지구에는 물과 공기가 있어서 구름을 볼 수 있습니다.

20 양치질을 할 때 컵을 사용하고, 자전거를 타는 것은
환경을 보호하기 위한 행동입니다.

1 (1)-㉠ (2)-㉡ (3)-㉢  2 ⑤  3 수지  4 36  5
㉘ 바다는 육지보다 넓다.  6 ②  7 ④  8 ①
9 한  10 ㉢  11 ③  12 충돌 구덩이  13 우주
공간을 떠돌던 돌덩이가 달 표면에 충돌하여 만들어
졌다.  14 ③  15 ①  16 ①  17 지구  18
(1)-㉡ (2)-㉠  19 ㉘ 양치할 때 컵을 이용한다. 음
식을 남기지 않고 다 먹는다.  20 ⑤

**풀이**

**1** 지구에는 푸른 하늘과 높고 낮은 산 그리고 강이 흐
르고 식물이 자랍니다. 우주인과 우주선, 충돌 구덩
이는 달의 모습입니다.

**2** 모래가 많고 햇빛이 내리쬐는 것으로 보아 사막이라
고 할 수 있습니다.

**3** 화산은 지구 내부에 있던 마그마가 압력을 이기지 못
하고 지표면 밖으로 터져 나오는 것입니다.

**4** 총 50칸에서 육지 칸의 수가 14칸이므로 나머지 칸
은 36칸입니다.

**5** 바다 칸의 수는 36칸으로 육지 칸의 수 14칸보다 훨
씬 더 넓습니다.

**6** 맛을 볼 때에는 유리 막대 등에 액체를 조금 묻혀서
혀끝에 살짝 대서 맛을 봅니다.

**7** 우주선이 지구 밖으로 나갈 수 있는 이유는 지구의
중력을 이길 수 있는 강한 힘으로 로켓을 추진해서
빠른 속력을 내기 때문입니다.

**8** 지구 주변에 공기가 있기 때문에 바람이 붑니다. 바
람은 공기가 이동하는 것입니다. 밀물과 썰물은 달이
지구를 끌어당기는 힘 때문에 생깁니다. 낮과 밤은
지구가 하루에 한 번 씩 스스로 한 바퀴 움직이는 자
전을 하기 때문에 생깁니다.

**9** 마젤란은 서쪽 방향을 향하여 한 방향으로 계속 나아
갔습니다.

**10** 지구는 둥글기 때문에 마젤란이 서쪽 한 방향으로 계
속 나아갔을 때 출발한 곳으로 되돌아 올 수 있었습
니다.

**11** 달에는 물과 공기가 없기 때문에 생물이 살 수 없습
니다.

**12** 달의 표면에는 크고 작은 충돌 구덩이들이 많이 있습
니다.

**13** 달 표면의 충돌 구덩이는 우주 공간을 떠돌던 돌덩이
가 표면에 충돌하여 만들어진 구덩이입니다.

**14** 망원경은 멀리 있는 물체를 보는 데 필요합니다. 돋
보기로 달을 관찰하기에는 달이 너무 멀리 떨어져 있
고, 너무 큽니다. 돋보기는 작고 가까이에 있는 물체
를 관찰할 때 필요합니다.

**15** 달에는 물이 없습니다. 옛날 사람들은 달에서 어둡게
보이는 곳에 물이 가득 찬 바다가 있어서 어두울 것
이라고 생각했습니다.

**16** 지구의 주위는 공기로 둘러싸여 있습니다. 지구에는
물과 공기가 있지만 달에는 물과 공기가 없어서 바람
이 불거나 비가 오지 않습니다.

**17** 지구는 물과 공기가 있기 때문에 바다, 구름을 표현
할 수 있습니다. 또 물과 공기 덕분에 식물이 살아갈
수 있으므로 풀과 나무로 덮인 육지를 초록색으로 나
타내기도 합니다.

**18** 지구 모형은 달보다 크게 만듭니다. 지구에는 물과 공
기가 있어서 달에 비해 다양한 색깔을 사용할 수 있습
니다.

**더 알아볼까요!**

### 지구와 달의 모형

| 구분 | 특징 |
|------|------|
| 지구 모형 | • 지점토로 둥근 공 모양을 만들었다.<br>• 달 모형보다 크게 만들었다.<br>• 초록색, 갈색, 파란색 등의 색점토를 사용하여 지구의 산, 들, 강, 바다 등을 표현했다. |
| 달 모형 | • 지점토로 둥근 공 모양을 만들었다.<br>• 지구 모형보다 작게 만들었다.<br>• 회색, 검은색의 색점토를 사용하여 밝은 곳과 어두운 곳을 표현했다.<br>• 연필로 달에 있는 움푹 파인 구덩이를 표현했다. |

**19** 가정에서 환경을 위해 내가 할 수 있는 일은 쓰레기
분리 배출, 음식물 남기지 않기, 물 아껴 쓰기 등이
있습니다.

**20** 지구의 날은 갈수록 심각해지는 환경 오염으로부터
지구를 보호하기 위해 환경 운동가들이 만든 날입
니다.

## 4회 단원 평가  실전

1 ③  2 ③  3 준희  4 ③  5 바다는 육지보다
넓다.  6 육지의 물맛은 짜지 않고 바닷물 맛은 짠
맛이 난다.  7 ②  8 ②  9 공기  10 ①, ②, ⑤
11 ①, ④  12 지구는 둥그니까  13 달  14 달의
바다  15 ⑩ 옛날 사람들은 달 표면의 어두운 곳이
물이 가득 찬 바다라고 생각하였기 때문이다.  16
(3) ◯  17 ③  18 지현  19 ⑤  20 ④

**풀이**

1 달 표면에서는 돌을 쉽게 볼 수 있습니다. 달의 표면
에는 물이 흐르지 않기 때문에 식물과 동물이 살 수
없습니다.

2 사막, 빙하, 화산은 지구 곳곳에 있습니다. 우리나라
에서는 사막이나 빙하를 보기 힘듭니다. 사막은 연강
수량이 250 mm보다 적어서 식물이 적거나 없는 지
역이고, 빙하는 땅 위에서 눈의 압축과 재결정으로
만들어진 두꺼운 얼음 덩어리입니다.

3 산을 표현하려면 나무와 풀을 나타내기 위해 초록색
을 많이 사용해야 합니다. 사진을 보면 어떤 동물이
살고 있는지 알기 어렵습니다. 산은 높은 곳도 있고
낮은 곳도 있습니다.

4 호수는 땅이 우묵하게 들어가 물이 괴어 있는 곳으로
대체로 연못이나 늪보다 훨씬 넓고 깊습니다.

5 전체 50칸 중에 바다 칸의 수는 36칸, 육지 칸의 수
는 14칸으로 바다의 면적이 육지보다 더 넓습니다.

6 육지의 물은 민물이기 때문에 짜지 않습니다. 바닷물
에는 짠맛을 내는 성분이 녹아 있습니다.

**더 알아볼까요!**

**육지와 바다의 차이점**
• 바다는 육지보다 넓습니다.
• 바닷물은 육지의 물보다 짭니다.
• 바닷물은 사람이 마시기에 적당하지 않습니다.

7 바닷물에는 육지의 물과 다르게 짠맛을 내는 물질이
녹아 있습니다.

8 바닷물에는 짠맛을 내는 물질이 녹아 있어서 사람이
바로 마시기에는 적절하지 않습니다. 육지의 물에는
바닷물보다는 훨씬 적은 양이지만 짜고 쓴맛을 내는

물질이 조금 녹아 있습니다. 이 물질들을 미네랄이라
고 부릅니다. 생수의 라벨에 보면 물속에 녹아 있는
여러 미네랄 성분이 나와 있습니다.

9 풍차나 요트는 공기가 움직이는 힘을 이용하여 배나
바람개비를 움직이게 합니다. 연날리기도 공기를 이
용한 것입니다. 연날리기는 연의 윗면과 아랫면을 공
기가 동시에 지날 때 윗면을 흐르는 공기의 속도가
빨라지면 압력이 감소하는 과학적인 원리를 이용한
것입니다.

10 비행기나 글라이더는 윗면과 아랫면을 공기가 동시
에 지날 때 윗면을 흐르는 공기의 속도가 빨라지면
압력이 감소하는 원리를 이용한 것입니다.
③ 동물은 숨을 쉴 때 공기를 이용합니다.
④ 공기는 눈에 보이지 않지만 우리 주위에 있습니다.

11 마젤란은 스페인의 세비야 근처 산루카 항구에서 출
발하여 서쪽으로 이동하였습니다. 서쪽으로만 이동
하여 지구를 한 바퀴 돌고, 출발했던 곳으로 되돌아
왔습니다.

12 지구는 둥글기 때문에 한 방향으로만 나아가면 지구
를 한 바퀴 돌 수 있습니다.

13 달은 표면에 크고 작은 충돌 구덩이가 많으며 돌이
있고 밝은 부분과 어두운 부분이 있습니다. 달 표면
에는 매끈매끈한 면도 있고 울퉁불퉁한 면도 있습
니다.

14 달에서 어두운 부분을 달의 바다라고 부르지만 이곳
에는 물이 없습니다.

**더 알아볼까요!**

**달의 바다**
• 달 표면을 보면 밝은 부분과 어두운 부분이 있습니다 달 표면의
83%를 차지하는 밝은 부분은 높은 지역으로 고지라고 합니다.
• 달 표면의 17%를 차지하는 어두운 부분은 바다라고 합니다.
달의 바다는 낮고 평평하며 고지대에 비해 충돌 구덩이가 적
습니다.

15 옛날 사람들은 달의 어두운 부분에 물이 가득 차 있
어서 사람들의 눈에 어둡게 보이는 것이라고 생각했
습니다.

16 지구에는 물과 공기가 있지만 달에는 물과 공기가 없
습니다.

17 야구공과 유리구슬은 달과 지구의 크기를 비교하기에
적당합니다. 지구는 달의 지름의 4배 정도 됩니다.

18 지구 모형은 육지, 바다, 구름 등을 표현할 수 있습니다.

▲ 지구 모형　　▲ 달 모형

19 에어컨보다는 부채를 이용하는 것이 지구를 보호하는 행동입니다.

20 지구의 날은 갈수록 심각해지는 환경 오염으로부터 지구를 보존하려는 목적으로 환경 운동가들이 만든 날입니다.

## 탐구 서술형 평가

136~137쪽

**1** (1) 공기 (2) 민아, 공기는 눈에 보이지는 않지만 우리 주위를 둘러싸고 있다.　**2** (1) ⑩ 한 방향으로만 움직였다. 출발한 곳으로 되돌아왔다. 서쪽으로 움직였다. (2) 지구는 둥글다.　**3** (1) ⓒ (2) 우주 공간을 떠돌던 돌덩이가 달 표면에 충돌하여 만들어졌다.　**4** 풀이 참조

**풀이**

**1** 공기는 눈에 보이지는 않지만 우리 주위를 둘러싸고 있습니다. 우리 주위는 공기로 가득 차 있습니다.

| 상 | 풍력 발전소, 비행기, 열기구가 이용하는 것을 바르게 서술하고, 공기의 특징을 잘못 말한 사람과 잘못된 점을 바르게 서술하였습니다. |
|---|---|
| 중 | 풍력 발전소, 비행기, 열기구가 이용하는 것은 바르게 서술하였지만, 공기의 특징을 잘못 말한 사람과 잘못된 점을 바르게 서술하지 못했습니다. |
| 하 | 풍력 발전소, 비행기, 열기구가 이용하는 것과, 공기의 특징을 잘못 말한 사람, 잘못된 점을 바르게 서술하지 못했습니다. |

**2** 지구는 둥글기 때문에 한 방향으로 계속 나아가면 출발한 곳으로 되돌아 올 수 있습니다.

| 상 | 마젤란 탐험대가 움직인 경로와 마젤란 탐험대의 세계 일주로 알게 된 사실을 바르게 서술하였습니다. |
|---|---|
| 중 | 마젤란 탐험대가 움직인 경로와 마젤란 탐험대의 세계 일주로 알게 된 사실 중 한 가지만 바르게 서술하였습니다. |
| 하 | 마젤란 탐험대가 움직인 경로와 마젤란 탐험대의 세계 일주로 알게 된 사실을 모두 서술하지 못했습니다. |

**3** 실험에서 밀가루는 달 표면, 떨어뜨리는 공은 달 주변을 지나가다 달의 중력에 이끌려서 들어오게 된 돌덩이를 뜻합니다. 돌덩이가 크고 강하게 충돌할수록 충돌한 자국이 크게 남습니다. 달의 표면에는 크고 작은 구덩이가 많습니다. 이러한 구덩이를 충돌 구덩이라고 부릅니다.

| 상 | 충돌 구덩이와 관련된 실험을 연결 짓고 충돌 구덩이가 어떻게 만들어지는지 바르게 서술하였습니다. |
|---|---|
| 중 | 충돌 구덩이와 관련된 실험을 연결 지었지만 충돌 구덩이가 어떻게 만들어지는지 서술하지 못했습니다. |
| 하 | 충돌 구덩이와 관련된 실험을 연결 짓지 못하고 충돌 구덩이가 어떻게 만들어지는지 서술하지 못했습니다. |

**4**

| 공통점 | ⑩ 전체적인 모양이 둥근 공 모양이다. 표면에 돌이 있다. |
|---|---|
| 차이점 | ⑩ 지구에는 동식물이 살지만 달에는 살지 않는다. 지구에는 공기와 물이 있지만 달에는 공기와 물이 없다. |

지구와 달은 둥근 공 모양이고 표면에 돌이 있다는 공통점이 있습니다. 지구에는 공기와 물이 있기 때문에 다양한 생물이 살아갈 수 있는 환경을 갖추고 있습니다.

| 상 | 지구와 달의 공통점과 차이점을 바르게 서술하였습니다. |
|---|---|
| 중 | 지구와 달의 공통점과 차이점 중 한 가지만 바르게 서술하였습니다. |
| 하 | 지구와 달의 공통점과 차이점을 모두 서술하지 못했습니다. |

142~144쪽

1 ⑤    2 (1)-ⓒ (2)-ⓔ (3)-ⓘ (4)-ⓛ    3 규칙    4
④    5 예 발이 큰 공룡이 처음에는 걸어가다가 갑자
기 뛰었을 것이다.    6 ⓒ    7 주사위를 던지기 전의
자리로 돌아간다.    8 ④    9 ①    10 ③    11 ②
12 ⑤    13 ②    14 (1) ○ (2) ×    15 ①    16 ①
17 ㉠ 초록색 ㉡ 마디    18 ④    19 ②    20 ②

**풀이**

1 탐구하고자 하는 대상의 길이, 무게, 시간, 온도 등을
재는 것은 측정입니다.

2 대상에 알맞은 측정 도구를 선택해야 정확히 측정할
수 있습니다.

3 앞으로 일어날 수 있는 일을 예상할 때는 분명한 근
거가 있어야 합니다.

4 '내 동생이 좋아하는가?'에서 '좋아하는가'는 사람에
따라 기준이 다를 수 있으므로 과학적인 분류 기준이
아닙니다.

5 큰 발자국 간격이 처음에는 좁다가 점점 넓어졌습니
다.

6 의사소통을 할 때 혼잣말을 사용하면 다른 사람과 생
각이나 정보를 주고받을 수 없습니다.

7 말판 놀이를 할 때 물체 그림을 뒤집었을 때 답이 맞
으면 그 자리에 머물고, 답이 틀리면 주사위를 던지
기 전의 자리로 돌아갑니다.

8 네 가지 막대를 서로 긁어 보았을 때 잘 긁히는 물질
이 덜 단단한 물질입니다.

9 네 가지 막대를 서로 긁어 보면 어느 막대가 가장 단
단한지 알 수 있습니다.

10 고리는 금속으로 만들어져 있습니다.

11 가위는 금속과 플라스틱 두 가지 물질로 만들어진 물
체입니다.

12 매우 단단하여 잘 깨지지 않는 것은 금속 컵입니다.

13 탱탱볼을 만들 때는 얼음물이 아닌 따뜻한 물이 필요
합니다.

14 사자, 사슴, 꿩 등은 암수가 쉽게 구별되고, 무당벌
레, 토끼, 붕어 등은 암수가 쉽게 구별되지 않습니다.

15 꾀꼬리는 암수가 함께 알을 돌보고, 산양, 물자라,
꺽지, 바다코끼리는 암수 중 하나만 알이나 새끼를
돌봅니다.

16 배추흰나비알은 연한 노란색이고 길쭉한 옥수수 모
양입니다. 크기는 1 mm 정도입니다.

17 배추흰나비 애벌레는 털이 있고 긴 원통 모양이며 초
록색입니다.

18 알에서 나온 애벌레는 15~20일 동안 허물을 벗으며
자랍니다.

19 ㈎는 알-애벌레-번데기-어른벌레의 한살이를 거치
고, ㈏는 알-애벌레-어른벌레의 한살이를 거칩니다.

20 새끼를 낳는 동물은 새끼와 어미의 모습이 비슷합
니다.

145~147쪽

1 ③    2 ④, ⑤    3 예 알갱이의 크기가 큰 검은콩이
위로 올라올 것이다.    4 (1) ⓒ, ⓜ (2) ㉠, ㉡, ⓔ, ⓗ,
ⓢ, ⓞ    5 추리    6 ①    7 ④    8 (1)-ⓒ (2)-ⓛ
(3)-㉠    9 ⑤    10 (1) 나무 (2) 고무 (3) 플라스틱
11 ⑤    12 ①    13 유리 막대    14 ③    15 ③    16
⑤    17 더듬이    18 ①, ④    19 ③    20 ②

**풀이**

1 탐구하고자 하는 대상을 관찰할 때 청진기를 사용하
면 소리를 명확하게 들을 수 있습니다.

2 알맞은 측정 도구를 사용하며 바른 방법으로 측정하
고, 여러 번 측정하여 결과를 비교합니다.

3 앞의 두 실험에서 알갱이 크기가 큰 땅콩과 아몬드가
위로 올라왔기 때문에 이를 보고 예상할 수 있습니다.

4 분류란 탐구 대상의 공통점과 차이점을 바탕으로 무
리 짓는 것입니다. 동물의 모습을 살펴보면 ⓒ, ⓜ은
등에 돌기가 있고, ㉠, ㉡, ⓔ, ⓗ, ⓢ, ⓞ은 등에 돌
기가 없습니다.

5 탐구 대상을 주의 깊게 관찰하여 대상에 대한 정보를
많이 얻을수록 더 과학적인 추리를 할 수 있습니다.

6 의사소통을 할 때 표, 몸짓, 그림 등을 사용하면 내
용을 더 정확하게 전달할 수 있습니다.

7 만져 보고, 소리를 들어 보며, 냄새를 맡아 보고 물
체를 알아맞힙니다.

8 풍선은 고무, 주걱은 나무, 바구니는 플라스틱으로
만들어져 있습니다.

9 금속은 광택이 있고 나무보다 단단합니다.

10 물질마다 서로 다른 성질이 있습니다.

11 몸체는 금속, 손잡이는 고무나 플라스틱, 타이어는 고무, 체인은 금속으로 이루어져 있습니다.

12 같은 종류의 물체라도 그 물체를 이루고 있는 물질에 따라 좋은 점이 서로 다릅니다.

13 액체를 저어 줄 때는 유리 막대를 사용합니다.

14 두루미는 암수가 쉽게 구별되지 않고, 사자, 원앙, 사슴벌레, 꿩은 암수가 쉽게 구별됩니다.

15 제비와 황제펭귄은 암수가 함께 알을 돌보고, 가시고기는 수컷이 알을 돌봅니다. 곰은 암컷이 새끼를 돌봅니다.

16 등 부분이 갈라지고 머리가 보이며, 몸 전체가 빠져 나온 후 날개를 늘어뜨리고 천천히 펼칩니다.

17 배추흰나비는 한 쌍의 더듬이가 있습니다.

18 잠자리, 노린재는 번데기 단계를 거치지 않고 애벌레에서 어른벌레로 변하는 한살이 특징이 있습니다.

19 병아리는 부리로 껍데기를 깨고 나옵니다.

20 갓 태어난 강아지도 다리가 네 개이며, 다 자란 개도 다리가 네 개입니다.

8 막대자석을 같은 극끼리 마주 보게 하여 가까이 가져 가면 서로 밀어 내는 힘이 작용합니다.

9 자석은 같은 극끼리는 서로 밀어 냅니다.

10 나침반 바늘도 자석으로 되어 있기 때문에 근처에 자석이 있으면 정확한 방위를 가리키지 못합니다.

11 우리나라에서는 산, 들, 강, 갯벌, 바다, 호수 등의 여러 가지 모습을 볼 수 있습니다.

12 지구 표면의 모습 중 산을 표현한 것입니다.

13 지도에서 파란색은 바다를 나타냅니다.

14 지도의 전체 칸 수는 50칸이고 육지 칸의 수는 14칸, 바다 칸의 수는 36칸입니다.

15 지구가 태양 주위를 도는 것은 공기의 역할과 관련이 없습니다.

16 요트와 풍력 발전소는 공기를 이용하는 경우입니다.

17 마젤란 탐험대는 스페인(에스파냐)에서 서쪽 방향으로 계속 나아가 출발한 곳으로 다시 돌아왔습니다.

18 마젤란 탐험대는 1519년에 스페인(에스파냐) 남서부에 위치한 세비야 근처의 산루카 항에서 출발하였습니다.

19 지구의 모양은 둥근 공 모양이며 육지, 바다, 구름 등을 관찰할 수 있습니다.

20 달은 지구보다 크기가 작고, 둥근 모양입니다. 푸른 하늘은 지구에서 볼 수 있습니다.

**3회 100점 예상문제** 148~150쪽

1 ② 2 (1) × (2) × 3 예 유리, 나무 4 ㉠, ㉣
5 ④ 6 ㉠ N극 ㉡ S극 7 ⑤ 8 ① 9 같은,
밀어 낸다 10 ② 11 예 산, 들, 강 갯벌, 바다, 호
수 12 ① 13 (1) 육지 (2) 바다 14 ③ 15 ①
16 ④, ⑤ 17 ② 18 ㉡ 19 ③ 20 ㉠

**풀이**

1 막대자석에 공예용 철끈 조각을 여러 개 붙여서 자석 인형을 만듭니다.

2 연필과 동전은 자석에 붙지 않습니다.

3 유리, 나무, 고무, 플라스틱 등으로 된 물체는 자석에 붙지 않습니다.

4 클립은 둥근기둥 모양 자석의 양쪽 끝부분에 가장 많이 붙습니다.

5 투명한 통 안에는 자석에 붙는 물체를 넣어야 합니다.

6 막대자석에서 N극은 빨간색으로 나타내고, S극은 파란색으로 나타냅니다.

7 머리핀처럼 철로 만들어진 물체를 자석의 극에 1분 동안 붙여 놓으면 자석의 성질을 띠게 됩니다.

**4회 100점 예상문제** 151~153쪽

1 ⑤ 2 (1) ㉠ (2) ㉡ 3 ③ 4 예 자석의 극은 항
상 두 개다. 자석의 극은 힘이 가장 센 부분이다. 5
머리핀을 물에 뜨게 하기 위해서 6 ③ 7 ② 8
㉠ 9 ㉡ 10 ②, ④ 11 지구 12 ③ 13 육지
의 물, 바닷물 14 ②, ④ 15 ④, ⑤ 16 ㉣ 17
㉠ 18 (1)-㉡, ㉢ (2)-㉠ 19 야구공: 지구, 유리구
슬: 달 20 ③

**풀이**

1 철로 된 여러 가지 물체를 막대자석 인형의 머리 부분에 붙여 자석 인형의 머리카락을 만듭니다.

2 가위에서 철로 된 가위의 날 부분은 자석에 붙고, 플

라스틱으로 된 가위의 손잡이 부분은 자석에 붙지 않습니다.

3 막대자석과 둥근기둥 모양 자석 모두 양쪽 끝부분이 자석의 극이며, 자석의 극은 자석의 힘이 가장 센 부분입니다.

4 자석의 극에서는 클립을 끌어당기는 힘이 세고, 막대자석과 둥근기둥 모양 자석에서 자석의 극은 양쪽 끝부분에 있습니다.

5 머리핀을 물에 그냥 넣으면 가라앉기 때문에 머리핀을 수수깡 조각에 꽂아 물 위에 띄웁니다.

6 머리핀처럼 철로 만들어진 물체를 자석의 극에 1분 동안 붙여 놓으면 자석의 성질을 띠게 됩니다.

7 머리핀이 자석의 성질을 띠기 때문에 머리핀과 나침반 바늘은 같은 방향을 가리킵니다.

8 고리 자석이 모두 붙어 있는 것으로 보아 자석이 서로 끌어당기는 힘을 이용한 것입니다.

9 자석의 같은 극끼리는 서로 밀어 내므로 더 높은 탑을 쌓을 수 있습니다.

10 자석 필통과 클립 통은 자석을 이용한 생활용품입니다.

11 편평하고 넓게 펼쳐진 들, 파도가 치는 바다는 모두 지구의 모습입니다.

12 모래사장이 있고 파도가 치고 있는 것으로 보아 바다라는 것을 알 수 있습니다.

13 바닷물은 짠맛이 납니다.

14 지구에 공기가 없다면 숨을 쉬지 못해 동물과 식물이 살 수 없고, 바람이 불지 않으며 구름이 없고 비가 오지 않을 것입니다.

15 지구의와 인형을 이용하여 마젤란 탐험대의 세계 일주를 따라가 봅니다.

16 달은 둥근 모양이고 밝은 곳과 어두운 곳이 있습니다.

17 달의 표면에서 어둡게 보이는 ㉠ 부분은 '달의 바다'라고 부릅니다.

18 지구에서는 파란 하늘과 여러 가지 식물과 동물을 볼 수 있습니다. 달에서는 크고 작은 충돌 구덩이를 볼 수 있습니다.

19 야구공이 유리구슬보다 크기 때문에 야구공은 지구를 비유하고 달은 유리구슬로 비유합니다.

20 지구와 달의 모양은 둥글고, 달은 지구 지름의 $\frac{1}{4}$ 정도입니다.

## 5회 100점 예상문제
154~156쪽

1 ① 2 약 4 cm 3 ㉠ 4 (1) × (2) ○ (3) × (4) ○ 5 ㉠, ㉡, ㉢, ㉃ 6 ㉃, ㉄ 7 ④ 8 ① 9 (1) 암컷 (2) 수컷 10 ④ 11 ① 12 예 꼬리가 있다. 다리가 네 개다. 몸이 털로 덮여 있다. 생김새가 비슷하다. 13 ② 14 ③ 15 모두 남쪽과 북쪽을 가리킨다. 16 N극 17 예 갯벌, 계곡 18 (1) ○ (2) × (3) ○ 19 ⑤ 20 달

**풀이**

1 '맛있게 보인다.'는 나의 생각입니다. 나만의 느낌이나 생각은 관찰이 아닙니다.

2 약 3 cm가 한 번, 약 4 cm가 두 번 나왔으므로 약 4 cm를 내가 선택한 길이로 하는 것이 알맞습니다.

3 크기가 다른 알갱이를 플라스틱 통에 넣고 흔들면 알갱이 크기가 큰 것이 위로 올라온다는 규칙을 통해 결과를 예상할 수 있습니다.

4 분류된 것은 서로 겹치지 않도록 해야 하며, 개인적인 생각은 객관적이지 않기 때문에 분류 기준이 될 수 없습니다.

5 물체는 모양이 있고 공간을 차지하고 있는 것으로 빵, 장갑, 장난감 블록, 그릇은 물체입니다.

6 물질은 물체를 만드는 재료로 섬유, 플라스틱, 유리, 가죽, 금속 등이 있습니다.

7 여러 가지 종류의 막대를 물이 든 수조에 넣어 어떤 물질이 물에 뜨고 가라앉는지 알아보기 위한 실험입니다.

8 풍선은 고무로만 이루어진 물체입니다.

9 암컷이 수컷보다 크기가 작고, 큰턱이 짧으며 작습니다.

10 ㉠은 머리, ㉡은 배이며 가슴발 세 쌍, 배발 네 쌍, 꼬리발 한 쌍이 있습니다.

11 배추흰나비는 머리에 한 쌍의 더듬이, 한 쌍의 겹눈, 한 개의 긴 대롱 모양의 입이 있고, 가슴에는 두 쌍의 날개와 세 쌍의 다리가 있습니다.

12 갓 태어난 강아지와 다 자란 개는 몸의 크기가 다릅니다.

13 자석의 극은 자석에서 자석의 힘이 가장 센 부분이기 때문에 클립이 많이 붙습니다.

14 자석에 붙는 물체를 사용해야 합니다. 지우개, 동전,

연필, 고무풍선은 자석에 붙지 않습니다.

**15** 자석의 성질을 띠는 머리핀은 나침반 바늘과 같이 일정한 방향을 가리킵니다.

**16** 고리 자석이 서로 밀어 내는 힘 때문에 공중에 떠 있으므로 서로 마주 보는 극은 같은 극입니다.

**17** 지구 표면에서는 다양한 모습을 볼 수 있습니다.

**18** 공기는 지구를 순환하면서 에너지를 교환하는 역할을 합니다. 또 지구에 생물이 살아가는 데 필요한 산소를 공급해 줍니다.

**19** 예전에는 지구가 편평하다고 생각했지만, 우주에서 본 지구 사진을 보면 지구가 둥근 모양임을 알 수 있습니다.

**20** 지구가 달보다 약 4배 정도 더 큽니다.

---

## 6회 100점 예상문제

157~159쪽

**1** ④  **2** ②, ⑤  **3** 예 날개가 있는가?  **4** 간단하게, 다양한  **5** (1) 금속 (2) 단단해야 하기 때문이다.  **6** ②, ④  **7** 종이컵  **8** ⑤  **9** ⓒ  **10** ①  **11** 4번  **12** (1) ⓒ, ⓒ, ⓔ (2) ㉠, ㉢, ㉣  **13** ㉠, ㉢  **14** ⓒ  **15** ③  **16** (1) ○  **17** 예 육지와 바다 칸의 수를 세어 비교한다.  **18** ③  **19** (1) ○  **20** ①, ⑤

**풀이**

**1** 눈으로는 모양, 색깔, 무늬 등을 관찰하고 코로는 냄새, 입으로는 맛을 관찰할 수 있습니다.

**2** 탐구 대상을 측정할 때는 측정 도구의 종류, 측정 방법, 측정하는 사람에 따라 측정한 값이 조금씩 달라질 수 있기 때문에 여러 번 측정하여 결과를 비교합니다.

**3** 왼쪽의 동물들은 날개가 없고, 오른쪽의 동물들은 날개가 있습니다.

**4** 의사소통은 보기 쉽게 그리고 알기 쉽게 표, 그림, 몸짓 등 여러 가지 방법을 사용하면 더 정확하게 내용을 전달할 수 있습니다.

**5** 못은 벽에 박아야 하기 때문에 벽을 뚫고 들어갈 수 있을 정도로 단단하고, 또 망치가 내리치는 힘을 견딜 수 있게 단단해야 합니다.

**6** 자전거의 몸체는 금속으로 되어 있어 잘 부러지지 않고 튼튼하며, 체인도 금속으로 되어 있어 다른 물질보다 단단하여 큰 힘에도 잘 견딥니다.

**7** 종이컵은 가볍고 가격이 싸서 손쉽게 이용할 수 있지만, 물과 열에 약해 여러 번 쓸 수 없습니다.

**8** 탱탱볼을 만들 때는 붕사와 폴리비닐 알코올이 필요하고, 물과 두 물질을 넣어 엉겼을 때 꺼내 손으로 주무르면서 공 모양을 만듭니다.

**9** 닭의 수컷은 볏이 크고 화려하며 꽁지깃도 길고 화려합니다.

**10** 개구리와 노린재는 적당한 장소에 알을 낳은 뒤 돌보지 않고, 가시고기는 수컷이, 바다코끼리는 암컷이 알이나 새끼를 돌봅니다.

**11** 배추흰나비 애벌레는 허물을 4번 벗습니다.

**12** 거북, 사마귀, 도마뱀은 땅에 알을 낳고, 개구리, 잠자리, 도롱뇽은 물에 알을 낳습니다.

**13** 자석의 극은 자석의 양쪽 끝부분에 있습니다.

**14** 막대자석을 투명한 통의 윗부분에서 조금씩 더 떨어뜨리면 빵 끈 조각이 투명한 통의 윗부분에서 떨어집니다.

**15** 나침반 바늘은 자석이므로 주변에 자석에 붙는 물체나 자석이 있으면 제대로 방향을 찾을 수 없게 됩니다.

**16** 막대자석에 붙여 놓았던 머리핀은 자석의 성질을 띠게 되어 머리핀에 클립이 붙습니다.

**17** 지도의 전체 칸 수는 50칸이고 육지 칸의 수는 14칸, 바다 칸의 수는 36칸으로 바다가 육지보다 22칸 더 많습니다.

**18** 달은 지구보다 작고, 둥근 모양입니다. 푸른 하늘은 지구에서 볼 수 있습니다.

**19** 지구에는 매우 춥거나 더운 곳이 있지만 많은 곳이 생물이 살기에 적합한 온도를 유지하고 있습니다.

**20** 달 모형을 표현할 때는 충돌 구덩이를 표현하고, 표면에 밝은 부분과 어두운 부분을 나타냅니다.

전과목

# 단원평가
# 총정리

변형 국배판 / 1~6학년 / 학기별

- 디자인을 참신하게 하여 학습 효율성을 높였습니다.

- 단원 평가에 완벽하게 대비할 수 있도록 전 범위를 수록 하였습니다.

- 교과 내용과 관련된 사진 자료 등을 풍부하게 실어 학습에 흥미를 느낄 수 있도록 하였습니다.

- 수준 높은 서술형 문제를 실었습니다.

과학

# 정답과 풀이

선생님이 강력추천하는

개념 + 단원평가
PLUS